# 하나님 아버지의 은혜로
## 내 삶의 이야기

맹용길 지음

**하나님 아버지의 은혜로**
　　내 삶의 이야기

지 은 이 · 맹용길
펴 낸 이 · 성상건
편집디자인 · 자연DPS


펴 낸 날 · 2024년 8월 22일
펴 낸 곳 · 도서출판 나눔사
주　　 소 · (우) 10270 경기도 고양시 덕양구 푸른마을로 15
　　　　　301동 1505호
전　　 화 · 02)359-3429　 팩스 02)355-3429
등록번호 · 2-489호(1988년 2월 16일)
이 메 일 · nanumsa@hanmail.net

ⓒ 맹용길, 2024

ISBN　978-89-7027-921-3-03230

값 22,000원

# 하나님 아버지의 은혜로
## 내 삶의 이야기

맹용길 지음

# 차 례

   신사행(信思行) 성경(sshbible): 다운 받거나 인터넷에 들어가
   신사행 성경 홈에 들어가 오른 쪽 맨 위 책 표시를 눌러 메뉴를
   선택하고 맨 밑으로 내려가 적용을 택한 후 사용한다

나는 자서전이나 전기(傳記)를 쓰는 것을 반대했었다. 왜냐하면 자서전이나 전기는 모두 인간의 자랑할 점들을 드러내고자 할 것이라고 만 생각했기 때문이었다. 그런데 최근에 나에게 큰 도움과 가르침을 주신 미국의 선교사 고(故) 서의필(John N. Somerville) 교수요 목사의 일 주기 추도사를 쓰고 현장에 가서 행사를 진행하는 것을 보고, 그리고 그의 전기를 보고 읽으면서 부족하지만 기억이 흐리기 전에 나의 삶에 대해서도 돌아보고 생각나는 대로 쓰는 것이 좋겠다는 마음이 들어 이렇게 쓰게 되었다. 또 전기나 자서전의 내용이 수정되어야 하는 부분이나 중요함에도 불구하고 미진한 부분이 있음을 보면서 자기가 자기 삶을 기록하면 더 솔직하고 정확하게 기록할 수 있지 않을까 라는 생각도 들었다.

물론 고(故) 서의필 선교사의 전기를 쓴 작가는 내가 아는 한 놀라울 만큼 정확하고 많은 노력을 통해 자료를 수집한 것을 보고 참 좋다는 생각을 하게 되었으나 작은 부분이지만 조금 더 보완하고 등장한 인명의 발음이 더 정확하면 좋겠다는 것을 생각하였다. 특히 고(故) 서의필 선교사의 목포 선교지부에서의 내용이 더 보완되었으면 좋겠다는 생각을 했다. 그러나 이만큼 자료를 수집하고 기록을 하는 능력을 보여준 작가의 노력과 마음을 보고 마음으로 존경하면서 나는 이렇게 좋은 전기 작가가 나서서 나의 전기를 쓸 사람도 없을 것이고 그만큼 할 필요도 없을 것 같아 나는 나 자신이 나의 삶을 돌아보고 지금까지 변함이 없이 하나님 아버지께서 은혜 가운데 나를 인도해 주신 그 하나님께 감사하면서 간단하게 이 글을 쓴다.

　나도 글을 쓰면서 완전히 솔직하게 쓴다고는 생각하지 않는다. 그래서 처음에는 소설 형식으로 쓸까 생각했지만 나는 글 재주가 없어서 그리고 본래의 목적이 아니어서 생각나는 대로 그냥 쓰기로 마음먹고 쓰기 시작하였다. 그렇지만 가능하면 내가 생각하는 것을 솔직하게 쓰기로 하였다. 내가 쓰다 보면 때로는 웃기도 하고 슬프기도 하고 스스로에 대해 분노에 찬 경우도 있을 것이지만 할 수만 있으면 감정을 조절하고 사투리나 거스르는 표현을 삼가고 써보려고 한다. 나는 대학 다닐 때 사투리와 표준말을 구별하는 가르침을 대학 국어교수님으로부터 받았지만 여전히 사투리가 심하고 특히 억양에서 특정 지방의 특징을 나타내기 때문에 조심하지만 다행히 지금 쓰는 경우는 말하는 것이 아니어서 억양 문제는 없을 것 같다. 하여간 나는 지금 여기서 나의 삶을 표현하려는 목적에 충실하게 써 보기로 한다.

# 1. 생일

생일이라 함은 나는 내가 세상에 나오는 날을 생각한다. 그런데 나는 그 날을 확실히 모른다. 나는 지금까지 호적에 기록된 날이 내 생일인 줄로 알았으나 의심이 가는 부분이 많이 있다. 왜냐하면 이 날을 확실하게 내게 내 어머니가 말씀해 주신 적도 없고 내 할아버지가 말씀해 주신 적도 없기 때문이다. 그리고 나는 호적이 없다가 국민학교/초등학교에 들어갈 때 호적을 그때야 할아버지가 만들어 내가 학교를 다닐 수 있게 했기 때문이다. 사실 내 아버지는 일제의 강제 징용에 끌려가면서 나는 어머니 배 속에 있었다고 했고 그래서 어머니가 어디서 나를 낳았다는 곳을 말씀해 주시지 않았기 때문에 출생지를 모른다. 이제는 어머니도 할아버지도 돌아가셔서 물어볼 사람이 없다. 또 그것을 말해 줄만한 사람도 없다. 나는 그저 스스로 추정해 볼 뿐이다.

나는 여러 정황으로 보아 어머니가 나를 낳은 곳이 외갓집이었을 것이라고 추정해 본다. 대략 세 곳을 생각해 보았지만 가장 가능성이 높은 곳은 할아버지 즉 어머니의 아버지 본가에 가서 나를 낳았을 것이라고 추정해 본다. 물론 어머니의 사정이 친정에 가는 것도 쉽지 않았겠지만 그래도 그곳이 가장 가능성이 높다. 그래서 일단 나는 할아버지 집에서 태어났을 것으로 생각한다. 그래도 내가 호적이 없는 것은 놀라운 일이다. 그래서 할아버지 호적을 찾아보았다. 나는 할아버지의 딸 김 금돌의 아들로 되어있고 할아버지의 이름 아래 손자 용길(勇吉)로 되어 있다. 성도 없지만 본관은 신창(新昌)으로 기록되어 있다. 이 호적으로 어떻게 성을 맹(孟)으로 기록하고 아버지도 없이 국민학교에 입학을 했는지 모르겠다. 그러나 일제 시대인데 맹(孟) 용길(勇吉) 즉 일본 발음으로 "모유기찌"로 불리며 학교에 입학하여 다녔다. 나는 그것을 참으로 이상하게 생각한다. 이런 경우 나는 할아버지의 성을 따라 김(金)으로 불려야 하지 않았을까? 그렇지만 다행한 것은 나중에 우리 집안은 일제의 성씨 변경에 따라 "마쓰모도" 즉 송본(松本)으로 내가 바뀌지 않은 것만은 참으로 다행한 일이라고 생각한다.

그런데 아버지가 해방이 되면서 징용에서 풀려나 고향으로 돌아오셨다. 나는 벌써 만으로 여덟 살이 되어 있었고 아버지와 아들의 관계는 서먹서먹하였고 무섭기만 하였다. 그리고 나의 호적에 많은 변화가 생겼다. 왜냐하면 아버지가 돌아오셔서 새롭게 별도로 호적 정리를 하였기 때문이다. 그것도 한 참 후에 된 것인데 그 호적에 따르면 나는 전라남도 해남군 화원면 성산리 366 번지에서 출생하였고, 아버지가 1948년 9월 10일 부로 신고한 것으로 되어있다. 나는 출생지가 법적으로 두 곳이며 아버지가 자기 형님으로부터 1951년에 분가함으로써 내가 비로소 입적이 되었다. 그리고 나는 1956년 11월 20일 아버지가 사망함으로써 호주 상속을 받았다. 여기서부터 비로소 나의 호적이 정리되어 살게 된다. 그리고 나중에 다시 알게 된 사실이지만 할아버지가 출생 신고한 호적에 따라 병적을 정리하기 위하여 내가 사망 신고를 당했고, 아버지가 신고한 호적으로 대한민국 육군에 입대하게 되었다.


## 2. 군대 생활


　나는 군대를 1959년에 입대하였는데 군번을 같은 해 6월 19일
에 받았다. 나는 대전대학(지금의 한남대학교)에 1959년 4월 15일에
입학하여 다니는 중 병력이 정리가 되지 않고 미필로 되어 있어서
학교 당국으로부터 군에 입대하라고 휴학을 강제로 하게 하였다.
그래서 나는 바로 목포에 있는 신광 호텔에 가정교사 자리를 얻어
입대를 기다리는 중 호텔 지배인의 도움으로 쉽게 목포에서 입대하
였다. 그 지배인이 목포로 본적지와 주소를 옮겨주어 입대하게 되었
다. 논산 훈련소에서 훈련을 받았고 훈련을 마친 후 후반기 훈련은
탄약 병 주특기 731을 받아 훈련을 받은 후 육군 제 20 사단으로
옮겨 근무하다가 1961년 5월 1일 부로 제대하였다. 군대 생활은 참
으로 좋았다. 식사와 훈련이 규칙적이었으며, 군수처 운용하사관이
었는데 하는 일도 매우 만족스러웠다. 나는 군대에서 배운 것이 참
많았다. 한 일을 구체적으로 다 밝힐 수는 없지만 군대는 다양한 일
을 통해 나로 하여금 새로운 세계를 알게 하였다.

　나의 직속 상관인 김 중위는 두 번이나 군대의 간부 후보생 과정
을 지원하라고 권고하였다. 그러나 그 때 내 마음은 오직 대학으로

돌아가고 싶어서 거절하고 제대가 빨리 되기를 희망하였다. 그 당시 나는 아버지가 돌아가시고 홀로 계신 어머니의 독자였기 때문에 입대 후 6개월에 "의가사" 제대를 할 수 있었는데 이상한 일이지만 기다려도 제대가 안 되었고 거의 2년이 되어서야 제대 특명을 받아 제대하게 되었다. 군 복무 기간 중 나는 미군 일군 단 지휘를 받는 부대이어서 많은 영문으로 된 공문을 받아 번역하여 참모에게 드리는 일을 하였다. 그리고 이승만 정권 아래 나의 최초의 투표를 하였다. 그때 4. 19 혁명이 일어났는데 휴가를 마치고 귀가 도중 서울에서 데모하는 학생들을 만났고 겨우 부대에 안전하게 도착하였으나 나보다 늦게 귀가한 군인들은 중간에 교통이 막혀 귀대하는데 어려움을 겪었다는 소식을 들었다.

## 3. 결혼과 자녀

나는 1965년 12월 17일 대전 선화 감리교회에서 이 준용 목사의 주례로 결혼식을 하였다. 아내의 성과 이름은 김 재신(1944년생)이다. 나는 결혼 전에 일년 여 동안 연애를 하였으며 아내를 마음으로 많이 사랑하였다. 나는 너무 가난해서 아내가 많은 고난을 겪었으며 결혼 후 서울에 있는 장로회신학대학에 입학하여 학생으로 살며 다녔기 때문에 생활이 너무 어려웠으나 아내가 참고 잘 견디며 생활을 꾸려 나갔다. 장학금을 받기는 하였으나 그렇게 넉넉하지 못하였다. 졸업을 한 후 미국으로 유학을 갔으나 좋은 장학금을 받았음에도 불구하고 우리가 안락하게 살 여유를 갖지 못해서 아내가 일도 하면서 참으로 많은 고생을 하였다.

미국에서 내가 공부할 때 이미 한국에서 낳은 아들 호성이가 함께 있었고 유치원과 학교에 다녔고 미국에서 일 학년을 다녔는데 공부는 잘 하는 편이었다. 호성이는 미국에서 일학년을 마치고 내가 학위를 받고 귀국하면서 함께 한국으로 와서 한글을 배우고 공부하기 힘들었을 것으로 생각한다. 그러나 엄마가 잘 양육하였고 빨리 한국 학교에 적응하여 공부를 잘 하였다. 그 후 내가 한국에 잘 적응하지 못하여 어려움을 당할 때 가족이 혼란을 겪었을 것이고 아들이 나를 따라 광주까지 가서 사레지오 사립 초등학교에 가서 졸업하기도 하였다. 현재 아들 호성이는 서울에서 책의 지적 소유권에 관한 일을 잘 하고 있다.

딸 호영이는 내가 미국에서 논문을 마지막 마무리하는 가운데 출생하여 나를 따라 귀국하였다. 호영이가 귀국 후 우유 엘러지와 환경의 변화로 인하여 어려운 삶을 살았으나 엄마가 잘 보호하여 살아났고 학교를 잘 다녀 공부도 열심히 하여 좋은 성적을 얻었으며 현재는 미국 국립 암 연구소에서 근무하고 있다. 특히 호영이는 백혈병 전문의로서 연구를 하고 있고 임상을 책임지는 자리에 있고, 상세하게는 모르지만 행정도 잘 하는 것으로 보인다.

나는 공부하는 도중에 아내로부터 한 연락을 받았다. 아내가 미국으로 오기 전인데 독일로 가고 싶다는 내용이었다. 그때 아내가 간호보조원 일 년 과정으로 훈련을 받고 있었는데 그때 한국에서 파독 간호원 모집에 응하는 시기이었다. 나중에 내가 아내에게 질문을 했는데 내가 미국으로 데려가겠다는 연락이 없어서 그랬다고 했다. 사실 나는 떠나기 전에 데려 가겠다고 말했는데 그 말이 잘 전달되지 못한 모양이었다. 나는 그때 미국으로 데려 갈 수가 없었다. 내가 미국으로 떠날 때 돈을 충분하게 남겨 놓지 못해서 항상 미안하게 생각했고 또 그때 국가의 규칙은 박사 과정에 입학하지 않고는 미국으로 아내를 초청할 수 없었다. 그래서 석사 과정을 이수하는 가운데 아내를 미국으로 데려오기 위하여 석사 논문도 함께 쓰면서 9개월에 신학석사 학위를 마치고 박사 과정에 들어가고자 부지런히 준비를 하고 있었다. 나는 한 시도 빨리 아내와 아들을 데려오려고 생각하고 기도하고 있었다. 운전 면허증도 없어서 미국 학생들의 도움을 받고 그것도 함께 준비하였다. 지금 생각하면 미국 학생들에게 염치없는 일을 많이 했다. 나는 모두 돈도 안 주면서 사정하고 운전 면허를 받기 위해 노력하면서 준비를 하였다.

그런데 중간에 석사 과정을 위하여 학비를 마련해 준 할머니가 돌아가셔서 더 이상 계속해서 지원해 주지 못하겠다는 소식을 내가 듣고 절망하고 있는 가운데 아내의 독일로 가고 싶다는 소식을 들었다. 그리고 아내가 아들은 해남 어머니에게 맡기겠다는 말까지 했다. 그러나 끝까지 나는 노력하였다. 미국 학생의 도움으로 운전 면허도 받았고 차도 헌 것이지만 샀고 비행기 표는 외상으로 샀다. 그리고 석사 논문 지도 교수의 안내와 도움으로 에모리 대학교 박사과정에도 합격하고 좋은 장학금까지 받았다. 이제 초청할 자격을 받았기 때문에 정식으로 초청을 하였고 석사학위를 받고 박사학위를 시작하기 전 기간에 하루에 17시간씩 일을 하여 비행기 요금도 벌어서 갚고 학교에서 제공하는 주택도 받아서 아내와 아들이 미국에 와서 나와 함께 살게 되었다.

이렇게 내가 공부하는 과정에 있었는데 아내가 어느 날 한국으로 돌아가겠다고 말했다. 처음에 나는 너무 힘들어서 그러는 줄 알았는데 나중에 들어보니 암에 걸린 줄 알고 그렇게 말했다고 한다. 만일 아내가 한국으로 돌아가면 아들을 혼자 공부하면서 양육할 수 없었다. 그리고 장학금은 3년 내로 공부를 마쳐야 하고 한국에 있는 장로회신학대학에서도 본래 3년의 기간을 주었기 때문에 모든 것이 꼭 맞추어 끝내야만 했다. 그후 다행히 아내가 잘 견디어 일도 하고 내게 도움을 주면서 공부를 계속할 수 있게 해 주어서 기간 내에 잘 마칠 수 있었다. 미국의 학문의 세계를 아는 사람은 잘 알겠지만 공부를 게을리해서는 공부하는 과정을 마치지 못한다. 하나님 아버지의 은혜로 나는 박사 학위를 마칠 수 있었다.

나는 가정 생활을 하면서 아내에게 편안하게 해 주지 못했다. 다행히 내가 공부할 때에는 부자도 있었지만 나처럼 넉넉한 형편이 아닌 학생들도 많아서 그나마 위로가 되었다. 나는 그러는 가운데서도 너무나 가난한 형편이어서 우선 경제적으로 아내를 편하게 해 주지 못한 것을 인정한다. 나는 한국에 귀국해서도 집도 구하기 힘들어 학교에서 주택 전세금을 빌렸고 부지런히 노력하여 작은 집도 살 수 있게 되었다. 이 집 문제는 아내가 수입을 잘 관리하여 조금씩 늘려갔고 삶도 조금씩 펴기 시작했다. 그런데 내가 한국의 삶에 잘 적응하지 못하고 1978년 5월에 미국으로 혼자 떠났다. 결국 아내를 미국으로 데려가지 못하고 아내의 도움으로 한국에 다시 돌아오게 되었다.

한국에서 우리 가정의 삶은 그렇게 순탄하지 못했다. 그것은 내가 좋은 성격을 갖지 못했기 때문이다. 그래도 헤어지지는 않았다. 부부 관계는 쉽게 갈라지지 못한다. 부부는 여러 관계된 것이 많다. 그래서 결국은 생각이 있는 사람은 갈라지지 못하고 살게 된다. 나는 하나님 앞에 서 있다는 깨달음을 얻었다. 나는 두려움을 갖게 되었다. 나는 인간적 생각을 버려야 했다.

우리는 그럭저럭 지나갔는데 어느 날 아내가 주거시설을 조사해 보았는지 나보고 공주 원로원을 한 번 가보라고 했다. 나는 전화를 하고 예약을 잡고 공주 원로원으로 갔다. 공주원로원은 우리가 잠시 일하던 곳이다. 나는 명칭만 대표 원장이 되고 아내는 공주 원로원 책임 원장이 되었다. 이렇게 된 것은 이 원태 목사님으로부터 총회의 형편을 듣고 총회가 100억이 넘는 빚을 지고 있는 공주 원로원을 처리해야 한다는 통보를 하고 두 달만 일하면 그 사이에 총회가 처리하게 될 것이라고 했다. 그 때 총회에서 당시 장로 부총회장인 오 장로님을 보내서 처리하게 하여 함께 일을 하였다. 그 분이 지금 이사장이 되어서 나는 약속을 하고 시설을 살펴보았다. 시설은 참으로 잘 정리되었고 그 분은 계속해서 일을 잘 하고 있었다. 그 분의 설명을 다 듣고 주위를 살펴본 후 나는 거기로 가겠다고 약속하고 왔다. 사실 나는 아내와 함께 갈 수 있으리라고 생각했지만 아내는 아마 딸의 말을 듣고 자기의 판단을 했는지 절대로 안 가겠다고 했다. 이것을 나는 조용한 결별이라고 생각했다. 나는 공주 원로원 이사장과 이미 약속을 했기 때문에 가는 것으로 확정을 짓고 준비를 하였다. 이사짐 센터에도 연락을 하고 현금으로 계약금까지 지불하였다. 그러나 막상 가려고 하니 나 혼자 떨어져 나간 것 같아 눈물이 나서 크게 울었다. 아내는 그것을 보고 나에게 가지 않아도 된다고 하였다. 나는 즉시 가지 않기로 하고 아내가 모든 것을 정리해 주어 일단락되었다. 나는 마음 속으로 앞으로는 절대로 어디로 간다는 생각을 하지 않기로 결심을 다시 확인하였다. 사실, 지난날 갈 시설들을 알아보았지만 결국 두려운 마음이 나서 가지 않았는데, 이 번에 또 이렇게 확실하게 가려고 하였으나 가지 않으면서 나는 결국 앞으로는 절대로 어디로 가지 않겠다는 결심을 또 하게 되었다. 왜냐하면 이렇게 혼자 가는 것은 확실하게 갈라지는 일이기도 하기 때문이다.

나는 여러 번 자존심도 상하고 자존감도 없어지고 지난 날을 돌이켜 보면서 헤어지기로 하였으나, 하나님 아버지의 은혜로 그렇게 되지 않았고, 두려움과 부끄러움이 앞서면서 그렇게 못하였는데 그래도 나는 두 가지 경우 때문에 아내는 나를 살려준 사람으로 기억하고자 한다. 하나는 대학 졸업반 때 대전에서 급성 맹장염을 앓게 되어 병원을 갔으나 보증인이 없어서 병원에서 수술을 해 주지 않아 결국 결혼 전이지만 장모님께 연락을 하여 대전 조외과에서 장모님이 보증을 서고 수술을 하여 살아났고, 또 한 경우는 경기도 양주시 홍죽리에서 척수 동 정맥 기형으로 인하여 연세대학교 세브란스 병원에서 시술(embolization?)을 하여 죽을 뻔했는데 나를 살려낸 것이다. 아내는 여러 번 응급실을 가기도 했고 후속조치로 여러 번 데리고 다니면서 결국 나를 살려냈다. 이것만 생각해도 나는 아내에게 감사한다. 지금도 나는 자주 자존심을 많이 상하게 느끼는 말을 들으면서 그냥 지나쳐야 하는 데도 그렇지 못하고 섭섭하게 생각하고 화도 낸다. 아내가 평범한 일상의 말을 하는데도 아직도 나는 그렇게 민감하게 느껴지는 모양이다. 자격지심이겠지. 내가 아내에게 꼭 감사하는 내용이 한 가지 더 있다. 그것은 아내가 내 어머니를 잘 보살펴주었고 돌아가실 때 그 먼 곳에서 세브란스까지 모셔 마지막 임종을 하게 해 준 것이다.

아이들에게 그래도 잘 한 것이 있다고 내가 생각하는 점도 있다. 아들에게는 어려운 형편이었지만 미국 유학을 보낸 점이다. 상당히 큰 집을 잠실에서 가지고 있었는데 아들이 유학을 가고 딸이 의대 공부를 하고 내가 숭실대학에서 사회복지학을 공부하노라고 집을 팔고 구리 시로 이사했다. 이런 환경에서 아들을 유학을 보낸 것은 참으로 잘 한 일이라고 지금도 생각한다. 아들이 공부를 하는데 영어는 잘 할 수 있었으나 논문을 마치지 못하고 돌아왔고 아이엠에프(IMF) 사태를 맞았다. 그래서 그때 아들은 잘 배운 영어로 평생을 먹고 살 수 있는 기틀을 마련했다고 나는 생각을 한다.

딸은 앞에서도 밝혔지만 의과대학에 다니면서 영어도 열심히 공부하고 성적도 좋아 결국 미국 의사 시험도 합격하였다. 남편이 미국으로 먼저 떠나고 그 뒤를 따라 아이들을 데리고 많은 고생을 하였지만 지금의 좋은 일터를 갖게 되었다. 미국 국립 암 연구소에서 많은 연구를 하고 코로나 19 사태도 미국에서 많은 연구를 하고 사람들에게 도움을 주면서 생활을 잘 하고 있다. 이렇게 의대 공부를 할 수 있는 기반을 닦은 것은 대원외국어학교를 다닌 덕이다. 바로 내가 여기로 강력히 추천하여 입학을 하였고 훈련을 잘 받아 의대에 갔고 오늘날 미국에 가서도 당당히 경쟁력 있는 모습을 보니 감사한 일이라고 믿으며 내가 고등학교를 참 잘 추천했다는 생각을 한다.

나는 결혼과 자녀들의 성장을 보면서 얻은 교훈이 있다. 첫째로 결혼에 대해서 많은 사람들이 말하는 대로 내가 깊이 느낀 점은 어느 정도 준비를 잘 하고 결혼을 해야 한다는 점이다. 나는 너무나 준비가 없었고 결혼의 의미를 깊게 생각하지 못했다. 둘째로 결혼은 비슷하게 성장한 가정 환경에서 하는 것이 좋겠다. 이 말은 세간에서 쉽게 들을 수 있는 말이다. 같은 말을 해도 오해가 일어나며 나의 경우는 가난과 가정의 배움이 없어서 아내에게 어려움을 주고 있다는 것을 알게 되었다. 그리고 아내의 말에 쉽게 마음의 상처를 받기도 하였다. 수 없이 나는 갈라질 마음을 가지기도 했다. 아마 자격 지심이라고 생각할 수도 있지만 평범한 말에도 상처를 받아서 그렇다는 생각이 된다. 셋째로 결혼은 하나님이 짝지어 주신다는 확신이 있을 때 해야 한다는 점이다. 나는 그렇게 생각했고 다짐도 했다. 그러나 하나님 앞에서 두려움을 생각하지 못하면 순탄하게 결혼 생활을 유지할 수 없다는 것을 알게 되었다. 하나님은 우리에게 계명을 주시면서 하나님을 경외하고 사랑하며 계명을 지키는 자에게 복을 주신다는 약속을 분명히 하셨다. 하나님은 나의 부족한 성품에도 불구하고 그렇게 잘 인도하셨다. 아마 내 생각대로 했으면 나의 결혼 생활은 벌써 끝났을 것이다. 그러나 하나님 아버지는 순간마다 인도하시고(나할, 나하, 시 23편), 용서해 주시고 안위하시고(나함 시 23편), 지금까지 오게 하심을 나는 감사한다. 나는 확실히 주의 선하심과 인자하심이 평생토록 나를 따르고, 하나님의 집에서 오래오래 살게 해 주신다는 약속을 믿으며 그렇게 해 주시기를 매일 아침 빈다(시 23편).

## 4. 학업과 유학

우선 나는 학교를 다닌 것부터 이야기하려고 한다. 초등학교는 일제 말기인데 1945년으로 추정된다. 일학년을 다녔는데 부끄럽게도 일년을 다녔는지 한 학기를 다녔는지를 확실히 모르겠다. 그러나 내가 1938년에 출생했다면 전남 해남군 문내면에 있는 우수영 초등학교 일학년을 다녔을 것으로 추정된다. 그 후 아버지가 일제의 징용으로부터 돌아와서 나의 출생 신고를 1948년 9월 10일에 하였음으로 나는 10살이 되었고 학교는 화원 초등학교를 거쳐 다시 전남 해남군 문내면에 있는 우수영 초등학교로 전학을 하였고 내

기억으로는 5학년과 6학년 과정을 확실히 다니고 마쳤다. 이렇게 해서 졸업 증명서에 따르면 1949년에 우수영 초등학교 제 29회로 졸업을 하였다. 나에게는 이렇게 초등학교를 4년 동안에 마치는 특이한 현상이 일어났다. 그러나 아버지가 왜 2년을 단축시켰는지 알 수가 없다. 그래서 나의 본래 나이가 2년이 늦어져서 2년을 단축시켰다는 추측을 하지만 내가 살던 문내면 예낙리의 친구들의 나이는 나와 같다는 것을 보면 풀리지 않는 수수께끼이지만 분명히 초등학교를 4년 동안에 마친 것으로 기록되어 있음을 확인한다.

중학교는 전남 해남군 문내면 고당리에 있는 영명 중학교에 다녔다. 기록에 따르면 1949년 9월 6일에 입학하였고 1952년 3월 31일에 제 2회로 영명 중학교를 졸업하였다. 나는 학교를 다니면서 2학년 때 6. 25 동란/한국 전쟁을 당했다. 나는 참으로 어려운 시절을 보냈다. 그때 집총 훈련을 받은 것이 기억난다. 나이가 불과 13살이었기 때문에 큰 아이들을 따라다니면서 많이 힘들었고 성적도 졸업 당시 14등에 불과했다. 전시 상태를 겪으면서 수학공부를 차근차근 하지 못하여 계속해서 어려움을 당했다. 그 영향은 대학교를 다닐 때까지 어려움을 당하게 했다.

고등학교는 참으로 이상하게 다녔다. 나는 오래 도록 학교를 다니지 않고 생활 전선에 다니다가 1957년 3월에 고 서 의필 미국 선교사를 만나 목포 고등성경학교를 다니게 되었다. 그 후 1958년 11월 17일에 전남 해남군 문내면 우수영에 있는 충무고등학교에 편입하여 1959년 2월 28일에 3학년 3회 졸업을 하였다. 짧은 기간 동안 집중 수업을 통해 대학을 갈 준비를 하였다. 가장 인상적인 수업은 교장 선생님의 우리 한글 말본 수업이었다. 또 영어는 상당히 잘 준비가 되어 있어서 어려움이 없었으나 역시 수학 과목의 준비는 힘들었다. 대학 입학시험 과목에 수학이 들어 있어서 준비하였으나 좋은 성적을 얻지는 못했다. 나는 고등학교를 다니면서 학생 모자를 쓰고 다닌 것 만도 기뻤고, 아침 조회 시간에 운동장에서 꼭 해야 하는 체조를 하는 것은 잘 따라하지 못하였다. 많은 학생들이 웃었을 것으로 생각해 본다.

대학은 나에게 대단히 중요한 시작이 되었다. 우선 1959년 4월 15일에 입학하였으나 병력 미필로 군에 입대하였고 제대 후 1962년 3월에 복학하여 처음부터 새롭게 시작하였다. 나는 열심히 공부한 결과 우수한 성적을 학년 전체에서 얻은 학생에게 주는 미국 디케이터 교회 장학금을 받았고 4년 동안 열심히 공부하여 전 학년 일등을 차지하여 졸업하였다. 그러나 나 자신이 평가하는 것은 왜 영어와 영어 성문학에서 B학점을 취득하였는지 반성하면서 좀 더 열심히 할 수는 없었는지 질문을 한다. 그리고 화학 실험이 B학점인 것은 당연하다고 생각하지만 윤리학에서도 B학점을 얻은 것이 이해가 되지 않는다. 좀 더 열심히 했어야 하지 않았나 하는 반성을 한다. 그 외의 과목은 모두 좋은 성적을 얻었기 때문에 만족을 한다. 특히 두 부분에 대해서는 나 스스로 칭찬을 하고 싶다. 하나는 불어 과목인데 내가 철학을 더 많이 배우기 위해 성문학과로 전과하였음에도 계속해서 독일어를 새롭게 시작하지 않고 불어를 계속 공부하도록 과 당국에서 허락해 준 것에 대해 감사한다. 특히 과외로 불어를 지도해 주신 알레르 신부님, 한국 이름 하예래 신부님을 다시 떠올리며 마음속 깊이 감사한다. 또 한 가지는 철학 교수님이 가르쳐 주신 칸트의 수업이다. 칸트의 공부는 학교 생활 뿐만 아니라 지금까지도 생각하는데 영향을 미치고 있다.

나의 스스로 정한 대학 졸업 논문은 "칸트 철학의 제 문제: 순수이성 비판을 중심으로"이었다. 그때는 대학에서 졸업 논문을 요구하지 않았으나 나는 스스로 졸업 논문을 정하고 일 년 동안 참으로 열심히 공부하여 정리하였는데 이 논문은 계속해서 신학 공부를 하는데 큰 도움을 주었다. 그 이유는 칸트가 현대 신학에 지대한 영향을 미쳤기 때문이다. 나의 작은 경험으로 볼 때 칸트를 이해하지 않고는 현대 신학을 잘 이해할 수 없다는 생각을 하게 되었다. 그 당시는 책도 없고 막판에 순수이성 비판이 번역되어 나왔고 영어 책의 도움을 얻을 수 있었는데 영어 책을 주문하는 데도 어려움이 있었다. 더욱이 서울에는 독일어 책이 있었던 것 같은 데 나는 잘 알지도 못했다. 그래서 겨우 영어책과 구독 가능한 철학책들과 여러 한글 번역 책들을 참고로 하고, 거의 칸트의 책을 복사, 요약하는 수준에서 글을 썼지만 신학 공부를 위한 준비에 큰 도움을 주었다. 이 논문은 『대전대』 8호(1965년 11월 30일)에 게재되어 있다. 오자가 너무 많아 부끄럽다. 그리고 한문과 고어가 너무 많아 다시 고쳐 써서 부록으로 첨부하였다.

장로회 신학대학에 1966년 3월에 입학하였다. 당시에는 문교부의 정책이 요즘 말하는 M.Div. 학위(교역학 석사?)를 수여할 수 없어서 장로회신학대학 학부 2학년에 편입되어 3년 동안에 미국 신학교의 체계에 따른 BD 즉 신학사 학위를 받게 하였다. 이것을 오늘날은 신학대학원 M.Div. 학위라고 부른다. 당시 우리 학교는 목사 양성을 위해 대학을 졸업하고 신학 공부를 하게 하는 미국 학교 체계를 따르게 했다. 그 때 미국은 이 학위로 바로 박사 과정에 들어갈 수가 있었다. 그러나 한국에서는 신학사 학위를 마치고 신학석사를 하게 하는 체계이었다. 그래서 졸업논문으로 이 종성 교수님의 지도로 "성령론 연구"를 써서 신학사 학위를 받았고, 교수님들이 뽑아주어 최우수 논문 상을 받게 되었다. 이 논문은 학교에서 분실했기 때문에 내가 가지고 있는 내용을 부록으로 첨부하기로 하였다.

그 다음으로 나는 미국에 있는 Columbia 신학교에 1970년 9월에 입학하여 신학석사 학위 즉 Th. M. 학위 과정을 이수하고 1971년 6월에 학위를 받았다. 이 때 논문은 "본회퍼의 윤리 사상에 나타난 자유"(Freedom in the Ethical Thoughts of Dietrich Bonhoeffer)이다. 사실 나는 학부 시절 칸트에 대해 관심을 많이 가졌다고 이미 밝혔는데 칸트에게서 인간의 자유, 학문의 자유, 연구의 자유 등 자유에 대한 관심을 많이 갖게 되었고, 이어서 본회퍼에게서 자유의 개념에 대해 많은 관심을 갖게 되었다. 그의 자유로 가는 길과 정거장은 나에게 큰 감동을 주었다. 그의 자유의 개념에서 하나님을 위한 자유와 이웃을 즉 사람을 위한 자유에 많은 관심을 갖게 되었고, 이 자유의 개념에 대해 나중에 박사 논문에서도 계속 관심을 갖고 썼는데 지도 교수 James Laney 에게서 칭찬을 받기도 하였다. 석사 학위 논문은 번역하여 부록으로 첨부하였다. 이렇게 한 것은 나의 대학, 신학교, 석사 학위 과정으로 어떻게 발전하였는지를 스스로 돌아보기 위해서이다.

또 어떻게 9개월 동안에 논문을 쓰면서 석사 학위를 받을 수 있었는가 라는 질문을 할 수 있다. 고 서 의필 선교사는 내가 미국 대학에서 공부하는데 도움이 되도록 영어를 더 배우기 위해 나를 미쉬간 대학교(University of Michigan, Ann Arbor, ELI)에 보내 주셨는데 그 기간이 1970년 3-4월 두 달 동안이었다. 이 어학 훈련을 마치고 아틀란타에 있는 콜럼비아 신학교에 가는 기간이 많이 남아서 어디로 갈 줄을 몰라 어렵게 생각하고 있을 때에 일 년 먼저 유학을 간 친구 강 형길 동문이 석사 학위를 마치고 쉬카고에 와 있어서 나의 사정을 알고 쉬카고로 오라고 해서 다행히 거기로 갔다. 가서 곧 친구 강 형길 동문이 나를 일할 수 있도록 Dr. Scholl's 구두 공장에 데리고 갔다. 한 달을 일 했더니 나는 $400을 받았다. 이때 서 의필 선교사가 북 캐롤라이나 주에 있는 Montreat에 가서 아르바이트를 하고 영어를 배우면서 미국 생활을 익히도록 알려주었다. 거기는 한 달에 $25을 지불하는 곳이었다. 돈의 유혹이 있었지만 뜻이 있어서 안내하는 고 서 의필 선교사의 의견을 따르기로 하고 만트릿으로 갔었다. 이것이 내가 석사 학위 논문을 빨리 쓸 수 있는 기회가 되었다. 쉬카고 구두 공장에서는 비밀 문건을 옵셋으로 복사하는 직책이었는데 내가 신학생인 것을 알고 믿음이 갔는지 월급이 작아서 떠나느냐고 말하면서 더 올려줄 테니 일을 계속해 달라고 부탁하였으나 돈을 생각하지 않고 서 의필 선교사의 권유를 따라서 만트릿으로 갔기 때문에 상황을 학문하는 곳으로 하나님 아버지께서 인도하신 것이었다고 믿었다.

만트릿에서 나는 "오디토리움 크루"라는 직책을 받았다. 만트릿은 선교사들이 은퇴하여 사는 작은 도시이었다. 그곳은 여름이면 미국 전역에서 모이는 행사들이 집중적으로 열리는 휴양지이었다. 그래서 여름 세미나에 맞는 여러 시설들이 있었는데 수영장도 있고 내가 일하는 강당은 참으로 크고 아름다웠다. 거기서 크루 인원은 행사에 필요한 시설로 셋팅하고 치우고 청소하는데 나는 같이 일하는 대학생들과 미국의 영어를 배우게 되었다. 예를 들면 "하우 두 유 두" "하우 아 유" 즉 어떻게 지내는가 또는 안녕하십니까 의 인사를 "하디" 라고 짧게 말하는 것을 배우게 되었다. 나는 거기서 현대 예배(Contemporary Worship)도 처음으로 접하고 큰 충격을 받기도 하였다. 저녁이 되면 함께 일하던 대학생들이 모여서 떠들면서 놀았다. 그러나 나는 그때 책을 읽었다.

여름에 한 세미나에 나의 논문 지도 교수가 될 S. Guthrie 교수가 강사로 왔다. 어떤 분이 내가 갈 학교의 교수님이라고 소개하면서 잘 해 보라고 하였다. 그 교수님은 나를 미국으로 보내주신 고 서 의필 선교사와 절친이었으며 교수 과목도 내가 전공할 신학과 윤리학이었으며 K. Barth의 지도로 박사 학위를 받았고 특히 석사 학위 과정에서 나에게 바르트와 본회퍼의 신학과 윤리를 배우도록 집중으로 지도해 주신 분이었다. 그리고 그는 내가 논문을 쓴 본회퍼에 대해서 영어권에 소개한 갓세이의 친구이기도 했다. 이런 선생님을 만트릿에서 만나게 되었고 그분이 논문에 필요한 책들을 나에게 추천해 주었고 여름에 신학서적을 세일하는 가게도 거기에 개설이 되어 있어서 논문 준비를 할 책들을 싼 가격으로 구입하기도 하고 3개월간 미리 독서를 하여 준비하였기 때문에 석사 과정을 시작하면서 강의를 들으며 동시에 논문 지도를 받았다. 그리고 그 교수님이 team teaching으로 개혁신학을 가르쳤는데 자그마치 10학점짜리를 두 학기에 걸쳐 잘 배우게 되었다. 이 때 함께 가르치신 교수님은 B. Kline이었는데 이분은 신학적 언어에 대한 관심을 가지고 교수하였고, P. Tillich에게서 배운 분이었는데 거스리 교수님에게 주로 질문하는 형식으로 칼빈의 신학의 깊이를 알게 하였다. 이러한 질문을 하는 분이 없었다면 칼빈의 신학에서 쟁점이 되는 것들을 알기 어려웠을 것이다. 참으로 귀한 배움이었다. 그리고 그는 나의 석사학위 논문 부심을 맡아 주었는데 많은 칭찬을 해 주었다.

하여간 만트릿에서 석사학위 논문 지도 교수를 만난 것은 하나님 아버지의 은혜이었다. 거스리 교수님은 나에게 개인적으로 새로운 학문의 세계를 열어주었다. 그 분은 조직신학에서 신론(神論) 전문가이었다. 그분의 저서 가운데는 『신론』(Doctrine of God)이 있는데 전문 용어들을 쉬운 말로 알려주려고 노력한 점이 확실하게 보인다. 석사학위를 하는 과목 중에 independent study라는 과목이 있는데 이 시간이 단독으로 논문 지도를 받을 수 있는 시간이었다. 거스리 교수님은 시간을 아끼지 않고 나에게 지도를 하였다. 이 시간에 바르트의 『교회 교의학』을 독일어로 읽히고 본회퍼의 글들을 독일어로도 읽히었다. TOEFL을 새로 응시하여 박사 과정에 지원할 500점 이상을 받은 상태이기는 하지만 영어도 능숙하지 못한데 독일어로 숙제를 내 주니 힘들었지만 나중에 안 일이지만 박사 과정에서 공부할 때 반드시 응시해야 하는 독일어 시험에 합격하도록 훈련을 미리 하게 한 것이었다. 나는 나중에 박사 과정 중 독일어 시험에서 좋은 성적으로 합격할 수 있었다. 거스리 교수님은 사랑이 많으셔서 나를 개인적으로 인도하여서 에모리 대학교의 박사 과정에 합격하도록 데리고 가셨고, 결국 그렇게 좋은 장학금을 받을 수 있게 해 주셨고, 석사 학위 과정에서 가르침과 도움 뿐 만 아니라 박사 학위 논문 부심으로도 도와주셨다. 사실 박사 과정에서 학위 논문은 거스리 교수의 지도가 크게 도움을 주었다. 그리고 석사 학위 논문은 영어로 되어 있어서 번역하여 출판하고 싶었지만 이번에 뜻을 이루었다. 부록으로 첨부된다.

그 다음으로 나는 그렇게 바라던 박사 과정에 입학하여 에모리 대학교 대학원에서 공부를 하였다. 여기서 전공분야인 기독교윤리학과(Ethical Studies)는 대학원 종교학부(Division of Religion)에 6개 학과가 있었는데 그 가운데 하나이었다. 대학원에서는 두 가지 특징이 있었다. 하나는 공동과정(Common Program, CP)이라는 과목이다. 이것은 종교 학부 모든 교수님들과 학생들이 다 참여해야 하는 필수 과목이며, 일년 동안 이수하고 학점을 받아야 한다. 그리고 간단한 논문을 한 편 써야 하고 세 분의 교수님에게 구두 시험을 치고 합격해야 한다. 이 때 주제는 "The Function of the Bible in Theology"(신학 안에서 성경의 기능)이었다. 특이한 점은 성경을 소문자 bible로 사용하는 것이었고, 이것에 대한 많은 논쟁이 있었다. 그리고 이 때 한 참 논의가 되는 양식사(formcriticism)에 대한 논의가 핵심에 있었다. 나중에 내가 구두시험을 할 때에 너의 예수는 마가의 예수냐 요한의 예수냐 라는 질문을 받았는데, 내가 다닌 장신대에서나 콜럼비아 신학교에서는 들어보지도 못한 내용이어서 충격을 받았다. 그리고 나는 논문으로 바르트의 성경관을 제출하였었다. 이때 나는 논문으로 제출한 바르트의 성경관에 대해 작은 논문을 쓰면서 많은 것을 새롭게 배우게 되었다. 훗날 나는 바르트를 새롭게 정리하면서 성경에 대한 그의 견해는 신정통주의라는 말을 들을 수 있었다고 다시 생각하게 되었다.

또 에모리 대학교 CP에서 놀라운 사실을 배우게 되었다. 발표하는 교수님들 가운데 한 분은 이 과목의 위원장(chair person)인 신약학 전공 교수 Jack Boozer의 선생인 Herbert Braun 교수이었다. 위원장(chair person)도 양식사를 강하게 주장하는 사람이었는데 자기 선생은 Bultmann의 제자로서 인간학적 신학을 주장하는 인물이었다. 마가복음 12장 29-31절 말씀을 근거로 성경의 기능에 대해서 말하였는데 일종의 주석이었다. 원어를 가지고 분석하는데 하나님의 사랑을 이웃 사랑으로 대치하면서 하나님의 사랑을 전혀 언급하지 않고 이웃 사랑이 곧 하나님을 사랑하는 것으로 표현하였다. 즉 그는 하나님 사랑을 인간 사랑으로 대치하는 인간학적 신학을 주장하였다. 나는 한국적 상황에서 도저히 용납하기 힘들었으나 신학적 분위기는 서서히 그렇게 바뀌어 가는 모양새이었다. 사실 미국의 전체 분위기가 그렇게 흘러가는 느낌이었다.

바로 부저 교수가 독일어 시험 위원회의 위원장이었는데 독일어

시험 문제는 본회퍼 전집에 해당하는 모음집에서 몇 페이지를 주고 번역하는 것이었다. 약 8시간 정도 보는 시험이었는데 다행히 내가 석사 논문을 쓸 때 본회퍼에 대해서 쓰면서 원전을 많이 읽고 참조하였기 때문에 그리 어렵지 않게 번역할 수 있었다. 나중에 윤리과 주임 교수이었던 Clinton Gardner 교수가 수업에 들어와서 부저 교수로부터 나의 독일어 시험 결과에 대해 만족함을 듣고 수업시간 중에 칭찬을 해주었다. 나중에 나보다 몇 학기 앞선 학생이 있었는데 그로부터 독일어에 대해 질문을 받았고, 같이 공부하던 친구는 본회퍼의 글을 가지고 와서 독일어 번역을 부탁하였는데 나중에 알고 보니 정말로 독일어를 할 수 있는가 라는 테스트를 한 것이었다.

또 다른 하나는 부전공 제도이었다. 부전공으로 두 과목을 선택해야 하는데 나는 종교 사회학과 현대 신학을 선택하였다. 종교 사회학은 그때에 한국에 많이 소개되지 않은 과목이었다. 이것은 내가 귀국하여 알게 된 내용이었다. 사실 내가 에모리에서 공부를 하기 전에는 그 분야에 대한 정보가 전무한 형편이어서 기초부터 많이 공부하였다. 당시 교수님은 두 분이었는데 두 분 다 이름이 있는 분들로서 정말로 잘 가르쳐주었다. 종교 사회학이란 "종교와 사회 간의 상호 관계를 다루는 학문으로 사회에서 종교의 역할과 보편적 주제, 발전, 역사적 배경, 관습에 대해 탐구하는" 학문이다(인터넷 사전). 다시 말하면 종교 사회학은 사회학에 속하는 학문이다. 우리의 관심을 끄는 것은 종교의 현상과 사회에서의 역할이다. 오늘 한국 사회에서 보면 종교 특히 불교나 기독교의 역할이 무엇인가를 질문한다. 나는 여기에 대해 깊은 관심을 가졌고 신학자 본회퍼나 바르트가 기독교인으로서 사회를 향해 어떤 역할을 했는지에 깊은 관심을 갖고 살펴보기도 하였다.

또 내가 선택한 과목은 현대신학이었다. 선생님은 런연(T. Runyon) 박사님이었다. 그 분은 고가르텐의 제자이었다. 고가르텐은 신학 사상적으로 바르트와 대립되는 분이었다. 바르트는 하나님을 먼저 생각하고 하나님의 명령을 우선으로 하는 신학자이었다. 그러나 고가르텐은 하나님과 인간을 동시에 고려하는 신학자이었다. 특히 세속화 신학을 강조하고 인간의 성숙함을 강조함으로써 바르트와 대립되었다. 사실, 그 두 분은 함께 자유주의 신학을 거부하고 새로운 신학을 꿈꾼 동지이었다. 그들은 자유주의 신학으로는 시대를 이끌고 갈 수 없다고 생각하고 『중간시대』라는 잡지를 고가르텐의 논문을 근거로 하여 함께 창간하였으나 결국 신학적 입장의 큰차이 때문에 결별하였다. 바르트는 『교회교의학』으로, 고가르텐은 『우리시대의 절망과 희망』으로 각각 다른 신학적 입장을 대표하였다. 런연 교수는 특히 나를 사랑하셨고 고가르텐의 친필 서명이 있는 책을 내게 선물로 주셨다. 그리고 나는 그책을 장신대에 기증하였고 거기에서 배운 현대신학이 큰 도움이 되었음을 알고 다시 장신대에서 가르쳐 주신 한 철하 교수님께 감사하였다.

나는 에모리 대학교에서 기독교 윤리학을 배운 것을 참으로 감사한다. 우선 윤리학의 기초를 광범위하게 잘 배웠고 응용도 다양하게 실천적으로 배웠다. 우선 가드너 교수님에게서 기독교윤리학의 개론에 해당하는 기본을 배웠고 윤리방법론으로서 미국을 중심으로 하는 윤리사와 함께 고유한 방법론을 배웠다. 이러한 기초를 가드너 교수님의 가르침으로 든든하게 마련할 수 있었다. 나는 한국에 와서 기독교윤리학 개론에 해당하는 책들과 방법론에 관한 책을 쓰고 출판할 수 있었다. 한국에는 기독교윤리학의 방법론에 해당하는 책들이 많이 없었다. 앞으로 많이 개발해야 할 부분이다. 특히 가드너 교수는 리처드 니버의 제자로서 그의 사상을 전달하는 데도 분명하게 보였다. 나는 니버의 책임론을 확실하게 방법론으로 배웠고 그의 명저 『그리스도와 문화』와 『책임적 자아』의 방법론은 오늘날까지 나에게 큰 도움을 주고 있다.

다른 한 교수님은 웨버(Ted Weber)인데 그 분은 미국의 외교정책과 윤리를 가르쳤고 정치 윤리와 폭력, 전쟁에 관한 윤리를 가르쳐주었다. 나는 그 분에게서 전쟁의 개념과 방법에 대해 윤리적 측면을 배웠고 전쟁의 정당화 측면을 배웠다. 특히 정당 전쟁론은 윤리적 결단을 하는 데 큰 도움을 주는 방법론에 해당한다. 어거스틴/아우구스티누스로부터 시작한 "정당전쟁론"의 기준들은 점점 확장되어 오늘날에도 많이 논의되어야 하고 현실에서 어떻게 적용해야 할지 논의를 많이 해야 할 것 같다. 특히 핵무기 사용과 핵 전쟁에서 정당전쟁론의 기준은 현실적으로 논의가 많이 되어야 할 필요가 있을 것 같다. 정당전쟁 이론은 나의 박사 학위 논문에서 하나의 방법론으로 사용되었고 가드너 교수의 책임론도 함께 사용되었다. 특히 웨버 교수는 라인홀드 니버 즉 리처드 니버의 형의 정치 윤리를 전수받은 사람으로서 나는 그 분에게 배운 것을 자랑스럽게 생각한다.

에모리에 있으면서 잊지 않고 배운 과목이 하나 더 있는데 "유대교의 현대 사상"(Contemporary Thought in Judaism)이다. 가르친 교수님의 이름이 전혀 생각이 나지 않는다. 그러나 그 선생님이 나에게 남긴 인상은 강렬하다. 교재 가운데 하나는 『Path in Utopia』이었다. 여기서 배운 것은 그 교수님이 방학 때에 이스라엘에 직접 가서 살면서 현실을 경험하고 있으며 그들의 삶을 배우고 있다고 했다. 그가 유대인인지는 모르겠으나 매우 진지하게 가르치고 이스라엘 사람들의 삶에 대해 진지하게 경험한 것을 가르치는 가운데 나에게 깊은 인상을 남겼다. 즉 이스라엘의 키부츠(kibbutz)의 생활이었다. 선생님의 강의의 요점은 그들의 삶이 진정한 의미의 사회주의의 삶이라는 결론이었다. 내가 나중에 대한 예수교 장로회 총회 교육부 총무로 일할 때 이스라엘을 방문하여 키부츠를 가 보았다. 네이버 블로그에서 밝힌 대로 "공동 소유, 공동 생산, 공동 판매, 공동 운명체로 모인 하나의 법인체 집단 농촌"이었다. 장신대에서 교수로 일할 때 또 다시 이스라엘을 방문하여 농촌을 방문하고 그것을 다시 확인하였다. 어떻게 이렇게 운영할 수 있을까? 우리는 그것을 할 수 없을까? 내가 한국에서 두 경우를 보고 들었는데 결국 성공하지 못하였다. 그래서 이스라엘의 경우를 생각해 보았다. 그들은 출발점이 달랐다. 처음 시작부터가 달랐다.

에모리 대학교 대학원의 생활 가운데 가장 중요한 것은 박사학위 논문이다. 나는 논문을 별도로 쓰기보다는 처음부터 그리고 수업 시간마다 연관된 내용들을 별도로 카드에 모았다. 이것은 내가 장신대 신학대학원에서 졸업 논문을 쓴 경험과 콜럼비아 신학교에서 석사학위 논문을 쓴 경험을 통해 시간을 단축할 수 있는 길은 박사학위 과정을 시작할 때부터 모든 것은 논문 자료 수집과 그것에 관련된 일을 하면 시간을 줄일 수 있게 된다는 생각을 하고 그렇게 하였기 때문에 학위 과정 학점 수업을 마치자 마자 논문은 거의 완성이 되어 있었다. 그래서 나는 논문을 보완하고 정리하여 빨리 마칠 수 있었다.

논문의 내용은 석사학위 논문이 본회퍼의 윤리사상에서 자유의 개념에 초점을 맞추었기 때문에 지도교수의 가르침을 따라 본회퍼의 신학의 근간이 되는 바르트의 신학의 윤리사상을 연구하고 정리하는 것이라고 생각하고 모든 것을 거기에 집중하였다. 특히 책을 읽는 가운데 내게 분명하게 들어온 것은 "하나님의 명령"이었다. 그리고 이 "하나님의 명령"은 그의 성경관에서 시작했고 신학의 완성체인 『교회교의학』에서 출발하였다. 이렇게 해서 나의 논문은 쉽게 풀어가게 되었다. 지금도 그 생각이 옳았음을 나는 인정한다. 그러나 그것은 완전하지 못했다. 왜냐하면 『교회 교의학』 4권에 대한 연구가 모자랐기 때문이다. 그래서 최근에까지 그것을 보완하여 나의 책 『나의 신학 나의 윤리학 Plus』에서 보완하였다. 하여간 당시내가 만난 한국의 현실은 하나님의 명령이 현실에서 어떻게 적용할 수 있을까가 과제이었다. 그래서 하나님의 명령을 바르트가 정의한 한 문장이 있어서(DC III/4 568쪽) 거기서부터 출발하여 그의 『교회교의학』 3권까지의 내용을 정리하기로 하였다. 여기까지 내가 정리한 것은 일반 윤리에서의 하나님의 명령과 특별 윤리에서의 하나님의 명령까지 정리하였으나 4권을 연구하지 않았기 때문에 "화해론"

에서의 하나님의 명령 그리고 『기독교인의 삶』에서 하나님의 명령을 정리하지 못했다. 기독교인의 삶을 바르트가 주기도문 연구에서 정리하였고 『교회 교의학』을 완성하지 못한 것을 정리하지 못한 점은 아쉬운 점이지만 현재로서도 충분히 그 의미를 짐작할 수 있다고 생각한다. 내 논문은 한글로 번역하여 『하나님의 명령과 현실』이라는 제목으로 출판되었으며, 재판(second edition)에서는 수정하여 출판되었다. 재판에서는 바르트의 윤리사상 방법론을 부각시켰다. 그리고 방법론으로 웨버 교수의 정당전쟁 이론 방법과 가드너 교수의 책임윤리 방법론으로 바르트의 신학적 윤리의 방법론을 평가하면서 마무리를 하였다.

이렇게 하여 나의 유학 생활을 마무리하고 후에 한국에서 사회복지사 취득을 위해 숭실대학교 대학원에서 사회복지학 전공을 하게 된 내용을 정리하기로 한다. 나는 장로회신학대학에서 봉직하면서 기독교 사회복지학을 개발하려고 하는 생각을 하였다. 일반 사회복지학은 사회 자체의 분위기도 그렇지만 국가적으로 볼 때 앞으로 많은 사람들이 훈련을 받을 것이고, 직업 윤리와 운영의 철학이 무엇인지 밝혀질 것이지만, 기독교가 상당히 일찍이 이 일에 관심을 갖고 시작했음을 알 수 있다. 근대 사회복지는 영국을 비롯하여 서구 사회에서부터 기독교가 중심이 되어 시작되었고, 나중에 다른 국가들이 나서서 제도적으로 확정한 것을 알 수 있다. 물론 제도적이 아니고 동정심을 비롯하여 유사한 구제나 자선사업 정도의 복지적 행위가 일어난 것은 여기서 생각하지 않고 하는 말이다. 대한 예수교 장로회 소위 통합측에서도 자선사업 정도로 시작하였으나 지금은 복지제단으로서의 규모와 법을 정하여 운영하고 있다.

우리나라에서 사회복지를 위한 제도가 한참 왕성하는 과정에서 나는 두 가지 점에 착안하였다. 첫째로 사회복지학에 뛰어든 사람들이 운영하는 정신으로 철학이 있는가? 또 실천하는 사람들의 윤리 의식이 있는가? 라는 질문을 하였다. 둘째로 기독교 또는 기독교적 사회복지가 가능한가? 라는 질문을 하였다. 그래서 내가 만일 공부를 한다면 첫째 문제로 논문을 써야 하겠다는 생각을 하였다. 그리고 둘째 질문에 대해서는 내가 윤리학을 공부하면서 기독교윤리학을 전개했으니 기독교 사회복지도 형성할 수 있겠다는 생각을 하였다. 그래서 공부를 시작하였고 학문적으로 정립을 하면서 기독교 사회복지학을 만들 수 있다고 생각하고 개인적인 출발을 하여 장로회신학대학에 전공과정을 설치하기로 건의하여 우여곡절 끝에 시작을 하게 되었다.

나는 숭실대학교에서 좋은 교수님들의 가르침을 따라 우선 석사학위를 마치고 일급 사회복지사 자격증을 얻고 학교의 규칙에 따라 기다렸다가 박사 과정에 응시하여 합격하고 공부를 시작하였는데 깊이 생각한 결과 박사 과정은 중단하기로 결정하고 그만 두었다. 그렇지만 계속해서 기독교사회복지학을 생각하고 있다. 기독교 사회복지학에서 기독교는 어떤 의미를 가질 수 있는가? 또 기독교를 표방한 만큼 직업의식이나 윤리의식을 어떻게 확실하게 보여줄 수 있는가? 라는 질문에 답을 확실하게 할 준비를 하면서도 아직 문서로 남기지는 못하고 있다.

이러한 과정이 없기 때문에 장신대에서 사회복지학을 가르치면서 전문적인 생각보다는 일반 사회복지학을 가르치고 요청에 따라 기독교와 단순히 연결을 짓는 것처럼 보인다. 사회복지학은 엄연히 윤리학이나 기독교와 문화 학과에 속해 있기는 하지만 소속이 되기보다는 기독교 사회복지학을 별도 전문 분야로 확정을 짓는 대우를 받아야 할 것이다. 그렇지 않고 지금처럼 지난다고 하면 애매하고 어정쩡한 상태로 남게 될 것이다. 그러니 기독교와 문화 부분에 속하면서 지나게 된다. 앞으로 장신대 당국이 세계를 보면서 분명히 사회복지가 중요한 이슈로 이어질 것에 대비하고 지도자를 양성하는 모습을 보여야 할 것이다. 나는 시작은 했지만 은퇴를 했기 때문에 더 이상 관여할 수 없다 보니 원하지 않는 방향으로 가는 것 같고 학문의 개발도 없거나 더딘 것 같다.

## 5. 직장 생활

나의 맨 처음 직장은 서울에 있는 장로회신학대학이다. 장로회신학대학 학장이셨던 이 종성 박사님이 1968년 11월에 나에게 부탁하셨다. 학장님은 미국에 유학을 가면 기독교윤리학을 3년 내로 마치고 오라는 말씀을 하였다. 나는 1970년 2월 26일 대전에서 미국으로 유학을 떠났다. 고 서 의필 선교사님의 안내와 주선으로 미국의 University of Michigan, Ann Arbor의 ELI에서 어학 연수를 하고,

이어서 미국 Columbia 신학교에서 신학석사 과정을 밟으면서 기독교윤리학을 공부하였다. 지도 교수는 S. Guthrie 교수이었고 주로 바르트의 신학, 개혁신학, 본회퍼 강독을 하였다. 나는 석사 학위 논문으로 본회퍼의 윤리사상에 나타난 자유에 대해 썼다. 이어서 에모리 대학교 대학원에 입학하여 기독교 윤리학 개론, 방법론, 기독교 윤리사상 등을 가드너 교수에게서 수강하였고, 동시에 리처드 니버를 배웠다. 또 웨버 교수에게서 미국의 정치 윤리와 전쟁, 폭력 등을 배웠다. 특별히 정당전쟁 이론을 배웠고 사회윤리 방법론을 배웠다. 그 중에 라인홀드 니버가 핵심 인물이었다. 또 마키아벨리의 군주론, 히틀러의 나의 투쟁, 소렐의 폭력, 파농의 비참한 인간 등을 읽었다. 부전공으로 현대신학을 공부하였는데 지도 교수는 런연이었다. 고가르텐을 중심으로 공부하였다. 이때 고가르텐과 바르트를 비교하여 많이 생각하였다. 주로 고가르텐의 『우리시대의 절망과 희망』이란 책이 중심이 되었다. 또 종교 사회학을 부전공으로 공부하였는데 기초부터 고급 이론까지 얼 브루어, 잭 캐롤 교수가 지도하였다. 특별히 종교 사회학의 핵심 인물들을 공부하였다. 이때 잊을 수 없는 사람들은 베버, 뒤르크하임 등이었다. 그 밖에 한 가지 이스라엘의 현대 사상이었다. 지도 교수는 생각이 안 나지만 특별히 키부츠의 삶과 유토피아 사상과 사회주의에 대한 논쟁은 나로 하여금 많은 관심을 갖게 하였다.

나는 이런 방대한 공부를 하고 처음 직장으로서 장로회신학대학에 와서 약 4년 간 봉직하였으나 결국 잘 적응하지 못하고 미국 북 캐롤라이너에 있는 랄리 한인 교회 목회를 하게 되었다. 그 때

북 캐롤라이너를 중심으로 형성된 미국 남장로교 Orange 노회가 한인 교회를 개척하기 위하여 목회자를 찾았다. 거기는 Research Triangle이라는 연구 단지가 새롭게 생겼는데 수많은 좋은 기업들이 입주하였고 많은 연구자들이 모여들었다. 이 가운데 한국의 고급 인력들도 많이 오게 되었다. 그래서 작은 교회의 모임이 시작되었는데 공식적으로 Orange 노회가 개척 교회를 시작하고 목회자의 봉급을 지원하고 소속은 노회 소속이지만 실제로는 Westminster 장로교회, Associate Pastor의 직함을 주고 내가 선택되었다. 다급하게 교역자가 필요한 교회는 빨리 오라는 요청을 하였고, 나는 그 요청을 받고 떠나게 되었다. 목회의 내용은 경험이 적은 나로서 새로운 터전이었는데 노동자들과 고급 인력이 함께 하는 모임을 잘 관리하지 못하고 목회도 너무 어렵게 하는 중 여러 가지 여건이 맞지 않았는데 한국에서의 부름을 받고 다시 한국에 오게 되었다.

세 번째 직장은 호남신학교이었다. 나는 교장의 직임을 맡아 호남신학교 4대 교장이 되었다. 이 때 강의 보다는 소위 100만 구좌 운동(Million Shares Campaign)을 시작하여 모금에 노력하였고 4 년제 정규 대학을 세우려고 계획하였으나 인가를 받지 못했다. 준비가 너무 부족하였고 돈이 없었으며 지역 인사들의 많은 협력을 얻지 못했다. 이때는 80년대에 들어서는 시기이었기 때문에 인가를 받기만 했으면 많은 발전을 했을 것으로 생각해 본다. 1980년에 광주 민주화 운동이 일어났고 우리 학교의 학생 한 사람이 죽음을 맞았다. 그 학생은 아주 중요한 일을 했다. 그리고 1981년 대한 예수교 장로회 총회 교육부의 총무로 나는 부름을 받았다. 이 직책은 총회의 지역 안배의 정치적 결정에 따른 것이었다.

총회 교육부 총무 자리는 정말 할 일이 많았다. 나는 교육이 전공은 아니었지만 장신대에서 기독교교육학 개론을 김득렬 교수님에게 배운 일이 있었고 계속해서 교육에 관여하여 왔으나 전문인이 되기 위하여 박사 후 과정을 3년에 걸쳐 넬슨 박사님의 지도 아래 공부하고 『도덕교육서설』을 써서 출판하였고 교회학교 공과를 비롯, 각종 교육 교재와 많은 기획도서를 출판하였고, 한국 교회 백주년 기념 교육대회를 개최하였다. 또 "성숙한" 교회의 시리즈를 시작하였다. 내가 꼭 하고 싶은 것은 평화와 정의 그리고 환경 문제를 공과에서 다루고 싶었으나 이루지 못했다. 내가 이것을 하고 싶었던 것은 내 본래 전공이 이것들이며, 한국 기독교에서 신학적 문제로 다루었기 때문이다. 1974년 처음 귀국해서 장로회신학대학에 재직하고 처음 교재를 개발하면서 환경 문제를 다루었는데 그렇게 주목을 받지 못했다. 그러나 환경 문제는 내가 총회 교육부 총무 직무를 끝나고 나올 때 우리나라에서 올림픽을 개최하게 됨으로써 크게 주목을 받고 교회 안에도 환경 위원회 같은 것이 만들어지기 시작하였다. 이것은 국제 대회의 분위기가 요청했기 때문이었다. 이때 나는 임기가 끝나고 어디로 가야 하는가에 관심을 갖고 있었다. 여기서 말할 내용은 아니기 때문에 중지하고 우여곡절 끝에 장신대에 복귀할 수 있었다.

이때 장로회신학대학에 와서 신대원에서 강의를 하고 대학원에서 기독교윤리학의 과정을 회복하여 박사 과정까지 강의를 개설하게 되었다. 새로운 커리큘럼과 강의 및 세미나는 참으로 바쁘게 만들었다. 얼마 있어서 학과의 명칭 문제가 대두되었다. 다행히 기독교 기술문화라는 제목으로 연구원 같은 것이 이미 개설되어 있었으나 내가 올 때는 전혀 활동이 없었고 책임자도 없었다. 그리고 나는 교수회에서 기술 문화보다는 그냥 문화 즉 기독교문화 연구원이라는 허락을 받았다. 그후 학과의 명칭에 대한 논의가 있었다. 내가 학과의 명칭을 기독교윤리학에서 기독교와 문화로 변경해 달라고 교수회에 제안했으나 반대에 부딪혔다. 그리고 얼마 후 교수회가 오히려 기독교와 문화라는 명칭으로 변경할 것을 제안하였다. 나는 그 제안을 받아들여 명칭을 변경하였다. 그것이 현재의 기독교와 문화 과정이다

내가 구상하는 것은 기독교라는 이론 즉 윤리 이론을 근간으로 하여 문화를 연구 발전하며 나중에 사회복지학을 전공하여 윤리, 문화, 복지 세 축을 만들었다. 모두 삶에 필요한 축이었다. 여기에 시대적 요청에 따라 미래학의 관점을 도입하였다. 내가 세계 미래학회(World Future Society)의 회원이 되어 미국의 본부가 개최하는 회의에 참석하고 부지런히 거기서 논의되는 것을 도입하여 미래를 내다보면서 윤리, 문화, 복지를 개발해 나갔다. 그러나 혼자서 하기는 역부족이었으나 최선을 다했다. 그리고 1988년 1월 21일에 학장 서리로 부름을 받아서 직책의 변화가 생겨 기독교와 문화 교수는 별도로 채용하게 되었다.

여기서 추가하고 싶은 말이 있다. 첫째는 교수가 필요하여 청빙

한 교수가 김철영 박사와 임성빈 박사이다. 김철영 교수는 우리 과보다는 그의 논문에 따라 보면 조직신학이나 선교학에 더 가까운 것을 나중에 알게 되었다. 그리고 임성빈 박사는 미국 프린스톤 신학교 박사 과정에서 과정을 마치고 논문을 쓰고 있었다. 그래서 우리는 그를 초청하여 한국에 와서 논문을 쓰도록 하고 윤리학과에서 가르치도록 하였다. 그는 교수 생활이 시작된 것이다. 그 후 학교가 발전하고 커지면서 우리 과에 교수가 더 필요하여 내 후임으로 노영상 교수가 청빙되었다. 그런데 어느 날 방지일 목사님이 오셔서 임성빈 박사에 대해 언급하였다. 내가 임성빈 교수에게 나의 모든 과목을 그에게 넘겨주었는데 그것은 쉬운 일이 아니라고 하였다. 사실 그 자리에서 그게 아니라고 말하지 못하고 우물쭈물 지나갔다. 실은 내 후임의 자리는 임성빈 교수가 아니고 노영상 박사이었다. 모든 과목을 그에게 넘겨주고 나는 사회복지학을 가르치는데 전념하였다. 그때 방지일 목사님에게 직접 말씀드리지 못하고 지난 것을 지금까지도 죄송하게 생각하고 있다. 그리고 내가 미래를 배우려고 미래 학회를 가서 그때 미래학회에 참석한 한양대학의 구 교수님이 있었는데 식사 대접을 받고 갚지 못했다. 그 다음 해에 내가 학회에 갔으나 그 분을 만나지 못했다. 그 분과 동료들은 매월인지 매 토요일인지 모여 학문적 논의를 하는 것 같았고 나를 초대했으나 나는 교회 때문에 토요일에 그렇게 장시간 나가 있을 수 없어서 한 번도 참여하지 못했다.

나는 학장으로서 2천년 대를 생각하며 각 학과에 2000년대를 향한 자기 전공분야의 계획을 연구하도록 하고 작지만 학교에서 연구비를 주고 맡겼으나 과 전체의 의견이라기보다는 개인적인 연구 발표로 끝을 맺었다. 그 중에는 자기 논문이 아니면서도 자기 이름으로 제출한 부분도 있었다. 그것은 즐겁지 못한 일이었다. 또 두 가지 특별한 경험이 있다. 하나는 선교 분야이고 다른 하나는 성서분야이었다. 학교 안에 있으면서도 학교에 재정을 보고하지 않는 독립된 기구로 존재하였다. 특히 성서분야는 별도의 이사회를 갖고 있었다. 완전히 독립 기구이면서 학교 안에 있고 학교에 보고하지 않고 운영하는 적합하지 못한 방법으로 진행되었고, 역시 선교분야도 모금을 하면서 학교 안에 있고 어떻게 운영하는지는 학교에 공개하지 않았다. 이것은 내 생각에 정당한 운영이 아니었다. 그러나 학교의 정관에 따라 교수의 퇴직금 문제 해결과 각종 규칙을 확실하게 하기 위하여 규정집을 만든 것은 잘 한 것으로 보인다. 그리고 학교 건축을 위해 모금을 학장이 나서서 하였는데 이사회에서 학장이 모금을 하는 것을 금지하여 중단하였다.

내가 학장을 하는 동안 학교의 이전 문제와 함께 학교 건축문제가 일어났다. 학교를 이전하는 문제는 학교 건축문제와 연결되어 있었다. 처음에 학교에서 건축은 도서관과 예배당만 생각하였다. 그러나 이사회에서 학교 전체를 건축하기로 결정하면서 계획이 크게 바뀌었다. 그 건축 계획은 지금의 건물을 의미한다. 나는 이사회의 결정에 따라 학교를 옮기는 문제를 고려하였으나 학생들과 교수회의 반대로 내 개인적 입장은 교수의 대표이기 때문에 이전 문제는 확실하게 이전하지 않는 방향으로 정했으나 이사회는 여전히 이전하기로 하면서 한편 나도 이사이기 때문에 명령을 듣고 이사회의 결정을 따르도록 했었다. 나는 개인적으로 난감하였고 이사회는 전혀 분명한 계획도 내놓지 못했다. 그래서 모금 계획을 세우기 위하여 건설 회사를 정하고 설계도를 부탁하였다.

설계도가 결정되면서 모금 계획도 정하게 되었다. 나는 이사회의 결정을 기다리면서 제안을 하였다. 나는 총회교육부에 있을 때 총회 100주년 회관을 지으면서 모금 문제가 어려웠던 것을 보고 우선 큰 부분을 정하여 요청하기로 하였다. 그래서 도서관은 소망교회에, 학생 생활관은 명성교회에, 음악관은 여전도회에, 그리고 예배당은 영락교회에 부탁하기로 하고 나머지를 즉 본관 건물을 전국 교회에서 모금하기로 하였다. 그때 계획은 약 145억원 정도가 소요되었는데 내가 학장 임기가 끝나고 나갔기 때문에 후임이 결정되어 그 후 많이 변경이 되어 오늘의 좋은 건물을 완공하였다. 나는 맨 먼저 건축 헌금은 하였다.

나는 교수로 봉직을 하다가 2002년 2월에 조기 은퇴하여 충무교회 목사로 옮겼다. 이것은 내가 생각한 것과 아주 다른 결과이었다. 불과 3학기를 남기고 은퇴하여 자리를 옮기는 것을 원하는 것은 아니었지만 옮기었다. 백퍼센트 찬성을 받은 것도 아니고 12명의 반대를 받은 것도 모르고 옮기었고, 전임자와 갈등을 갖고 물러난 곳에 들어가 나도 불편을 겪고 결국 다음해에 교회에서 은퇴를 하였다. 이렇게 한 것은 장로회신학대학의 정년과 같은 나이에 은퇴한 것이고 또 그 해에 내가 소속한 교단 노회에서 나와 같은 나이의 4 사람이 모두 은퇴하는 일이 일어나 나도 은퇴하기로 정하고 은퇴하였다.

　나는 사실 장신대 교수로 있으면서 교회에 봉사하는 일을 하였다. 먼저 난곡신일교회이었다. 난곡신일교회는 전에 부름을 받아 갔으나 교회 자체 문제와 노회의 승인 절차가 남아있었는데 여러 가지 문제들이 일어나 나는 거기 계속 시무하지 않기로 하였다. 몇 분의 무례한 대우를 보고 아내가 즉시 가자고 말하여 나는 동의하고 그만 두고 말았다. 그것은 하나님이 나를 허락하시지 않은 것으로 판단하였기 때문이다. 그렇게 상당한 시일이 지났는데 갑자기 난곡신일교회에서 나에게 도와 달라는 요청이 왔다. 사실은 내가 난곡신일교회를 그만 두고 나온 후 전에 그 교회 부목사로 봉사하였던 분을 담임 목사로 청빙하였다. 그런데 중간에 그 목사의 어떤 개인적 사건이 발생하여 교회가 분쟁이 일어났고 일부 사람들이 교회의 정당성을 강조하고 분리하여 나온 사람들이 나를 설교자로 청빙한 것이었다. 나는 전에 그만 둔 일도 있어서 명예 회복 차원에서 부름에 응하고 약 3년 여 동안 목회를 하였다. 왕복 40Km나 되는 곳을 얼마 동안 새벽기도회도 감당하면서 열심히 봉사한 결과 교인들이 불어나 처음 장소에서 좀 더 넓은 곳으로 옮기게 되었다. 그러나 나는 새 모임 장소에서 능력의 한계에 부딪히고 더 좋은 목사가 정식으로 와서 봉사했으면 하는 생각이 들어 사표를 내고 나오게 되었다. 그러나 나는 대단히 좋은 경험을 하였고 지금도 그곳을 잊지 않고 있다. 이때 교회로부터 퇴임을 위해 식사 대접을 해 주었고 사례금도 주어 절반은 숭실대학교 대학원 사회복지학과 박사과정을 위한 입학금과 등록금으로 사용하였다.

다음은 여의도 제일 교회에서 내가 봉사한 일이다. 여기서는 내가 약 7개월 정도 봉직한 것으로 기억이 된다. 여의도 제일 교회는 본래의 담임 목사의 개인적 문제가 있어 일부 교인들이 분리하여 63 빌딩 3층 한 곳을 빌려 예배하면서 설교자로 나를 청빙하였다. 주일날 그곳의 행사가 있으면 59층에 있는 식당으로 옮겨 예배하는 경우도 있었고 여러 가지 어려운 일이 발생하였지만 오직 하나님께 예배한다는 사명감으로 뭉쳐 주일을 거룩하게 지키려고 노력하였다. 그 모임은 결국 여의도 백화점 7층에 예배의 장소를 구하고 전도사를 청빙하고 나는 설교하다가 사임하게 되었다. 나는 그들과 정이 많이 들었지만 나는 사임하고 전임 목사님을 모시게 했다.

다음은 동서울 교회에서 나는 봉사하게 되었다. 여기서도 장신대 교수로 있으면서 주일날 설교를 하고 가끔 심방도 하는 일을 했다. 이 교회 구조는 한 분의 장로가 거의 주도하여 운영하는 듯한 모습을 보였다. 여기서도 7개월여 동안으로 기억이 되는데 열심히 일하고 교회에서도 계속해서 설교를 하는 것으로 생각하였지만 나는 계속할 수 있는 여력이 없었고 또 그렇게 오래 가서도 안 된다는 확신을 하고 나오게 되었다. 특히 교회가 나에게 과분하게 대우를 하고 사랑해 주셔서 떠나기가 좀 힘들었다. 그러나 하나님의 교회를 더 이상 내가 감당하기 힘들었기 때문에 좋은 관계를 갖고 나오게 되었다. 나는 여기서도 참으로 즐겁게 일을 하였다.

나는 장로회신학대학에 미국 북 캐롤라이나 주 랄리 시에 있는 한인들의 모임으로부터 부름을 받아 1978년 2월 말경 당시 학장님에게 사표를 제출하였으나 학기 중에라도 언제나 떠날 수 있다는 조건으로 사표가 철회되고 그것을 확실하게 하기 위하여 직원들이 일하는 사무실로 가서 확인하고 계속 가르치는 일을 하게 되었다. 사실 그들은 내 문제가 일어날 때 아무도 나서서 그 말을 확인해 주지 않았다. 아마 현직 학장 앞에서 떠난 사람에 대해 그렇게 하기가 어려웠을 것이고, 내가 그렇게 대단한 사람도 아닌데 나서서 싸워줄 사람도 일어나기 힘들었을 것이다. 그 때 느낀 것은 힘든 일을 위해 아무도 선 듯 나서지 않는다는 경험을 하였다. 예수님이 그렇게 많은 사람들을 가르치고 병을 고쳐주었지만 결국 십자가에 못박으라는 선동 때문에 반대하고 나서지 못했는데, 나 같은 사람을 위해 나서 줄 수 있었겠는가?! 나는 결국 갑자기 떠난 사람으로 되고 말았다. 그렇게 해서 미국 북 캐롤라이나에 있는 랄리 한인 모임 교회에 가서 목회를 하였다. 앞에서 밝힌 대로 나는 오랜지 노회의 웨스트민스터 교회 associate Pastor로 위임을 받고 한인 모임을 위해 그 교회 당에서 목회를 맡아 봉사하였다. 미국의 남장로회 교회 제도는 associate pastor도 위임을 받고 독자적인 목회를 하는 제도이다. 담임 목사도 그 목사에 대해 인사권도 없고 완전히 독립적인 목회를 하는 체계이었다. 그리고 associate Pastor는 교회 담임 목사는 절대로 안 되게 되어있었다. 나는 여기서 법적으로 보장을 받고 목회하였으나 여러 가지 형편으로 결국 한국으로 다시 오게 되어 미국 목회가 중단되었다.

나는 살면서 잊을 수 없는 일도 많았다. 그 중에 몇 가지만 기억나는 대로 써 보기로 하겠다.

첫째로 호남신학교에서 생긴 일. 당시 호남신학교는 각종학교로서 학사 학위를 줄 수 없었다. 그래서 대학 인가를 받기 위해 여러 가지로 노력하던 중 당시 문교부 장관에게 약속을 하고 같은 입장에 있는 서울 장로회 신학교 강신명 교장과 함께 갔다. 장관의 대답이 분명히 대답을 하기 전 강 신명 목사님을 모시고 그렇게 다니면 안 된다고 하면서 여러 가지로 훈계를 하고 호통을 쳤다. 안 된다고 대답을 하면 그만인데, 큰 소리로 훈계를 하고 호통을 치는 것은 좋은 거절이 아닌 것 같이 느꼈다.

둘째로 내가 사회복지 시설을 새롭게 시작하려고 할 때는 대단히 어려운 시기이었다. 그런데 다행히 우리에게 땅을 준다는 분이 계셔서 시작을 하려고 조건을 맞추기 위하여 한 큰 교회 목사님에게 약속을 하고 찾아갔다. 비서실에 무장한 분을 포함하여 여러 사람이 있었고 허락을 받아 직접 목사님을 만났다. 사실 용건을 간결하게 설명하자 비웃는 듯한 모습을 보이면서 거절하였다. 나는 거절한 것에 대해서 전혀 무엇이라고 말할 수 없지만 상대방에 대한 비웃는 태도는 아닌 것 같은 느낌을 가졌다. 이것은 루터의 말년의 생활과 죽음의 장면을 연상하게 하였다.

셋째로 개인적 용건으로 한 큰 교회 목사님을 찾아갔다. 물론 약속하고 정상적인 절차를 거쳐 찾아갔다. 안내를 받아 면담을 하게 되었는데 손님을 앞에 놓고 텔레비전을 켜고 보면서 상대하는 것이었다. 아마 내가 대수롭지 않은 사람이어서 그렇게 했는지 모르지만 나는 당시 장신대 학장 신분으로 갔었다. 이것은 아닌 태도인 것

같게 느꼈다. 상대방이 아무리 하찮은 사람이라도 진지하게 대할 필요가 있지 않을까 라는 생각을 했다.

수많은 사례들이 있지만 내가 별 볼 일 없는 사람이니 라고 나는 생각하고 나를 돌이켜 보았다. 그리고 사람을 만나면 반드시 대가가 있다는 것도 알게 되었다. 나는 특별히 교회의 헌금과 관계될 때는 매우 조심스러웠다. 교회 헌금과 관계될 때는 예수님을 판 유다를 많이 생각하게 되기 때문이다. 그리고 교회 헌금은 어느 한 개인의 소유물이 아니고 하나님께 드린 헌금이고 하나님의 뜻에 따라 사용되어야 하기 때문이다.

또 다시 생각해 보니 깊게 기억에 남는 일들도 많이 생각난다. 목포 고등 성경학교 시절에서 겪은 일들이 생각난다. 기숙사 생활에서 한 방에 많은 학생들이 함께 살면서 식사를 함께 하고 잠을 같이 자고 열심히 공부한 것이 많이 생각이 난다. 가난한 생활을 하였지만 오래 만에 공부를 하기 때문에 하나님 아버지의 은혜를 감사하며 열심히 노력하였다. 그런데 방학 때는 갈 곳이 없어서 식사를 어렵게 하며 반찬이 없어서 남아 있는 학생과 함께 이야기하면서 나오는 침으로 밥을 넘기기도 하였다. 그래도 즐거워 뛰고 논 때가 기억이 난다. 특히 한 미국 의사가 살던 사택이 비워 있어서 지키면서 사는데 나중에 보니 바로 옆에 시체실이 있었다. 썩 좋은 느낌은 아니었다. 그러나 그것이 나의 생존을 위한 수단이었고 겨울에 많이 추었지만 전기 곤로를 마음 대로 사용할 수 있어서 좋았다.

대학 시절은 학교에 주는 좋은 장학금 덕분에 경제적으로 크게 어렵지 않았고 함께 다니는 학생들 가운데 나와 관계되는 사람들이 있어서 많이 배우고 도움을 얻었다. 믿음에 대해서는 김 정웅이 있었는데 새벽 기도를 가는 것을 보고 많이 배웠다. 김 정웅은 명석하고 마음도 착한데 그 배경을 보니 훌륭하신 부모님의 가르침과 보호를 잘 받은 것을 알게 되었다. 지금까지 태국의 선교사로서 봉사하면서 나에게 아직도 좋은 본을 보여주고 있다.

사랑에 대해서는 배 영일이 있었다. 나는 대학을 다닐 때 방학 때가 가장 힘들었다. 왜냐하면 갈 곳이 없었기 때문이다. 학기 기간에는 기숙사도 열고 학생들도 많아서 좋은데 방학 때만 되면 가난하던 시절인 데도 각기 흩어져서 자기 집으로 가는 것 같아 많이 부러웠다. 그런데 배 영일은 대학 일 학년 때로 기억하는데 나를 자기 집으로 초청하여 함께 있게 하고 공부도 함께 한 것이 지금까지도 결코 잊어지지 않는다. 그는 수재이어서 공부도 잘 하고 사랑의 본을 나에게 보여주어 마음속으로 친밀감을 느끼게 한다. 그는 화학을 전공하고 일찍부터 대학에서 가르치는 교수를 하였는데 박사 학위를 받고 한 길을 갔으며 지금도 서울에서 가끔 만난다.

희망/소망에 대해서는 김 종익이 있었다. 나는 학교 다닐 때 그가 고아 인줄 만 알았는데 아닌 것 같았다. 6. 25 동란 당시 그는 다리를 다쳤고 어려운 가운데 공부를 했는데 고등학교 동급생 3명이 내가 다니는 대학에 왔다. 3명이 자기 학년에서 일, 이, 삼등이었는데 그 가운데 일등이었다고 한다. 그런데 방학 때가 되면 집에 가지 않고 기숙사에 남아서 살고 있어서 나와 함께 만나 알게 되었고, 가끔은 각자 식사를 하면서 희망을 보여주었다. 나도 학교에 남아서 공부하고 있었기 때문에 가끔 만나게 되었는데 그에게서 희망을 보았다. 그도 화학을 전공하였는데 나중에 보니 식품에 관한 전문가로서 박사 학위를 받고 모교애서 가르치는 교수직을 마치고 은퇴하였다고 들었다. 지금은 몸이 불편하여 쉬고 있다고 들었다.

나는 신학교 시절에는 결혼한 상태여서 아내와 함께 만리동에 살았다. 나는 이 때 공부를 열심히 하였는데 학교에서 배운 찬송가가 제일 어려웠다. 찬송가를 계명으로 배우고 시험을 하기 위하여 열심이 하였지만 따라가기 힘들었으나 교수님이 시험할 때 계명으로 시키었는데 다 하기는 하였다. 나는 음악성이 없어서 인지 교수님이 찬송가를 보자고 하였으나 찬송가가 깨끗한 것을 보고 결국 A학점을 주었다. 또 한 가지는 나는 대학을 다닐 때 막연히 어떤 분이 조직신학을 공부해 보라는 조언을 해주어 기억에 남는 것은 에밀 브룬너의 책을 읽었지만 무슨 말인지 잘 이해하지 못했다. 그렇지만 나는 신학교에 가서 조직신학을 전공해야 하겠다고 생각하고 공부했으나 2 학년 때 히브리어를 공부하면서 구약성서를 공부하기로 정하고 열심히 공부하며, 기본적으로 히브리어를 열심히 익히었다. 그러나 갑자기 3 학년 11 월쯤 학장님의 명령으로 기독교윤리학을 전공하려 유학을 떠났다. 그 때 기독교윤리학은 한국 신학계에서는 불모지였다. 그래서 학위를 마친 후 귀국하여 여러 학교에서 가르치는 일을 하게 되었다.

미국에서 석사 학위 과정에서는 학교 내에서 많은 학생들을 만나게 되었고 1970년이었지만 한국에는 학생들로부터 너의 나라에 TV가 있느냐 자동차가 있느냐 등의 질문을 받았다. 그러나 학교의 분위기는 따뜻함을 느꼈고 hey brother 하며 인사하는 말을 들었다. 남부의 신학교이어서 인지 목회자 양성 학교 답게 분위기가 이뤄졌다. 그래도 학위를 취득하기 위하여 공부하니 열심히 해야 했고 가난한 학생으로서 학교와 학생들의 도움을 많이 받았다.

미국에서 박사 과정을 할 때는 완전히 다른 분위기였다. brother라는 말을 듣기보다는 경쟁하는 분위기를 쉽게 느낄 수 있었다. 도서관의 책을 빌리는 것으로부터 수업시간에 발표하는 것은 경쟁 그 자체이었다. 물론 누가 그렇게 하라고 말한 것이 아니지만 분위기가 그랬다. 미국에 유학온지 일년이 넘었고 TOEFL도 학교에서 요구하는 점수를 넉넉하게 받았는데도 수업시간에 토론을 자유롭게 하는 데는 딸렸다. Course Work이 끝나고 종합시험을 칠 때에야 조금 자유로웠다. 3년이 되면 언어가 조금 자유롭게 된다는 선배들의 말을 들었는데 나의 경우는 실제 그런 말이 이해가 되었다. 그래서 나는 경쟁에서 크게 밀리지 않고 따라가서 기간 내에 모든 것을 마칠 수 있었다.

미국 생활에서 큰 가르침을 받는 것이 있었다. 물론 학교 교육은 교수님들의 수준 높은 가르침 덕분에 잘 배웠다. 그리고 한 가지는 우리 딸을 돌보아 준 의사 C. M. Kim이 있었는데 도움을 받은 것에 대해 다시 갚으려 하지 말고 다른 사람을 도와주라는 교훈을 들었다. 지금도 그 가르침을 이행하려고 하지만 완전하게 이행하지 못한다. 나는 미국 남장로교 아틀란타 노회에서 안수를 받았기 때문에 한국에 와서 다시 목사 고시를 하였다. 그리고 가서 다시 목회를 잠시 할 때는 미국 노회에 속했기 때문에 모든 체계를 미국 노회의 법칙을 지켜야 했다. 한국 노회에서 이명증서를 해 주지 않았으나 다행히 미국 노회에서 안수를 받은 것이 있어서 그것을 인정받아 미국 노회원이 될 수 있었다. 그리고 내가 목회하는 한국 사람들은 특히 장로 직을 맡을 경우 3년에 일년을 쉬고 다시 선거하여 장로를 맡아야(active) 하는데 일년 쉬는 것을 지키지 않으려고 하였다. 이것이 목회자인 나에게 참으로 어려운 일이었다. 나는 미국 교회에 소속한 이상 법을 무시할 수 없었다.

갑자기 내 마음에 상처를 준 일들이 생각이 났는데 몇 가지만 적어 보기로 한다. 첫째는 어느 교수의 회갑 논문에 기고하라고 해서 원고를 보냈으나 출판 된 후 내 이름이 없어서 어떻게 된 일인가 물었더니 우물우물 하더니 현금 5십만을 주고 끝났다. 짐작이 가지만 확실하지 않으니 생략하겠다. 둘째는 인천 모 대학원 대학교에서 노인복지 시설에 대한 총장의 강연이 있었고 바로 앞에 내가 앉았는데 내 원고가 절반 이상 그대로 들어있었고 그 분이 읽어서 나중에 원고 작성자에게 항의하여 사과를 받았으나 마음이 좋지 않았다. 강연자는 모를 것이기 때문이다. 셋째는 어느 지방 교육대회에 갔는데 당시 "성숙한 교회" 시리즈가 처음 나갈 때인데 나를 초청해서 방문하였는데 내 원고가 다른 사람의 이름으로 발표가 되어 질문을 했더니 사과도 하지 않고 우물우물 끝나고 말았다. 넷째는 어느 총회장 후보의 이름으로 원고가 모 주간 신문에 게재되었다. 내게 원고를 청탁하여 보낸 것이 다른 사람의 이름으로 게재된 것이어서 정정 보도 요청을 하였는데 다음 호에 아주 작은 글자로 정정되었다. 이 원고 건은 본인에게도 알린 바 있다.

최근에 우리나라에서 나는 많은 것을 듣고 배운다. 정치 분야에서는 다수 당의 탄핵과 대통령의 거부권을, 경제 분야에서는 발전과 속도를, 사회 분야에서는 연결과 변화를, 교육 분야에서는 기술과 경쟁을, 세계에서는 BTS와 한글을, 종교 분야에서는 침묵과 축복을 나는 듣고 배우면서 많은 생각을 한다. 나는 내가 속한 기독교에 제안하고 싶은 것을 최근에 더 확실하게 배웠다. 독일에서 히틀러의 통치가 절정에 달했을 때 모든 사람이 들어야 한다고 외친 신학자 두 사람을 최근에 많이 생각한다. 즉 Karl Barth(스위스 사람)와 Dietrich Bonhoeffer(독일 사람)를 생각한다. 바르트는 자기의 선생들에게서 인간 이성의 한계를 보았고 따라서 돌이켜 하나님의 명령과 인간의 순종/복종을 보았다. 즉 하나님은 창조주 이시지만 아버지로서 성경을 중심으로 인간 세상을 섭리하시는 것을 보았다. 동시에 인간은 피조물/창조물로서 복종/순종하는 것을 보았다. 바르트는 이 질서를 확실하게 외치고 그 하나님 앞에서 질서를 잡아가려고 했다. 본회퍼는 같은 맥락에서 성경을 중심으로 "자유로 가는 길"을 외치고 하나님 앞에서 질서를 잡아가려고 했다. 나는 이들의 안내를 받으면서 신사행 성경(sshbible)과 로고스 성경의 인도를 따라 기독교인/크리스천의 삶을 분명하게 안내하는 우리 주님의 기도에 나타난 하나님의 나라를 기다리며 하나님 앞에서 살아 가려고 한다.

여기서 나는 소설 『레 미제라블』을 신학의 눈으로 읽은 신학자 이 문균 교수의 말을 생각한다. "『레 미제라블』에 나오는 인물들은 거의가 부모 없이 성장했습니다. 부모가 없다는 것은 인생에서 중요한 많은 것들을 모른 채 살아간다는 의미입니다. 부모가 없으면 음식과 공부할 기회만 결여된 채 살아가는 것이 아닙니다. 부모가 없으면 정작 중요한 것들이 '있는 줄도 모르고' 살게 됩니다. 사람들과 관계를 맺는 데 필요한 상식과 예절, 어려움이 닥쳤을 때 어디에 가서 누구에게 도움을 요청하고 문제를 해결할 수 있는지를 아는 사회성, 일을 더 능숙하게 처리할 수 있는 기술, 그 밖에 일일이 열거하기 힘들 정도로 중요한 것들이 참 많습니다. 부모는 사랑하는 자식이 그런 능력과 자질을 키울 수 있도록 직접 보여주고, 가르치고, 격려합니다. 인생살이에 필요한 것들을 잘 배울 수 있도록 다양한 기회를 제공합니다. 좋은 부모를 만나는 것은 얼마나 큰 행운인지 모릅니다."(이 문균, 레미제라블, 신학의 눈으로 읽다, 27 쪽)

인간의 부모의 참 모습은 하나님 아버지에게서 볼 수 있다. 그 내용은 성경에 상세하게 기록되어 있다. 어떤 것은 해석이 필요하기는 하지만 우리에게 아버지로서 분명하게 가르친다. 하나님 아버지는 위에서 말하는 부모의 역할을 잘 할 수 있도록 보여주신다. 우리는 참으로 기쁘다. 우리는 하나님 아버지가 부모로서 가르쳐 주시는 것을 직접 그 하나님 앞에서 그가 말씀하신 것을 행하면 된다. 하나님의 아들 예수는 막달라 마리아에게 "내 아버지 곧 너희 아버지, 내 하나님 곧 너희 하나님"(요 20:17) 이라고 말씀하셨다. 이 하나님 우리 아버지가 우리를 사랑하신다. 이 사랑이 하나님 아버지의 모습이고 우리가 그를 믿고 따라야 하는 이유이다.

진리인 하나님의 말씀을 읽으면 삶의 규칙이 보인다. 모든 직종이 일을 해 나가기 위해서는 현실적인 규칙을 만들어 지키려고 한다. 반드시 그 규칙들은 해당 분야에서 지켜야 하고 현실에 맞아야 하고 만일 어겼을 때 그 일을 해 나갈 수 없다는 것도 알게 된다. 필요하면 수정도 해야 하나 한 개인이 마음대로 바꾸거나 현실에 맞지 않는 규칙을 제안하여 일을 그르치게 만들면 그 대가는 치러야 한다. 최근에 나는 『디자이너가 일하는 규칙 125』라는 책을 보았다. 그 규칙들 중에서 "약간 다음 단계를 생각하라, 적절한 계획을 세우라, 네 자신의 언어를 연마하라" 등은 나에게 상당히 큰 깨우침을 주었다. 하나님의 말씀인 성경도 쉽게 이해할 수 있는 언어로 계획을 세워 하나님 아버지 앞에서 실천해 보면 변화와 함께 하나님의 신뢰를 받고 하나님의 토대를 따라 삶의 열매를 맺을 수 있다고 생각되었다.

# 6. 학력, 이력 및 저서

**학력**

_ 대전대학(현 한남대학교), 문학사

_ 장로회신학대학, 신학사

_ 미국 Columbia 신학교, Th. M.

_ 미국 Emory 대학교 대학원, Ph. D.

_ 숭실대학교, 대학원, 문학석사, 박사 과정 중퇴

**이력**

_ 장로회신학 대학, 교수, 학장 역임

_ 장로회신학대학교, 교수 역임

_ 한국신학대학 협의회, 회장 역임

_ 동북아 신학교 협의회, 회장 역임

_ 한국 기독교학회, 회장 역임

_ 한국 기독교윤리학회, 회장 역임

_ 한국 Emory 대학교 한국 동문회 3대 회장 역임

_ 호남 기독학원 이사 역임

_ 대한 기독교 서회 이사 역임

_ 한남대학교 이사 역임

## 저서

_ 기독교윤리학 입문

_ 기독교윤리사상사

_ 기독교윤리학

_ 기독교윤리학 개론

_ 기독교윤리학 기초

_ 기독교신학

_ 요한복음 생각

_ 통합신학을 향하여

_ 예수의 윤리

_ 나의 신학, 나의 윤리 Plus 외 다수

## 논문

_ 칸트 철학의 제 문제(대학 )

_ 성령론 연구(장신대 신대원)

_ Freedom in the Ethical Thought of Dietrich Bonhoeffer(미국 콜럼 비아 신학교)

_ The Command of God: A Study of Karl Barth's Theological Ethics(미국 에모리 대학교 대학원)

_ 나의 신학, 나의 윤리학

_ 장신대 개교 120 주년 기념 제일 기조 강연

　외 다수

**전자 책: 신사행 성경**

신사행 성경 내용: 개혁 한글판 성경, 개혁 개정판 성경, 캄보디아어 성경 등에 Strong 번호를 붙이고 구약 히브리어 성경 일부의 히브리어를, 그리고 신약 헬라어 성경의 헬라어에 Strong 번호를 붙이는 협력을 얻었고, 신약 히브리어 성경의 히브리어에 Strong 번호를 붙여 원어에 접근하기 쉽게 하였다. 특히 캄보디아어, 한국어, 영어 발음이 붙어 있어 성경 연구에 많은 도움이 될 수 있다. Strong 번호는 모든 언어에서 사용할 수 있으며, 특히 영어권 독자들에게 도움이 많이 될 수 있다. 원어 사전도 함께 있으며 Strong 번호와 알파벳을 동시에 게재하여 대단히 편리하게 되어 있다. 성경 모든 원어를 볼 수 있다.

## 7. 선교 행위/사역

선교는 두 곳을 집중으로 하였다. 하나는 캄보디아이고, 다른 하나는 중국이다. 캄보디아 선교는 약 10년 간 이뤄졌으나 처음 2년 정도는 가능성을 살피는 과정이었고 실제 선교활동은 약 8년이었으나 현재까지 여러 가지 형태로 계속되고 있다. 특징은 현지 한국인 선교사들을 대상으로 신학 공부, 특히 M. Div. 과정을 미국의 American University and Seminary의 협력을 얻어 캄보디아 캠퍼스를 운영하였고 현재 졸업자들이 열심히 선교를 하고 있다. 내가 캄보디아 언어 훈련을 잠시 받기는 하였으나 현지 선교사들이 언어에 능숙하여 그들로 하여금 직접 선교를 하게 하고 한국 교회들과 연결하여 협력하게 하였다. 또 원어 습득을 위한 단어장을 만들어 훈련하였지만 더 보완하기 위하여 "신사행 성경"을 만들어 거의 완벽한 원어 활용 방법을 사용하게 하였다. 특히 나는 캄보디아어를 통해 원어 사전을 완성하였고 Strong 번호를 활용하여 성경의 원어에 쉽게 접근하게 하였다. 아쉬운 점은 나의 신체적 질병으로 인하여 가장 기본으로 생각되는 창세기 1-3장, 신명기 5-6장을 제외하고는 구약성경에 Strong번호를 사용하지 못한 점이다. 다른 분이 나서서 구약성경에 Strong번호를 붙여 구약성경도 원어에 쉽게 접근할 수 있고 새롭게 번역된 성경에도 Strong 번호를 붙였으면 좋겠다. 그리고 나는 『기독교신학』 교재를 만들었고, 요리문답을 기획하고 도움을 얻어 캄보디아어로 출판하였으며, 신학 용어 "삼위일체"와 "동일본질"을 캄보디아어로 만들었다. 한국의 교회사 교수의 도움을 얻어 교회사 교재를 편집 번역하였다. 다른 신학 교재들은 기존에 있는 것을 사용하였다. 그리고 구약성경과 히브리어는 이 성로 목사가 담당하였다.

중국 선교는 이 정남 목사의 선교팀의 강사로 봉사하였다. 중국 선교를 위해서는 중국어 간체를 공부하였다. 상당히 익숙해지는데 여러 가지 사정으로 선교가 중단되었다. 더욱이 코로나 19가 시작되면서 나는 중국 선교에 응할 수 없었다. 특히 신체적 문제점들이 일어나면서 간절히 원했지만 하나님 아버지께서 그 길을 막으신 것 같았다. 그러나 중국의 신학에 대한 책을 통해 중국 선교의 현황을 읽어보니 과거 우리나라의 선교 역사와 비슷한 경로를 겪었고 지금은 중국 공산당의 종교 정책으로 인하여 기존에 있는 삼자교회와 가정교회 모두 자유롭지 못한 것 같다. 그래서 나는 중국 교회와 신학자들을 위해 아침에 기도한다.

## 8. 상

군대에 있을 때 훈련을 마치고 받음(상 명칭은 잊음)
한남대학교 장한 동문 상
인돈 상
Decatur 장학금 전 학년 일등 상(대학)
신대원 졸업 전체 일등상, BD 졸업자 중 최우수상, 졸업논문 최우수상
국무총리 표창장

## 9. 마지막 삶

**첫째 독서**

빅토르 위고의 레미제라블, 마키아벨리의 군주론, 히틀러의 나

의 투쟁, 요한복음 읽기(헬라어 매일 한 장 씩), 히브리어 시편 23 편, 히브리어 출애굽기 20 장(십계명)

기도

하나님과 나만이 아는 기도에서 죄의 용서를 위하여
자녀를 위하여
아내를 위하여
나라를 위하여
제자들과 친지를 위하여
나 자신의 죽음을 위하여
신사행 성경이 선교 현장과 다른 필요로 한 영역에서 계속 무료로 사용되기를 위하여

## 10. 빚을 정리하기 위하여

시신 기증
일천 만원 저금
신사행 성경 계속 사용하게 하기
선교를 위한 협력하기

# 11. 맺는 말

나는 출생부터 성장 그리고 모든 여건이 모두 비정상적인 상태에서 지난 세월을 보냈다. 그렇지만 나는 하나님 아버지의 은혜로 인도되었음을 확신한다. 예수님이 제자들에게 나의 하나님, 너희 하나님, 나의 아버지, 너희 아버지로 확인해 주심을 나는 감사한다. 그래서 나는 하나님을 나의 하나님, 나의 아버지라고 부른다. 여기서 나의 세계관과 가치관이 확립되었다. 여기서 나는 삼위일체 하나님을 확신한다. 그래서 성령의 인도하심을 확신한다. 내가 앞으로 얼마나 육신의 삶을 살지 모르지만 그날까지 하나님을 아버지라고 부를 수 있고 저녁에 잠이 들어 아침에 일어나지 않아 죽은 것을 확인할 수 있으면 좋겠다고 기도한다. 나는 나의 질병에 대해 기도하며 나의 하나님 아버지의 뜻에 의탁한다. 지금까지의 삶이 하나님이 온전히 기뻐하시지 못한 삶이었으나 주님을 구주로 믿으며 용서를 구한다. 나는 많은 사람에게 도움을 주지 못했고 심지어 아픔과 고통을 준 것에 대해 깊이 사죄한다. 그리고 주님께 용서해 주시기를 기도한다. 그리고 나의 최종 결론은 유기적(organic) 즉 은혜로우신 하나님께 돌아가 그의 명령(command)을 듣고 인간인 내가 그 하나님께 순종하는 균형적(balanced)인 삶을 살려고 하는 것이다. 이 생각은 다른 여러 곳에서 논의한 경험담이다.

내 삶의 이야기를 마치면서 세 가지 내용을 추가하고 싶다. 첫째는 나를 사랑하시고 항상 기억해 주셨던 고 서 의필 교수님의 일 주기 추도사를 여기에 올리고 싶고, 둘째는 하나님의 나라를 기다리는 마음으로 쓴 글(통일론) 을 추가하고 싶고, 셋째는 "나의 신학, 나의 윤리학"을 추가하고 싶다.

## 12. 고 서의필 교수님 일주기 추도사

### 고 서의필(John N. Somerville) 교수님을 추모하며

오늘 나는 고 서의필 교수님을 추모하면서 나와의 깊은 개인적 관계 때문에 그것을 먼저 말하려고 합니다. 양해를 부탁합니다. 저는 1957년 3월에 지인의 소개로 미국 남장로회 선교부 목포 선교지부에서 서 교수님을 만났습니다. 서 교수님이 저와 대화 중에 시편 23편을 읽으라고 하시면서 희망을 주셨습니다. 나는 그 해 봄부터 서 선교사님의 도움으로 목포 고등성경학교에 입학하여 공부를 시작하게 되었습니다. 그 때 서 교수님이 나에게 집안 일들을 시키시면서 "너는 일을/아르바이트를 해서 학비를 벌어 학교에 다닌다고 생각해라" 라고 말씀하셨습니다. 그리고 나는 하나님의 은혜와 그 분에 보답하는 차원에서 열심히 공부하였습니다. 그렇게 공부를 하던 가운데 내가 대학 욕심이 생겨서 알아보니 고등성경학교 졸업장을 가지고는 대학에 갈 수 없다는 것을 알고 대학에 갈 수 있는 인가를 받은 고등학교로 편입하게 되었고 졸업을 한 후 하나님의 은혜에 감사하고 서 교수님에게 조금이라도 더 보답하는 마음으로 열심히 공부하여 1959년 4월 15일에 대전대학 일 회에 입학하게 되었습니다. 그러나 계속 공부를 하지 못하고 군에 입대하게 되었습니다. 제대 후 1962년 봄에 복학하게 되었습니다. 그때 나는 하나님의 은혜로 대전대학(현 한남대학교)에서 한 학기 성적의 결과로 미국 Decatur 교회 장학금을 받게 되었고 1965년 12월에 전 학년 일등으로 졸업을 하였습니다. 서 교수님은 그때 미국Harvard 대학교에서 공부하시다가 한국으로 돌아오시게 되었고 나는 장로회신학대학에 입학하여 1969년 2월에 전 학년 일등으로 졸업하고 서 교수님의 조교로 있다가 그 분의 도움으로 1970년 2월에 미국 유학 길에 오르게 되었습니다.

1970년에 미국 Columbia 신학교에 입학 허가를 받게 되었습니다. 내가 떠날 때 서 교수님은 내가 영어를 더 공부하는 것이 좋겠다고 생각을 하시고 추천해 주신 University of Michigan, Ann Arbor, MI의 ELI 영어훈련 과정을 위해 $1500 상당의 수표와 비행기 표를 사 주셨습니다. 나는 영어 8주 과정을 마칠 때 64개국에서 온 훈련생 대표로 졸업 연설을 하게 되었고, 그 원고 내용을 만드는데 서 교수님이 도움을 주셨습니다. 그리고 Michigan Test와 TOEFL을 치고 Columbia 신학교에서 공부를 하는 도중 서 교수님은 나의 학비를 주시던 할머니가 돌아가셨으니 더 이상 지원을 할 수 없다고 말씀하셨습니다. 그래서 나는 아주 난감한 처지에 있었습니다. 그러나 다행히 학교에서 나에게 장학금을 주어 1971년에 콜럼비아 신학교 석사 학위 과정을 마치면서 논문을 쓰고 석사학위를 받았고, 바로 지도교수의 도움으로 Emory 대학교 Ph. D. 과정에 입학을 하였습니다. 이렇게 하나님은 나를 더 좋은 길로 인도하셨습니다. 당시 Emory 대학교에서 가장 좋은 Three Year Doctoral Fellowship이라는 장학금을 받아 공부를 잘 마치고 박사학위를 받고 귀국하게 되었습니다. 나는 참으로 감사했습니다.

이런 좋은 장학금을 받게 하기 위하여 하나님이 은혜를 베푸시어 Emory로 보내주셨다고 나는 생각합니다. 이 모든 일은 서 교수님을 하나님께서 사용하시어 저에게 도움을 주셨다고 나는 생각하며 감사합니다. 계속해서 서 교수님은 나를 지켜 주셨습니다. 그런데 안타깝게도 서 교수님은 말년에 치매를 걸리신 가운데 돌아가셨습니다. 그 분은 나의 삶을 완전히 새롭게 좋은 방향으로 바꿔 주신 분으로서 삶의 본을 보이시며 선생님이시며 아버지 역할을 하신 분임을 나는 다시 생각하며 추모합니다. 내가 대학을 다닐 때 대전 성남 천주교의 Haller신부님께 불어를 배웠는데 나를 대해 주신 것이 꼭 서 교수님이 나를 도와주신 것과 같이 생각하며 늘 감사하였고, 최근에는 Les Misérables을 읽었는데 Myriel 주교가 Jean Valjean에게 일생 동안 삶의 지주가 되신 것처럼 서 교수님이 나의 삶의 지주가 되심에 대하여 다시 깊이 감사하며 추모합니다.

그리고 서교수님은 나와 여러 번 편지를 교환하셨는데 그 가운데 두 부분을 여기에 적어봅니다.

"Thank you very, very much for your Christmas letter, with news of your family, and a brief summary of your activities during this year. God has abundantly blessed you and your family, and I shall continue to pray for you all as you serve. Hopefully I will be able to visit Korea in the spring, and or during the summer. At that time I surely hope that it will be possible to have a good meeting with you." 2009 년 성탄절

"I am always most thankful for your life and ministry through all the years since we first met in Mokp'o in the mid-1950s. You have been an outstanding student and a most responsible steward in the use of your God-given talents. You and your wife have always made me very happy." December 16, 2005.

특히 나는 다음의 성경 말씀 대로 사신 삶의 모습인 마태복음 25장 34-36절 말씀을 읽으면서 서 교수님 추모사를 마치고자 합니다.

"그때에 임금이 그 오른 편에 있는 자들에게 이르시되 내 아버지께 복받을 자들이여, 나아와 창세로부터 너희를 위하여 예비된 나라를 상속받으라. 내가 주릴 때에 너희가 먹을 것을 주었고, 목마를 때에 마시게 하였고, 나그네 되었을 때에 영접하였고, 헐벗었을 때에 옷을 입혔고, 병들었을 때에 돌보았고, 옥에 갇혔을 때에 와서 보았느니라." 마 25장 34-36.

한남대학교 예배실에서

주후 2024년 6월 5일 수요일   맹 용길


나는 하나님 아버지의 나라를 기다리면서 여기에 글을 게재한다.


## 13. 하나님 아버지의 나라가 오게 하시며(통일론)

### 하나님의 나라가 오게 하여 주십시오: 평양 말 (마 6:10)


**들어가는 말**

내가 살고 있는 아파트에서 가까운 거리에 한 작은 공원이 있다. 이 곳은 이 동네에 사는 많은 사람들이 운동도 하고 산책도 하는 공원이다. 그런데 그 공원 안에 통일을 염원하는 비석이 하나 서 있다. 제목은 平和 統一 祈願碑(평화통일기원비) 이고 그 밑에 우리의 소원이라는 제목 아래 우리가 잘 알고 있는 통일 노래 가사가 써 있다. 그 노래 가사를 아래에 옮겨 보기로 한다.

## 우리의 소원

"우리의 소원은 통일
꿈에도 소원을 통일
이 정성 다 해서 통일
통일을 이루자
이 겨레 살리는 통일
이 나라 살리는 통일
통일이여 어서 오라
통일이여 오라"

마침 내가 최근에 통일을 많이 생각하면서 기독교인으로서는 어떻게 생각할 수 있는가 라는 질문을 스스로 하였다. 그런데 마침 일차적으로 전 통일부 차관이었던 김 천식이 지은 『통일국가론』을 구하여 읽게 되었다. 이 책의 제목 아래 이런 글이 함께 실려 있었다. "청년에게 희망을 주는 통일국가, 지역 강국을 향한 가슴 벅찬 국가 대 혁신." 이 책을 내가 읽으면서 개인적으로 국가적 차원에서 원하는 통일이라는 생각을 정리하기에는 자료를 구하는 것부터 힘이 모자라겠다는 생각을 하게 되었다. 그러나 조금 거리가 있기는 하지만 기독교인의 생각은 어떻게 할 수 있을까 라는 생각을 하게 되어 국민의 한 사람으로서 그리고 하나의 기독교인으로서 이 번 기회에 한 번 정리해 보고 싶었다.

기독교는 "나라"에 대한 내용들이 많이 있고 특히 하나님의 나라 또는 천국이라는 나라와 여러 현실 국가에 대한 내용들이 성경에 있고 정치적 사건들이 있고 이스라엘이 남북으로 갈라져 있으면서 적대적인 상황과 두 나라가 다 멸망한 후 지나다가 하나님을 중심으로 하는 하나의 국가가 되었고 구성도 처음과는 달리 많이 변하게 되었다는 사실을 알고 있다. 그리고 결국 통일 국가가 되었고 각 지파 사이의 구별도 없어져서 오늘과 같은 이스라엘이라는 나라가 탄생하였다는 것도 알고 있다. 그런 모든 사실들이 성경에서부터 오늘날에 이르러 형성된 과정도 보게 되었다. 나는 이러한 역사를 보면서 기독교적 입장에서 통일을 정리해 보는 것도 좋겠다는 생각을 하고 이 글을 써보려고 한다. 이 글을 쓰면서 히틀러의 『나의 투쟁』을 읽고 히틀러가 많이 영향을 받았다는 마키아벨리의 『군주론』도 읽어보고, 현재 우리나라가 직면하고 있는 북한의 "주체사상"도 읽고 정리해 보고 공산주의나 사회주의의 내용도 간단하게 검토해 보려고 한다. 사실은 내가 에모리 대학교 대학원에서 나의 전공 때문에 이런 분야에 대해 모두 읽고 시험에 응하기도 하였다. 그리고 군종 장교들 앞에서 종교와 전쟁, 군진신학 등에서 정리하여 발표한 적도 있다. 그리고 나는 여기서 성경을 근거로 하여 하나님의 나라를 기다리면서 간단하게 개인적 생각으로 남북 통일 즉 통일국가를 정리해 보려고 한다. 방법은 6하원칙으로 정리하려고 한다.

나치즘(Nazism)의 요점: 고려대학교 국어사전의 정의에 따르면 다음과 같다. "히틀러가 통솔했던 독일의 나치스가 주창한 정치사상 및 지배 체제. 반민주주의, 반자유주의, 전체주의를 표방하고 아리아 인종의 우월성을 주장했다." 나치즘은 자체 이념을 실현하기 위하여 폭력을 사용하였고 특히 그들의 문화 이론에 근거하여 인종 차별, 특히 유대인을 멸절하려고 하였다. 하나의 조국 독일, 하나의 민족 아리아인종 그리고 결국은 하나의 지도자/총통, 이성보다는 감성에 호소하고, 이론보다는 실천을 중요하게 여기는 정치 체제. 이 것은 마키아벨리가 주장한 실천이성과 일치한다는 평가를 받기도 한다. 이러한 주장과 행위를 보면 나치즘은(히틀러,『나의 투쟁』참조), 하나의 목적론적 이론으로서 자유민주주의와는 확실하게 다른 정 치사상이다.

『군주론』은 이탈리아의 외교관인 니콜로 마키아벨리가 16세기 에 저술한 정치학에 관한 책이다.『군주론』은 "신하를 다루는 법, 상 비군의 필요성과 용병의 해악, 요새의 기능, 중립의 해악 등 … 통치 지침서이다".『군주론』은 권력이란 "어떤 것이며 권력을 유지하기 위해 군주는 어떤 방법을 써야 하는가에 대해 설명을 한다"(네이버 블로그). 요점은 군주는 주체적 의지와 힘(virtu)을 가지고 운명의 힘 (fortuna) 마저도 반(反)하여 군주의 힘을 확보하고 국가의 이익을 달 성하기 위해 반 도덕적 정치 행위도 할 수 있는 네체시타(necessita) 를 위한 실천이성(prudenzia)의 리더십을 발휘하는 "실효적 진리"를 추구하려는 정치적 지침서로 보인다(니콜로 마키아벨리,『군주론』참조). 이것은 하나의 목적론적 윤리론에 근거하고, 이탈리아의 현실을 구 원하고자 하는 것으로 보인다. 나는 이 지침서를 읽으면서 얻은 결 과는 자유민주주의와 대단히 다른 정치학 이론임을 알게 되었다.

일본 제국주의는 조선을 침략하여 온갖 만행을 행했다. 일제는 조선을 강점하고 우리민족의 정신과 문화를 말살하는 일을 했고, 지금도 독도를 자기들의 영토로 주장하면서 자기들의 만행을 회개하지 않고 억지를 쓰고 있다. 일제는 특히 우리의 성(姓)을 바꾸고 언어를 말살하려고 하였고 일본어를 국어로 가르치며 우리의 자원과 곡물까지 수탈하였다. 이러한 침략적 만행은 통일국가에서 결코 수용하지 못할 정치이다. 또 우리나라는 일본과 같은 나라의 침략을 막을 수 있는 힘을 길러 통일한국을 세계에 당당하게 세워가야 할 것이다.

주체사상의 요점: 나는 대학원 과정 수업에서 주체사상 10권을 읽고 학생들과 함께 토론하고 얻은 내용을 생각한다. 주체 사상에서 맨 먼저 주목한 개념은 인민이다. 그러나 이 인민은 당의 지도를 반드시 받아야 하고, 당은 수령의 영도를 반드시 따라야 한다. 결국 일인이 모든 인민을 통치하는 구조이다. 주체사상은 자유민주주의 이론과 대단히 다른 정치 철학적 주장이다.

공산주의의 요점: Oxford Languages를 출처로 하여 Google Internet 사전은 다음과 같이 요약한다. "재산 및 생산 수단의 사유(私有)를 부정하고, 자본주의의 붕괴, 계급투쟁, 프롤레타리아 혁명을 주장하는 학설 및 그 운동." 고려대학교 국어사전에 따르면 공산주의의 요점은 다음과 같다. "사유재산제 대신에 재산의 공유를 실현시킴으로써 계급 없는 평등 사회를 이룩하려는 사상 및 운동." 이 정의에 따르면 공산주의는 자유민주주의와는 대단히 다른 정치이

론이다.

사회주의의 요점: "자본주의가 낳은 모순을 해소하고 생산수단을 사회적으로 공유하는 사회체제를 통해 모든 사람이 평등하게 조화를 이루는 사회를 실현하려는 사상 및 운동"(고려대학교 국어사전). 사회주의에 대한 평가는 의회주의와 함께 히틀러의 『나의 투쟁』을 앞부분부터 잘 읽을 필요가 있다. 사회주의는 자유민주주의와는 대단히 다른 정치이론이라고 나는 생각한다.

자본주의의 요점: "생산 수단을 가진 자본가 계급이 노동자 계급으로부터 노동력을 사서 생산 활동을 함으로써 이익을 추구해 나가는 경제 구조 또는 그 바탕 위에 이루어진 사회 제도"(고려대학교 국어사전). 여기서의 문제는 자본가 계급이 노동자 계급을 착취하여 불평등을 이루고 빈부의 격차를 심화하게 만들어 결국 사회 문제를 일으킨다. 그래서 이 문제를 최선을 다 해 해결하고자 여러 가지 정치 형태가 일어났지만, 그래도 결국 현실적으로 자유민주주의가 가장 적합한 형태로 나타나고 있음을 나는 이해하였다. 더욱이 기독교인의 입장에서 내가 볼 때 기독교적으로 현실을 이해한다면 통일국가에는 자유민주주의를 도입하는 것이 가장 적합하다고 생각하게 되었다.

민주주의의 요점: "민주주의는 국민이 권력을 가짐과 동시에 스스로 권리를 행사하는 정치 형태 또는 그러한 정치를 지향하는 사상"(고려대학교 국어사전). 그러나 우리는 매우 주의해야 할 점을 발견

할 수 있다. 이 점에 대해서도 히틀러의 『나의 투쟁』 특히 앞 부분을 읽을 필요가 있다.

자유민주주의의 요점: "자유주의를 기본으로 하는 민주주의. 개인의 자유와 권리를 보장하는 자유주의와 정치적 평등을 지향하는 민주주의의 이념이 서로 조화를 이루어야 한다는 의미로서 민주주의를 말한다"(고려대학교 국어사전). 여기서 우리는 특별히 자유와 평등의 개념을 깊이 이해할 필요가 있다. 기독교는 이 점에 대해 성경이 잘 가르치고 있음을 전한다.

정치는 민주주의, 경제는 사회주의를 하자는 사람도 있다. 두 가지를 다 잘 해 보자는 의도는 알겠는데 사회주의를 하기 시작하면서 민주주의는 할 수 없게 된다는 것을 나는 알게 되었다. 그리고 공산주의를 하면서 자본주의를 하자는 사람도 있는데 내가 중국을 현재 보니까 그것은 이뤄지지 않고 오히려 경제가 어려워지는 것을 알게 되었다. 하여간 우리가 통일국가를 구상한다면 처음에 잘 시작해야 하고 지금까지의 경험으로 우리는 현재의 상황에서 자유민주주의를 하는 통일국가가 가장 현실적이고 우리에게 적합한 모형임을 알게 되었다. 이것은 기독교인으로서 인간론, 특히 인간의 죄론 즉 모든 인간은 죄인이며 오만과 이기심을 타고나기 때문에 하나님의 죄 용서함을 받아야 한다는 것을 요구한다. 그리고 하나님이 실제로 그의 아들을 우리에게 보내셔서 하나님을 믿는 자들에게 죄를 용서하시고 그의 자녀로 삼으심을 이해하면서 나 개인적으로는 하나님의 나라를 기다리는 입장에서 중간 기간 즉 하나님의 나라가 오기 전에는 자유민주주의가 통일국가에 가장 적합하다는 생각을 하게 되었다.

## I. 왜 통일을 해야 하는가?

### 1. 같은 민족이니까

비록 현재 완전히 다른 두 개의 나라로 UN(유엔)에 가입되어 있으나 나는 같은 민족이라고 생각한다. 북한은 조선 민주주의 인민공화국이라는 명칭으로 주체 사상을 근간으로 하는 공산주의를 표방하는 나라이며, 우리나라는 유엔이 승인하여 독립국가로 세워 자유민주주의를 표방하는 국가이다. 이렇게 한쪽만 세우는 것은 본래 우리가 원하지 않은 형태이었다. 이 형태는 세계 제 2차 대전이 끝나면서 강대국들이 나누어 놓은 결과물이다. 우리가 원하는 것은 통일된 하나의 나라이며 하나의 국가체제이다. 현재는 우리 민족이 바라는 나라는 또는 절대 다수는 자유민주주의를 희망하는 것으로 보인다. 물론 통일된 의견이 아니라고 주장할지 모르지만 국민에게 자유를 주고 노력에 의해 생활을 자유롭게 할 수 있도록 하는 정치를 희망하는 것은 내가 느끼기에 거의 확실한 것 같다. 가난한 공산주의를 하면서도 자유민주주의를 비방하기도 하지만 한 번 자유의 맛을 본 사람들의 표현은 자유민주주의를 선호하는 것이 분명하다. 이것은 통일의 의견이 합해져 국민 전체가 투표로 결정할 수도 있을 것이다.

오늘 아주 최근에 탈북한 분의 말을 유투브를 통해 나는 보고 들었다. 놀라운 것은 북한에 있는 젊은이들이 통일을 원한다는 점이다. 그리고 현재 북한에서 여러 가지 형태로 kbs 제 일 방송을 시청할 수 있다고 한다. 물론 죽음까지도 건 일이기는 하지만. 그리고 그 분의 말은 탈북은 자유를 찾아오는 것이며 죽음을 각오하고 모든 것을 버리고 오직 한 가지 목표를 향하여만 목숨을 담보로 하는 행위이고, 죽을 수도 있다는 현실을 인정하면서 대한민국에 왔다고 했다. 그리고 그 분의 부탁의 말과 함께 파악된 내용은 한국에 대해 감사하면서 앞으로 자기도 다른 사람을 도우면서 살겠다고 하였다. 그분의 각오를 들어보니 통일을 간절히 원하고 있고 자유민주주의를 직접 언급하지 않았으나 북한의 MZ 세대는 바른 생각을 하고 있다는 소식을 전해주었다. 그런 분들이 더불어 함께 같이 잘 살면서 통일을 반드시 이룩하도록 나도 협력하고 돕겠다는 생각을 굳게 하였다. 물론 통일국가는 자유민주주의를 하는 나라이어야 한다는 내용으로 나는 이해하였다. 그렇지만 나는 부족한 점이 많아서 통일은 희망하면서도 기독교인의 한 사람의 입장에서 쓸 수밖에 없음을 자각하고 그렇게 하기로 하고 시작하였다.

## 2. 더불어(together), 함께(with), 같이(jointly as the partner) 살기 위하여

나는 이미 통일 후에 대해 무엇을 추구할 것인가를 개인적으로 장로회신학대학에서 발표한 바 있다. 그것은 큰 그림으로 신뢰/통일 당사자, 지식/먹거리, 미래 공동체/통일 후의 모습, 남북한이 살아갈 공유가치(shared values), 즉 삶의 기준을 제시한 바 있다. 이것은 모두 기독교적인 사고에서 나온 것이어서 일반 한국인들의 생각과는 다를 수 있다고 생각하고 조사한 결과 너무나 다양하고 광범위하게 접근을 하지만 그 가운데 하나를 잡아서 보니까 이 부분에 대해 직접 참여하기보다는 기독교에서는 어떻게 생각하고 있는가를 보여주는 것이 좋겠다는 생각을 하게 되었다. 그것도 기독교를 대표해서 보여주기보다는 개인적으로 생각하고 있는 것을 정리해 보는 것이 좋겠다고 여겨 이렇게 글을 쓰게 되었다. 그렇지만 나는 많이 생각하고 좋아하는 과제이어서 성심껏 정리하려고 하였다.

## II. 통일을 위해 무엇을 해야 하는가?

김천식의 『통일국가론』을 보면 그는 미국의 독립에서 보여준 자유민주주의에 의한 정치체제를 확실하게 본받으려는 의지를 보였고, 주권 재민 사상과 자유민주주의의 정치사상을 현실에 구현하는 것을 대단히 좋아하는 것으로 보였다(김천식 18쪽). 즉 이러한 정치체제가 통일국가에서 반영되기를 바라는 것으로 보였다. 이어서 나라의 주인은 국민이며 모든 권력은 국민으로부터 나와야 하고 국가의 지도자는 국민이 자유롭게 선택해야 한다고 하였다(김천식 27쪽). 이것은 공화주의였다(199쪽 이하). 이런 생각은 대한민국 국민으로부터 환영을 받을 것으로 보이고 북한에서도 탈북자들의 말을 들어보면 절대 다수가 즐겁게 받아들일 것으로 보인다. 그들이 우리나라에 왔기 때문에 그렇게 말한다 기보다 우리나라의 현실을 경험하고 지금까지 북한에서 경험한 것과 비교하면서 확실하게 느끼고

한 말이라고 나는 이해하였다. 기독교인의 한 사람으로서 나는 자유민주주의 정치를 지지하고 다른 정책들은 이러한 기조 아래 만들어져야 한다고 생각한다.

그러면 전에 내가 발표한 네 가지 주장을 자유민주주의 통일국가에서 기독교적인 특색이 있지만 별 충돌 없이 수용될 수 있다고 보고 적용해 보려고 한다. 첫째로 신뢰(trust)에 대해서 인간을 신뢰하기는 이미 여러 곳에서 어렵다는 것이 나타났다. 이것은 인간의 죄(罪) 성(性)을 이해하지 못한 데서 알게 되었다. 인간은 본래 이기적이고 오만한 생각을 기본적으로 갖고 있기 때문에 확실하게 신뢰할 수 있는 하나님을 신뢰하고 인간은 하나님을 신뢰한 것에 따라 행동함으로써 이기심과 오만을 절제하며 서로 사랑하는 가운데 신뢰할 수 있다고 본다. 완전한 신뢰는 아니라 하더라도 항상 수정할 수 있는 하나님에 대한 신뢰를 바탕으로 통일국가의 출발을 하는 것이 좋을 것으로 보인다. 하나님은 참으로 신뢰할 만한(faithful) 분이시다.

둘째로 지식(knowledge) 즉 먹거리를 생각해 보자. 이것은 주님이 가르쳐 주신 기도 가운데서 알게 한다. 즉 "일용할 양식을 주시옵소서" 라고 비는 것이다. 통일국가에서도 가장 기본적으로 먹거리 즉 일용할 양식이 필요함을 확실하게 밝히고 있다. 국가를 대표하는 정치인들과 대통령직에 있는 사람들은 국민들의 일용할 양식/먹거리를 마련할 길을 제시해야 한다. 왜냐하면 이것은 국가를 이끌어가는 가장 기본적인 조건이기 때문이다. 그리고 이러한 정치인들과 대통령직에 있는 사람들은 국민의 평균에 준하는 양식을 받으며 살아야 할 것이다. 이것보다 지나친 것은 부익부 빈익빈의 구조를 스스로 마련하는 행태이기 때문이다. 이것이 진정한 자유민주주의 토대이다. 이것은 기독교에서 토대(foundation) 또는 기본적이라는 (foundational) 말로 표현하기도 한다.

셋째로 통일국가는 미래 공동체가 되어야 하는데 진정한 발전된 모습의 진보이어야 한다. 그리고 더불어, 함께, 같이 살아가야 한다. 진보는 한국에서 많은 오해를 낳는 개념으로 보이기도 한다. 심지어는 좌경/좌파라고 묘사되기도 한다. 그러나 진보가 없는 자유주의는 아날로그에 머무르며 발전해 갈 줄 모르는 상태를 비유로 말할 수 있다. 지금 우리가 살고 있는 시대는 원하든지 원하지 않든지 디지털화(digitalization and transformation), 된 세상이며 4차 혁명, 생성적인(generative) AI 시대에 들어간 세상이다. 이것을 위해 사활을 거는 직업도 있다. 우리는 이러한 사회를 외면할 수도 있지만 결국 이 거대한 물결 속에 편입될 수밖에 없다는 것을 알아야 한다.

자유민주주의의 틀 속에서 얻은 지위와 삶을 가진 소위 부르주아 계층은 얻은 욕구에 안주하면서 진보를 거부하기도 한다. 진보란 소수의 특권을 누리려는 정치행태를 말하는 것이 아니고 게으르고, 나태하고, 배고픔이 없게 노력하며 뜻밖에 닥칠 상황에 대해서 대비하고(『Les Misérables』, 이형식 역, IV 57-58 참조), 시간을 선용하여 악에 저항하여야 한다(엡 5:16). 그래서 온 국민이 일용할 양식을 쉽게 마련할 수 있게 일을 해야 한다. 진보는 변화하는 사회 현실을 적응하고 따라가야 한다는 의미가 아니고 현실에서 어려운 사람들도 더불어 함께 같이 행복하게 살아갈 수 있도록 최소한의 먹거리를 보장하도록 협력하여야 한다는 의미이다.

기독교는 여기서 예수님이 가르치신 기도문에 다시 주의한다. 즉 "하늘에 계신 우리 아버지 이름이 거룩히 여김을 받으시오며" 라고 기도를 시작한다. 이것은 단순히 기도를 시작하기 위한 도입문구가 아니다. 이스라엘이 멸망한 가운데서 살려달라고 부르짖은 호소와 같은 기도이다. 왜냐하면 이 하나님이 그들을 살릴 수 있기 때문에 한 기도이다. 통일국가는 새롭게 시작해야 한다. 왜냐하면 현재의 분단이 하나님의 뜻이 아니기 때문이다. 그래서 이렇게 시작한 기도는 "대개 나라와 권능과 영광이 영원히 아버지의 것입니다" 로 마친다. 주님의 기도의 시작과 끝이 주체가 하나님이며 하나님의 권세(potestas)는 결국 통일국가를 이끌어갈 가장 신뢰할 수 있는 근간이며, 어려울 때 호소할 수 있으며, 통일국가가 미래 공동체로서 지탱, 지속해 가기 위해 호소할 수 있는 분이라고 믿게 하는 대목이다. 이것은 이스라엘의 역사 가운데서 보여준 실례이며, 현재 기독교에서 믿고 있는 신앙의 핵심이기도 하다. 여기에 답이 있다.

넷째로 공유가치(shared values)를 생각해 보자. 즉 공유가치는 함께 삶을 이어가야 하는 가치들이다. 나는 이미 기본가치, 근본가치, 현실가치를 제시한 바 있다. 그리고 예수님이 가르치신 가치 가운데 사랑은 가장 근본적인 가치이다. 사랑을 공유가치로 수용한다면 기본가치로서 자유, 정의, 평화를 쉽게 받아들일 수 있을 것이다. 나는 자유가 통일국가에서 보장해야 할 초보/기초 단계라고 생각한다. 물론 자유를 말하면서도 다른 생각을 할 수 있다. 같은 기독교인들도 다르게 생각할 수 있다. 그러나 예수님의 사랑을 확실하게 이해한다면 인간이 가장 기본적인 첫걸음으로 자유를 인정할 수 있기 때문이다. 예를 들면 탈북민들이 자유를 어떻게 이해하고 실천하는가를 보면 쉽게 알 수 있다. 이 자유는 정의보다도 먼저 생각해야 할 기본 개념임을 알 수 있다.

자유는 현실적으로 인권이 보장되느냐 안 되느냐에서 나타난다. 다시 말하면 인권이 보장되지 않는다는 것은 자유가 없다는 또는 자유가 보장되고 있지 못하다는 것을 의미한다(『장신논단』, 9집 395쪽 이하 참조). 자유가 없는 곳에 인권은 보장되지 않는 것이 분명하다. 자유가 있는 곳에는 인권이 보장된다는 증거이다. 그래서 인권이 보장된다는 것을 보기 위해서는 먼저 자유를 보장받고 있는 지부터 살펴보아야 한다. 그러므로 자유는 모든 사람의 기본가치라고 할 수 있다. 이 자유를 참된 의미에서 자유로 지키기 위하여 규칙이 있어야 하는데 이것이 정의이다. 정의는 평등의 개념과 공평의 개념을 함유하고 있다. 평등의 개념도 많이 논의해야 하지만 많은 부분에서 공평의 개념에서 문제가 일어난다(맹용길, 『나의 신학, 나의 윤리 Plus』, 157 쪽 이하 참조).

기독교에서는 공평의 개념을 다룰 때에 항상 사랑을 토대로 하여 들여다보면 답이 나온다. 이것이 마태복음 20장 1절 이하에서 보여준 실례이기도 하다. 즉 계약관계는 평등에서 이루어졌으며, 공평의 개념은 분배에서 이뤄졌다. 분명히 계약할 때와 같이 이뤄졌음에도 당사자들은 상대적으로 이해하면서 불평을 말한다. 즉 계약을 하고 일한 사람들은 조금도 손해를 보지 않았음에도 불구하고 분배하는 주인의 행위에 대해 불만을 표함으로써 마치 주인이 잘못하고 있는 것처럼 보이게 한다. 그러나 분배에서 주인이 보인 정의는 하나님의 뜻이 하늘에서 이뤄진 것처럼 땅에서도 이뤄지게 하는 하나님의 사랑에서 보면 최상의 공평한 개념으로 보인다. 여기서 사랑과 정의는 하나님의 행위의 양면이 아니라 사랑에 기초한 정의의 실천이다. 분명히 주인은 사랑으로서 정의를 실천한 본(本)/모범 사례라고 말할 수 있을 것이다. 하나님의 사랑은 히브리어로 "아하브"인데 이 말의 의미를 보면 쉽게 이해할 수 있다. 그러므로 인간의 사랑보다는 하나님의 사랑에 기초하여 정의를 이해하는 것이 더 좋다는 것임을 기독교는 제시한다. 이것을 가리켜 정의의 명령(fiat iustitia)이라고 한다. 이것은 은혜로우시고 자유로우시고 신실하시고 정의로우신 하나님의 정의임을 알 수 있게 한다.

자유가 있고 인권이 보장될 때 사람들이 나와 너로 대할 수 있고 민주화를 주장할 수 있다. 그리고 진정한 자유는 하나님으로부터 나온다고 기독교는 믿는다. 자유는 더불어, 함께, 같이 사는 삶의 모습을 보여주고 있다. 예수님은 자유가 없는 모든 경우를 치유(heal)로부터 시작하여 회복(restore), 또는 원상복귀를 거쳐 따르게(follow) 하셨다. 따르는 것은 제자도(discipleship)이며, 이 제자도는 훈련(discipline)을 하여 행동하게 하고 행동 가운데 고난을 받으며 죽음까지도 맞게 된다고 가르친다. 이것을 신학자 Bonhoeffer는 자유로 가는 길이라고 표현하였다. 예수님은 구체적으로 기도 가운데서 화해와 용서를 말씀하셨다. 이것을 본받아 기독교는 교회의 합의로 고백하는 사도신경 가운데 용서가 성령을 믿는 신자들이 행해야 할 가치로 제시한다. 나는 아우구스티누스를 따라 하나님을 기쁘게 하고(dulcedo), 하나님 앞에서 겸손하라(humilitas)는 행위도 함께 생각한다. 이것은 예수님이 어린이에 대한 태도를 가르치는 가운데서도 확실하게 나타난다. 이 모든 것이 주님이 가르치신 행위로서 보여주신다. 통일국가에서는 정의를 실천하기 위하여 법과 상식을 이용할 수도 있겠지만 하나님의 정의를 실천한다면 현실에서 평화를 누릴 수 있을 것으로 보인다. 이것은 지도자의 지도력에 포함된다고 생각한다. 즉 아하브(사랑)의 종의 리더십(servant leadership)에서 보여준다.

## III. 통일을 위해 어떻게 해야 하는가?

나는 기본적으로 정신(正信), 정사(正思), 정행(正行)을 그 틀로 사용할 수 있을 것으로 본다(맹용길, 통합신학을 향하여 또는 기독교와 한국사회 참조). 정신은 하나님을 바르게 믿는 것이다. 여기서 먼저 하나님이냐 하느님이냐 하는 문제가 나온다. 하느님은 사회에서 통용되는 개념으로서 공동적으로 이해하는 개념으로 따르려고 하는 것처럼 보인다. 이것은 처음 애국가의 가사는 분명히 하나님이었으나 나중에 하느님으로 바뀌었으며 이것을 주장하는 교파 또는 교단도 있다. 그러나 이 개념은 반드시 여호와/야웨/야훼 라는 하나님의 이름이 첨가되어야 기독교적/그리스도교적 이라고 할 수 있다. 왜냐하면 하느님은 다른 모든 신들의 이름으로 사용될 수 있기 때문이다. 하나님은 분명히 고유명사이다. 이제는 하나님이라고 했을 때 기독교의 고유명사로 자리 잡았기 때문이다.

나는 하나님을 믿는 그리스도교/기독교에 속하기 때문에 하나님의 통일 방법을 따르기로 하였다. 그래서 정신은 바른 신앙이라고 했을 때 먼저 하나님께 기도하겠다. 기도는 엄청난 힘을 가지고 있다. 성경은 일단 기도하면 이뤄진 것으로 믿으라고 가르치고 있고, 실제로 기적이 일어나기도 하였다. 예를 들면 베드로가 옥에서 나올 수 있었던 기적은 하나님이 먼저 성령을 통하여 이루셨지만 합심한 기도에 대한 하나님의 응답이 이뤄졌다고 볼 수도 있다. 물론 하나님의 섭리 아래 이뤄졌지만 베드로를 위한 기도와 동시에 결실을 보았기 때문이다. 예수님은 분명히 예수님의 이름으로 기도할 경우 이뤄 주시겠다고 말씀하신 약속을 실천하신 것으로 나는 본다(요 14:14).

정사(正思)는 하나님의 뜻에 합한 기도를 하고 있는지를 살펴보는 과정이다. 이것은 신학적 사고이다. 이것은 내 기도를 들어주실 것인가 아닌가를 가늠하는 것이 아니고, 이뤄주실 것을 믿는 믿음의 기도를 생각하라는 것이다. 정사는 조직적으로 짜고 계획하고 이론을 세우라는 것이 전혀 아니다. 오직 베드로를 위하여 합심하여 기도하는 성도들의 기도를 하라는 것과 같은 의미이다. 즉 그러한 기도로 하고 있는지를 생각하라는 것이다. 신학의 과정이기도 하다. 신학은 간단히 말해서 하나님을 배우는 학문이기 때문에 가장 기본적으로 하나님을 믿고 기도하며 하나님의 뜻에 합당한 기도를 하라는 것이다. 이것은 하나님을 사랑하고 하나님이 명령하신 계명을 지키라는 것을 의미한다.

정행(正行)은 기독교가 삶의 본을 보이라는 것이다. 예를 들면 예수님이 제자들의 발을 씻고나서 선생으로서, 주로서 본을 보였으니 너희도 그렇게 하라고 제자들에 말씀하셨는데 오늘 우리는 예수님을 믿는 신자로서 그 본을 따라 행하라는 명령을 받는다. 실천이 없는 기독교는 결함이 있는 기독교이다. 정행은 기독교의 완성을 의미한다. 믿음은 행함으로 완성된다. 물론 믿음이 보이는 것들의 실상이고 증거라고 하더라도 행함이 없음은 결국 의미 없는 믿음으로 이해될 것이다. 바른 믿음으로 모든 세계가 하나님의 말씀으로 지어진 줄을 안다고 하더라도 그 믿음을 하나님이 말씀하신 것으로 행하지 않는다면 온전한 믿음이 아니다. 그래서 야고보서 기자는 행함이 없는 믿음을 죽은 믿음이라고 하였다. 이 말씀은 오늘날 우리가 믿음만 강조하고 행함은 상관하지 않는다면 정신(正信)은 아니라는 의미이기도 하다. 정신이란 믿음만큼 행함으로 믿음을 완성하라는 것이다. 나는 기독교에서 가장 기본적으로 정신의 내용은 교회의 합의로 사용되는 사도신경을 생각하며 정사의 내용은 십계명을 생각한다. 십계명은 사랑의 계명으로서 크게 하나님의 사랑과 인간의 사랑으로 표현할 수 있다. 사랑이라는 개념에 따라 하나님의 사랑은 하나님이 인간을 사랑하는 방법과 인간이 하나님을 사랑하는 방법을 가르치며, 인간과 인간의 사랑은 이웃을 사랑하고 서로 사랑하라는 의미로 이해한다. 물론 인간의 사랑은 모두 하나님의 사랑을 근간으로 이해해야 한다.

사랑은 히브리어로 아하브라고 하는데 Sandra Teplinsky에 따르면 "아"는 하나님의 힘과 희생과 종의 리더십을 의미하고, "하"는 하나님이 두 팔을 벌리고 인간을 기다리면서 영접하려는 행위를 의미하며, "브"는 가정, 가족, 식구로 이해하게 한다. 이것은 예수님이 가르쳐 주신 기도 가운데 구체적으로 나타나며, 더 구체적인 것은 산상설교와 같이 예수님의 가르치심에서 보여준다. 이것은 인간의 삶의 모형이다. 여기에는 치유하심(heal)과 회복하심(restore)과 따름(follow)의 삶이 나타난다. 즉 온전한 행위가 나타난다. 원수까지도 사랑하는 삶의 모형이 나타난다(마 5:43-48). 이것은 믿음의 행위가 실천 방법으로 이뤄졌으면 한다. 이것은 한국인의 정(情)을 넘어서며 이스라엘의 "라하마누트"를 넘어서는 것이다. 왜냐하면 하나님의 사랑은 모든 인간의 행위를 넘어서는 근본가치로서 보여주는 것이기 때문이다.

## Ⅳ. 누가 통일을 해야 하는가?

인간은 기독교인의 입장에서 보면 기본적으로 누구나 죄인(sinner)이다. 즉 인간은 모두 죄를 가지고 태어나고 행동도 그러한 기반 위에서 한다. 나는 이것을 기독교적 입장에서 7 가지 인간의 존재 양식에서 살펴본 적이 있다. 그 일곱 가지는 죄인, 용서받음, 부활의 소망을 갖게 됨, 계시의 인도 받음, 거룩하게 하심 받음, 가르치고 전파하라, 선한 행위를 하라 등이다. 나는 여기서 내가 죄인이었지만 하나님의 용서를 받고 그의 아들 예수님의 부활을 통해 새로운 희망을 갖고 하나님의 계시의 인도하심을 따라 거룩함을 받고 사람들에게 공유하기 위하여 가르치고 전파하며 선한 행위를 하려고 노력하라는 말씀으로 듣게 되었다. 기독교인들은 나와 같은 생각을 하고 하나님을 믿을 것이라고 이해하고 있다. 나는 나와 같이 하나님을 그렇게 믿기를 기도한다. 여기서 통일국가를 위하여 나는 기독교인의 정체성을 묻는다. 즉 기독교에서의 인간론을 이해하고, 기독교인의 정체성을 확인한다. 기독교인은 여기서 현재 예수님이 가르쳐 주신 기도를 통해 기독교인의 정체성을 확인하고 삶을 살아갈 것을 확인한다.

기독교인은 예수님의 기도를 배우고 이웃을 사랑하는 소명을 확인다. 이것은 예수님의 기도로 십계명을 이해하며 하나님이 우리를 먼저 사랑하신 것처럼 우리도 다른 사람을 이웃으로 이해하고 사랑하라는 소명을 받고 사랑하라는 사명을 이행한다. 이것이 우리가 살아가야 하는 소명이기 때문이다. 이것은 인간이 하나님의 피조물로서의 소명이며 사회적 책임 이행이다. 기독교인은 이렇게 사회와 이웃에 대해 민감한 관심을 갖고 돌보고 배려하는 삶을 살아가야 한다. 우리가 죄인이었으나 하나님의 용서를 받아 새로운 희망을 가진 것처럼 우리 이웃에게 같은 삶을 살아간다. 여기서 사도신경으로서 신앙고백을 하고 십계명을 지키려고 하며 주님의 기도를 삶에 실제로 이행하려고 한다. 이것이 믿음과 사랑과 희망이 만나는 기독교인의 정체성 확인이다.


## V. 통일을 언제 해야 하는가?

　　언제란 통일국가 형성의 때를 의미하는데 이 때는 아무도 확실하게 알 수 없다. 오직 그 때는 하나님만 아신다. 이것은 성경의 가르침을 따라 생각하면 하나님이 정하시고 우리가 살아가는 연대기적 만남의 시간이 될 것이다. 이것은 우리가 알 수 없기 때문에 그 때를 만나도록 노력하려는 것이다. 그렇지만 그 때가 속히 오기를 나는 바라고 있다. 더 이상 갈등을 갖지 말고 어떤 사람도 자기들의 이익을 위해 다른 사람을 억압하고 자유로운 삶을 못살게 박해하지 않게 하려는 시급성을 갖고 있다. 일부 권력을 남용하여 남북한의 국민들에게 이질감을 갖게 하고 사실을 왜곡하고 거짓말하고 속이고 눈을 가리는 일이 더 이상 없도록 하는 것이 필요하다. 자유롭게 왕래하고 자기가 살고 싶은 곳에서 살게 하는 그 때가 속히 오기를 바라는 것이다. 우리가 우리의 근대 역사와 풍경을 보면 얼마나 힘들게 살고 어렵게 살아왔는가를 알 수 있다(이충렬, 『한국 근대의 풍경』 참조). 우리는 일제의 억압속에 산 경험도 있고 동족끼리 전쟁을 하기도 하였고 그 결과 완전히 폐허가 된 슬픈 경험도 했다. 더 이상 그런 아픈 경험을 하지 않게 하기 위하여 가능하면 빨리 통일국가가 만들어져야 한다고 나는 생각한다.

　　그래서 내가 생각하기는 지금이 적기라는 생각이 든다. 우리나라의 형편이나 북한의 형편이나 국제정세에 대한 나의 느낌은 지금 이야 말로 가장 좋은 때가 아닌가 하는 생각을 해 본다. 북한은 핵 개발을 통해 국민들의 삶을 너무 어렵게 만들고 있고, 그 금액을 마련하기 위해 한다는 노력은 정당한 방법으로 충당하는지 의문을 일으키게 하고, 국제적으로 국가의 위신을 떨어지게 하고, 심지어 나쁜 이미지를 주고 있는 듯하다. 우리나라는 그런 행위를 막기 위하여 큰 어려움을 갖게 되고, 경제적으로 군사적으로 낭비를 하게 하여 결국 통일국가에서 돌아갈 도움을 낭비하고 있다는 생각이 든다. 이제 우리는 자력으로 나라를 지키기 위하여 핵을 개발할 수밖에 없는 상황에 이르렀고 많은 사람들이 핵을 가지는 것을 동의하며 시급성을 밝히고 있다. 왜 그래야 하는가? 가장 확실하게 북한의 핵 문제를 해결하는 길은 통일국가가 이뤄지는 것이기 때문이다. 강대국들은 우리가 핵을 가지는 것을 원하지 않겠지만 북한은 이미 핵을 가지고 있고 우리나라는 그것을 사용하지 못하도록 핵을 개발해야 하는 상황에서 국민들은 핵을 가져야 한다는 소리를 높이고 있는 것이다. 이렇게 해서 우리는 통일국가가 속히 이뤄지기를 희망한다.

## VI. 통일은 어디서 해야 하는가?

지금 나는 우리가 대결하고 있는 남북한 땅에서 터놓고 더불어, 함께, 같이 살기를 희망한다. 그런데 어떤 외부 세력이 우리나라가 잘 하고 있는 것을 이용하려고 하고 겁을 주려고 하고 일부 땅을 차지하려고 한다는 소문이 들린다. 그런 일이 일어나서는 결코 안된다. 우리는 통일국가가 되어 길이 함께 지키면서 살 수 있어야 한다. 우리는 같은 민족이다. 하나의 국가의 국민이 되어야 한다. 통일국가는 바로 그것을 희망하는 나라이다.


### 맺는 말

나는 기독교인으로서 하나님의 나라를 기다리면서 통일국가 안에서 남북한이 더불어(together), 함께(with), 같이(jointly as the partner) 살기를 희망한다. 하나님을 경외하고 사랑하며 이웃을 사랑하는 통일국가가 이뤄지기를 희망한다. 똑똑하면서도 겸손하고 정의로 뭉칠 수 있는 사람들이 행복하게 살 수 있는 통일국가가 되기를 나는 희망한다. 새롭게 이룰 통일국가는 바로 이것을 가능하게 하는 국가이어야 한다. 이것을 간단하게 나는 이렇게 보이려고 한다.

기독교적 통일 국가의 방향: 하나님을 믿고, 배우고, 알기 (사도신경), 신뢰, 정신(正信), faithful.
기독교적 통일 국가의 질/규칙: 십계명을 배우고 알고, 지키기/보전하기(십계명), 사랑과 정의, 정사(正思), foundational.
기독교적 통일 국가의 내용: 주기도(예수님이 가르쳐 주신 기도)를 배우고, 알고, 행하기(주기도), 실천/희망, 정행(正行), fruitful.

그래서 나는 하나의 기독교인으로서 하나님의 나라를 기다리며 새로운 통일국가를 성취하기를 간절히 희망하고 하나님께 기도하면서 이 글을 써 보았다.

통일 국가를 위한 캠페인: 하나님을 믿고 배워서, 알고 생각하고, 행하고 따르자!
그래서
하나님께 돌아가자(organic)!
그리고
하나님께 순종하며 맞추어 살아 가자(balanced)!

## 14. 나의 신학, 나의 윤리학

**(이 내용은 『나의 신학, 나의 윤리학 plus』에서 옮겨왔습니다).**

나의 신학은 사도신경의 틀을 따라 조성되었다. 사도신경은 오랫동안 기독교교회가 합의한 신앙고백이다. 나도 그 고백을 따라 신앙을 고백하기 때문에, 이 신앙고백의 틀을 존중하여 나의 신학을 전개하기로 결정하였다. 먼저 나는 나의 신학을 GOLDTEA로 표현한다. G는 God 즉 삼위일체 되신 하나님을 의미한다. O는 orthofides, orthocognitio, orthopraxis 즉 정신(正信), 정사(正思), 정행(正行) 을 의미한다. L은 life-love leadership 즉 생명과 사랑의 리더십을 의미한다. D는 democracy 즉 민주주의를 의미한다. T는 technology 즉 기술 또는 먹거리를 의미한다. E는 education and ethics 즉 교육과 윤리를 의미한다. A는 action 즉 행동/실천을 의미한다.

G는 God 즉 하나님을 의미하는데, 하나님은 두 가지 전제를 가진다. 즉 하나님은 전능자 즉 명령자이고, 인간은 전능자의 피조물로서 그의 명령에 순종/복종하는 존재이다 라는 전제이다. 그러면 전능자인 하나님은 어떻게 표현되었는가? 크게 하나님 아버지, 하나님의 아들, 하나님의 영/성령으로 표현되었다. 즉 하나님 아버지는 창조주이고 아버지이고 아들이고 성령이라는 의미이다. 나에게 이 하나님은 창조주, 구속주, 인도주 즉 삼중으로 표시되면서 삼중 지식(triplex cognitio Dei creatoris, redemptoris, et pastoris)을 요구한다. 창조주인 하나님은 아주 짧게 표현되어 있다. 그렇지만 창조주 하나님은 나의 신학의 대전제이다. 그리고 구속주로 표현된 아들에 대해서는 길게 표현되어 있다. 여기서 확실한 것은 아들 하나님은 나의 주/구주로 표현된 분으로서 나는 그 분을 믿는다. 그리고 인도주로 표현된 영 즉 성령은 구체적으로 나의 삶에서 현실로 인도하는 내용을 전개하고 있다. 다시 말하면 나는 이 성령이 교회를 인도하고, 죄를 사해 주고, 몸이 다시 사는 것과 영원히 사는/영생을 믿도록 인도하는 분으로 믿는다. 교회는 거룩한 공회이며 성도가 서로 교통/교제하는 모임으로서 표시되었는데, 나는 이 모임을 다시 교회의 표시로서 하나이며 거룩하며 교통/교제의 모임/공동체이며

사도적 안내/가이드로 이해하고 믿는다.

　　창조주 하나님은 나의 아버지로서 바르게 믿고 즉 정신(正信), 세계를 보는 눈을 가지며 즉 세계관(世界觀)을 가지며, 내 삶의 신뢰를 갖게 하는(faithful) 믿음의 주로 나는 믿는다. 구속주 하나님은 나의 구주로서 바르게 생각하며 즉 정사(正思), 행위의 방향, 질, 내용의 가치를 확보하게 하고, 가치관(價値觀)을 갖게 하는 삶의 토대/기반의(foundational) 주로 나는 믿는다. 정사는 사랑을 기반으로 하여 신학을 하게 한다. 그리고 가치들은 기본 가치 즉 모든 사람들이 기본으로 공유할 수 있는 가치를 정하여 자유, 정의, 평화로 믿으며, 이러한 기본 가치들은 그에 상응하는 근본 가치에 근거할 때 진정한 의미를 나타낸다고 하여 믿음, 사랑과 정의, 희망/소망으로 믿으며, 이 가치들은 삶의 현실에서 적용될 수 있도록 현실 가치라는 이름으로 인권, 사회적 책임, 실천의 의미인 행위로 나는 믿는다. 여기서 중요한 것은 근본 가치가 핵심임을 나는 다시 확인한다.[1] 인도주 하나님은 나의 인도자로서 바르게 행동하게 하며 즉 정행(正行), 세상에서 교회를 세우고 바르게 행동할 덕목들과 삶의 규칙들을 알려주며 생명을 살리기 위하여 바르게 행동하여 삶의 열매를 맺는 삶을 살도록 인도함을 나는 믿는다. 이것을 포괄하는 신학을 나는 다른 말로 신사행 신학(信思行 神學)이라고 부른다.

　　하나님을 어떻게 믿는 것이 바른 믿음일까? 나는 바로 믿는 것을

---

1　　장신논단, 9집, 395 쪽 이하 참조.

하나님을 경외하고 바로 사랑하고 바로 행하는 것이라고 이해하였다. 믿음은 삶의 방향이고, 사랑은 그 믿음의 질(質)이고, 희망을 따라 행함은 믿음의 내용이다. 이것을 잘 나타내는 부분이 십계명이다(출 20, 신 5~6). 요약하면 다음과 같다.

> "너는 나 외에 다른 신들을 네게 두지 말라.
> 너를 위하여 새긴 우상을 만들지 말고 또 위로 하늘에 있는 것이나 아래로 땅에 있는 것이나 땅 아래 물 속에 있는 것의 어떤 형상도 만들지 말며, 그것들에게 절하지 말며 그것들을 섬기지 말라.
> 너는 네 하나님 여호와의 이름을 망령되게 부르지 말라.
> 안식일을 기억하여 거룩하게 지키라.
> 네 부모를 공경하라.
> 살인하지 말라.
> 간음하지 말라.
> 도둑질하지 말라.
> 네 이웃에 대하여 거짓 증거/증언하지 말라.
> 네 이웃의 집을 탐내지 말라."

믿음은 행함으로 온전하게 된다(약 2:22). 믿음은 행함으로 열매를 맺는다(갈 5:22-23). 믿음은 구체적인 덕목들과 함께 나타난다(벧후 1:5~7). 가르치고 행하는 자를 천국/하나님의 나라에서 큰 자라고 말한다(마 5:19). 행함을 예수님은 구체적으로 소금과 빛으로 표현한다. 즉 소금으로 짜게 하고, 맛을 내고, 빛으로 사람들에게 비추어 착한 행실을 보게 하고, 하나님께 영광을 돌리게 하라고 예수님은 말씀하신다(마 5:13~16). 사실, 행함은 십계명 전체에서 잘 나타나고 있다. 이것은 모두 믿음에 근거한 사랑으로 표현하여 우리가 희망/소망을 갖게 한다. 이것은 하나님을 바로 알고 바로 믿고 바로 사랑함으로써 가능하게 된다. 이것은 믿는 자에게 가능함을 의미한다(막 9:23). 왜냐하면 하나님은 모든 것을 하실 수 있다는 데 근거를 두고 있기 때문이다(막 10:27). 이것은 기도가 가능하게 한다(막 9:29).

하나님에 대한 삼중지식으로 인하여 하나님이 은혜로우시고 자유로우시고 신실하시고 정의로우심을 나는 알 수 있다. 하나님은 사람을 하나님의 형상으로 창조하셨다. 그래서 하나님 보시기에 좋았다. 그러면 하나님의 형상은 무엇을 의미할까? 창조하였다는 말은 인간이 피조물이라는 것을 의미한다. 이것은 하나님이 인간을 창조하심으로 인하여 관계가 있음을 나타낸다. 이 관계는 하나님이 명령하시고 인간은 순종해야 한다는 내용이다. 하나님의 명령은 지켜도 되고 지키지 않아도 되는 것이 아니고, 절대적으로 순종해야 하는 것이다. 이것은 인간에게 자유와 자유의지가 주어졌음을 의미한다. 자유는 하나님께 복종해야 한다는 제한성을 가지고, 자유의지도 인간의 한계가 있음을 의미한다. 이렇게 상당한 자유와 인간이 행할 의지가 있음이 주어졌다. 이것은 계명을 주시는 데서 나타난다. 하나님의 명령/계명은 제한적 의미이기는 하지만 이러한 자유와 자유의지가 주어졌음을 의미한다. 그리고 하나님은 인간/사람에게 선악과 나무를 세우시고 그 열매를 먹지 말라고 말씀하셨다. 만일 먹으면 죽는다고 말씀하였다. 그런데 인간은 이 명령을 어긴다. 이것을 우리는 타락이라고 말한다. 즉 이것은 인간이 죽는 것을 의미한다. 그래서 인간은 에덴동산에서 쫓겨나 죽게 된 존재로 나타난다. 그렇지만 하나님은 은혜로우셔서 우리의 죄로 인한 죽음을 용서할 길을 주셨다.

이 용서의 길은 하나님이 먼저 약속하시고, 우리의 고백이고 기도이며, 동시에 하나님은 임마누엘 사건으로부터 시작하신다(사 7:14, 마 1:23). 하나님은 친히 사람이 되신 것을 보여주신다(요 1:14). 이 사건은 인간의 믿음으로 연결하며 죄의 용서를 확증하고 하나님의 나라로 연결한다(요 3:16). 이 믿음은 심판에 이르지 않게 하며 사망에서 생명으로 옮겼음을 나타낸다(요 5:24). 이 과정은 치유와 회복과 구원과 관계의 회복이며, 더 나아가 믿는 자들의 모임/공동체회복과 교제를 의미한다.

하나님의 나라에서 4 가지 요점을 발견한다. 첫째는 하나님의 삼중 지식을 통해 삼위일체 하나님과 그 하나님의 절대주권과 통치를 발견한다. 둘째는 하나님의 나라는 하나님이 친히 세우시는 나라이며, 우리는 들어가는(eis) 존재이다. 다시 말하면 하나님의 나라는 어떤 인간도 직접 세울 수 없으며, 하나님의 명령에 따라 순종함으로써 즉 믿음을 가짐으로써 들어갈 수 있는 나라임을 알 수 있다. 그럼에도 불구하고 성경은 몇 가지 더 생각하게 한다. 예수님이 공생애를 시작할 때 한 말씀은 "하나님의 나라가 가까이 왔으니 회개하고 복음을 믿으라" 이다(막 1:15). 이 말씀은 셋째 요점이다. 즉 이 말씀은 회개하고 믿음을 가질 경우 하나님의 나라에 들어갈 수 있음을 의미한다. 즉 하나님의 나라에 들어가기 위하여 회개하고 복음 즉 하나님의 아들이신 예수님을 믿으라는 의미이다. 이것은 영생과 직결되는 의미를 갖는다(요 3:16). 이 말씀은 네 번째 요점이다. 예수님의 말씀은 물과 성령으로 거듭나면(위로부터 나면) 하나님의 나라에 들어갈 수 있음을 의미한다(요 3:5). 물은 회개이고 세례이며, 성령은 위로부터 나는 길 즉 다시 나는 길을 준다. 즉 우리는 우리의 힘이나 노력으로 하나님의 나라에 들어가는 것이 아니고, 성령의 능력으로 다시 낳아야 들어간다. 그런데 어린 아이 같아야 천국 즉 하나님의 나라에 들어간다고 예수님은 말씀하였다(마 18:3). 그러면 어린 아이는 하나님의 나라에 들어갈 수 있는가? 어린 아이는 회개와 죄 용서가 필요하지 않은 존재인가? 아니면 어린 아이는 회개의 겸손을 나타내는 단순한 상징적 표시인가? 그렇다면 우리가 회개할 경우 어린 아이 같이 되는 것인가? 이러한 의문이 생기기도 하지만, 한정된 범위이기는 하나 자기 자신의 힘으로 결정할 수 없는 상태에서 마치 죄를 모를 때의 상태로 인정받는 것일까? 이런 경우 원죄의 문제는 용서함을 받는 것인가? 등의 질문을 해 본다.

하나님의 나라는 "새 하늘과 새 땅"이라는 이름을 갖기도 한다(계 21:1). 하나님의 나라에 들어간 사람들은 하나님의 백성이 되고, 하나님은 친히 함께 계시고 그들의 모든 눈물을 닦아주며 다시는 사망이 없고 애통하는 것이나 곡하는 것이 없는 전혀 새로운 세상이 하나님의 나라이다(계 21:3~4). 거기에 생명수가 있다(계 21:6). 성령은 여기로 미리 안내하여, 믿는 자들에게 보게 하며, 그 규모를 보도록 인도한다. 성령의 인도를 받는 자들을 "오직 어린 양의 생명책에 기록된 자들만"(계 21:27)이라고 성경은 기록한다. 여기의 환경은 전혀 새로운 환경으로서 하나님이 주관하는 무공해 자연 그 자체일 것이 분명하다.

하나님의 삼중 지식은 인간의 지식을 묻게 된다. 삼중 지식에 따라 보면 인간은 피조물이다. 이 말은 하나님은 창조주이고 명령자이며, 인간은 하나님이 창조한 존재임을 의미한다. 그런데 인간이 하나님의 명령을 순종하지 않는 죄를 지었다. 즉 하나님이 인간을 창조하고 에덴동산에 두고 선과 악을 알게 하는 나무의 열매를 먹지 말라고 명령하였고, 먹으면 죽으리라고 말하였다. 그런데 인간은 그 명령을 어기고 그 과일을 따 먹었다. 따라서 죽어야 했다. 그러나 하나님은 은혜로우셔서 인간을 에덴동산에서 쫓아내셨지만 구원하실 것을 약속하였고(창 3:15) 그 후로도 계속 약속하시고 예언하셔서 그 예언을 지키시기 위하여 친히 사람이 되셨다(요 1:14). 이것으로 하나님은 인간의 죄를 용서하시는 작업을 하시고 인간으로 하여금 알게 하셨다. 인간은 죄의 용서를 받을 필요가 있고, 용서함을 받는 길을 따라 용서를 받을 수 있었다. 이것은 하나님이 그의 아들 예수 그리스도를 통해 믿고 알게 하셨고 우리 대신 고난을 받고 죽으시고 부활하셔서 희망을 주셨음을 나타냈다. 여기서 하나님은 인간으로 하여금 자기를 속죄의 하나님으로 알게 하셨다. 뿐만 아니라 성령을 통해 계시하시고 인도하신다. 여기서 하나님은 목자의 지식으로 나타난다(요 10:16, 16:13).

그러면 인간은 어떻게 해야 할까? 나의 신학 GOLDTEA에서 O는 인간의 영역에 속한다. 인간은 성령의 인도하심을 받아 회개하고 거룩함을 받고 정결하게 하여(요 17:1) 지혜를 얻으며(약 3:17), 천국 즉 하나님의 나라에 들어가는 소식을 전달하며 선행도 함께 해야 한다(마 5:13~16, 약 3:13~18). 이 과정을 나는 인간의 지식이라고 말한다. 즉 정신, 정사, 정행을 의미하며, 헬라어를 따라 좀 더 구체적으로 다음 일곱 가지 알파로 표현하였다. 즉 하마르톨로스 ἁμαρτωλός(죄인/현실), 아폴뤼트로시스ἀπολύτρωσις(용서/치유), 아나스타시스ἀνάστασις(부활/회복), 아포칼립시스ἀποκάλυψις(계시/인도), 하기아조ἁγιάζω(거룩/변화), 아팡겔로ἀπαγγέλλω(전파/알림), 아가소포이에오ἀγαθοποιέω(선행/실천) 이다. 즉 인간의 죄 인식, 용서를 받음, 희망을 가짐, 인도함을 받음, 거룩함을 받아 거룩하게 행동을 함, 이 소식을 사람들에게 하나님을 믿도록 전달 즉 알림, 좋은 행동으로 믿는 자임을 보이는 일을 인간은 실현해야 한다. 이렇게 해서 하나님의 삼중 지식과 그 지식에 따른 인간의 지식을 요약함으로써 신론과 인간론을 간략하게 정리하고 나는 그 내용을 믿는다.

그리하여 인간은 여기서부터 바른 믿음(正信)과 바른 생각(正思) 즉 신학과 바른 행동(正行) 즉 윤리를 이행해야 한다. 이것은 모든 다른 인간과의 관계에서 먼저 리더십(leadership)으로 나타나야 한다. 즉 나의 신학 GOLDTEA에서 L은 leadership을 의미한다. 이것은 하나님이 보여주신 종의 리더십(servant leadership)이다(אהב아하브). 이 리더십은 힘(strength)과 희생(sacrifice)을 담은 종의 삶을 의미하는 생명-사랑 리더십(life-love leadership)이다(Sandra Teplinsky). 다시 말하면 무엇보다 생명을 우선하여 귀하게 여기고 사랑해야 한다. 사랑은 신약성경에서 헬라어로 아가페ἀγάπη, 아가파오ἀγαπάω라는 말인데, 나는 이 의미의 기반이 되는 구약성경의 아하브אָהַב의 의미를 기반으로 이해한다. 나는 "아하브"의 의미는 Sandra Tiplinsky가 그의 책 『Why Care About Israel』에서 밝힌 내용을 따른다. "아"는 힘, 희생, 종의 리더십을 의미하고, "하"는 아버지가 두 팔을 벌리고 타락한 아들을 기다리는 것을 의미하고, "브"는 가정 또는 가족을 의미한다. 나는 이 해석을 따라 아버지가 사랑에 근거하여 생명을 사랑하고, 죄인인 사람을 두 팔을 벌리고 기다리며, 오면 식구로 맞아들이는 아버지의 리더십을 의미한다. 이것은 하나님이 인간을 사랑한 가운데 나타나며, 신약성경에서는 탕자가 된 아들이 돌아왔을 때 보이는 아버지의 사랑을 생각할 수 있게 한다(눅 15:11 이하 참조). 사랑의 리더십은 사람을 대할 때에 힘이 있으면서 희생의 정신으로 맞아 섬기는 자세로 대하는 것을 의미한다. 여기서는 본(本)을 보이는 리더십이다. 예를 들면 예수님이 보인 리더십이다. 예수님은 제자들과 식사한 후 주와 선생으로서 제자들의 발을 씻은 것으로 본을 보여주셨다(요 13:1 이하). 이것은 예수님이 제자들을 존중하고 사랑하며 보이신 섬기는 본의 리더십이다.

나의 신학 GOLDTEA에서 D는 democracy 즉 민주주의를 의미한다. 인간이 하나님의 명령을 거역하고 죄를 지음으로써 인간의 생각은 항상 이기적이고 교만한 행동이 앞섰다. 이것을 조금이라도 더 생명을 존중하고, 사랑하는 행동을 하기 위하여 여러 사람의 의견을 모으고 좀 더 생명을 존중하고 사랑할 수 있는 민주주의를 생각한다. 물론 민주주의의 이름으로 독재와 이기적인 행위가 나타나기도 하지만 진정한 민주주의는 공동으로 감시하며 억제하며 공동/공통/공공 선을 더 추구하게 할 수 있다. 현재로서 민주주의를 대체할 정체가 없는 것으로 보인다. 이것들 모두는 하나님이 먼저 삼위일체의 하나님으로서 인간에게 보여주셨다. 그래서 나는 나의 신학 앞 부분에서 GOLD라고 정했다.

GOLD 뒷 부분을 나는 TEA(윤리)로 정했다. T는 Technology 즉 기술을 의미한다. 지금은 세계가 제 4차 혁명의 시대라고 부른다 (Klaus Schwab). 여기서는 "기하급수적인 속도" "디지털 혁명을 기반으로 다양한 과학 기술을 융합 해 ... 패러다임 전환으로 유도한다고 한다." 즉 물리학의 기술, 디지털 기술, 생물학의 기술이 융합하여 경제, 기업, 국가와 세계, 사회, 개인 등에 크나큰 영향력을 미치고 있다고 한다. 그래서 4차 산업혁명의 방법론도 상상하기 힘들도록 변화하고 있어서 지금 상상할 수 없는 변화를 일으킬 것으로 보인다(Klaus Schwab, The Fourth Industrial Revolution, 송경진 역, 메가 스터디Books). 같은 맥락에서 기술의 변화는 『트렌드 코리아 2022』에서도 나타난다. 이 책은 김난도를 포함한 10명이 말하는 엄청난 변화의 기술을 소개하고 있다. 그 가운데서도 맨 먼저 떠오른 말은 코로나 바이러스 19를 통과하면서도 우리 사회가 "나노사회"로 변화하고 있다는 점이다. 여기에 따라 나타나는 여러 가지 기술 현상은 인간이 하나님을 이해하는 데도 많은 생각을 하게 한다. 질문은 이러한 기술의 발전을 보면서 정말 하나님은 어떤 분인가? 어디에 있는가? 나는 앞에서 GOLD를 통해 하나님의 지식을 생각하고 인간론을 정리하였는데, 기술이 들어오면서 1960년 대 초반부터 한국에 세차게 불어 닥친 세속화의 물결을 다시 생각해 본다(F. Gogarten, Verhängnis und Hoffnung der Neuzeit 참조). 인간의 교만이 앞서는 상황이 전개되면서 믿음은 무엇인가 라는 질문으로 이어진다.

기술은 우리가 당하고 있는 그리고 당할 삶의 상황이다. 우리는 이것을 피할 수 없다. 그렇다면 이 기술과 함께 살아야 하는 우리, 특히 젊은 세대들이 하나님을 믿을 수 있을까? 나/우리는 기술이 젊은 세대들과 만날 수 있는 접촉점 즉 장소라고 생각한다. 왜냐하면 기술이 있는 곳에 사람, 특히 미래의 젊은 세대가 있기 때문이다. 기술에 대하여 만날 수 있는 리더십이 필요하고, 담론이 만들어져야 한다는 소리를 듣는다. 만일 리더십이 만들어지고 담론이 형성된다면 젊은 세대를 만날 수 있는 매개체가 곧 기술/먹거리라고 생각한다. 젊은 세대가 리더십을 발휘하고, 담론을 만들 역할을 하게 한다면 가능하다고 생각한다. 성경에서 가르친 대로 "옛 것과 새 것"(마 13:52)을 끌어내 합하고 리더십을 형성해 담론을 만들어 논의한다면 좋은 결과가 있을 것으로 보인다. 이렇게 볼 때 기술은 우리의 먹거리요 삶의 현장이요 미래를 내다볼 수 있게 하는 것 같다. 그러나 기술이 우리의 정신/믿음을 새롭게 하는 의미는 주지 못한다. 얼른 보기에는 그럴 것 같지만 지금까지의 모든 것을 놓고 보았을 때 우리의 삶을 변화시킨 것만은 틀림없고, 사고 방식을 바꾸고, 앞으로도 그럴 것으로 보인다. 그러나 근본적인 의미에서 정신/믿음을 지배하지는 못할 것이다. 많은 경우에 사고방식/틀은 바꿀 수 있겠지만 우리의 영혼의 문제나 하나님의 존재 문제는 변화를 주지 못할 것이다. 믿음의 문제는 더욱 그렇다. 기술로 질병을 고치고 건강을 회복하고 초연결시대로 만들어가고 있지만, 죽음의 문제나 영혼의 문제는 근본적으로 해결할 수 없을 것으로 보인다. 하나님이 존재하지 않는다면 기술이 인간의 모든 것을 지배할 것이 분명하지만 하나님이 살아 있다면 기술이 하나님을 지배할 수는 없기 때문이다. 나는 살아 계신 하나님을 믿기 때문에, 기술이 하나님을 지배하지 못할 것이라고 생각한다. 기술의 발달을 주장하면서 세속도시를 주장했고, 하나님 없는 세상을 주장했고, 인간이 지배하는 세상을 주장하기도 했다(세속화). 하늘까지 닿는 탑을 쌓은 때도 있었고, 초인을 주장하는 세상을 주장하기도 했고, 기술 만능을 주장하기도 했지만, 그리고 앞으로도 그러한 주장이 많이 있겠지만, 하나님이 살아 계시다면 즉 스스로 있는 분이라면(출 3:14), 이 세상을 기술이 지배하도록 허락하지 않을 것이 분명하다. 이것은 두고 볼 일이다. 그리고 나는 살아 계신 여호와 하나님을 주로 믿는다.

신학 GOLDTEA에서 E는 education-ethics를 의미한다. 최근에는 ESG를 주장하기도 한다. 즉 환경, 사회적 공헌, 윤리 경영을 주장한다. 여기서 사실, 기술은 가르쳐야 한다. 왜냐하면 기술이 먹거리를 만들어내고 젊은 세대가 거기에 모이기 때문이다. 그런데 기술은 새로운 기술이 나올 때마다 윤리적인 문제가 많이 일어난다. 기술이 매우 정교하면 정교할수록 윤리문제는 더 복잡하고 심각하게 나타난다. 그러므로 가르치되 윤리적인 문제를 해결하는 정도(正道)로 가르쳐야 한다. 가르침은 기술을 좋은 방향 즉 인류에게 도움이 될 수 있도록 가르치며, 나의 경우는 하나님을 하나님으로 알고 믿는 가르침이 되어서 윤리문제도 동시에 해결하는 가르침이 되어야 한다고 생각한다. 교육은 단순히 가르침만이 아니고 전달하고 체험하고 어떻게 하면 더 효과적이며 인류에게 도움이 될 수 있을까, 인류의 생명을 구할 수 있을까 하는 연구를 통해 개선되고 배우도록 가르쳐야 한다.

신학 GOLDTEA에서 A는 action을 의미한다. 지금까지 모든 내용은 실천 행동으로 표현되어야 한다는 의미이다. 그래서 나는 action/윤리를 현실가치로 여긴다. 하나님은 항상 행함을 강조하셨다. 하나님은 친히 행동을 하셨다. 예수님도 행동을 강조하시고 직접 실행하셨다. 성령도 행동을 강조하셨다. 지금도 성령은 우리를 행동으로 인도하신다. 이것은 하나님의 삼중지식에서도 확실하게 나타난다. 인간이 하나님의 나라에 들어가게 하는 것도 삼위일체 하나님의 삼중지식에서 분명하게 보여주셨다. 이것이 인간의 삶에 영향을 미치는 본(本) 이다. 하나님은 창조하시고, 구속하시고, 목자처럼 인도하시는 놀라운 행동으로서 우리의 행동의 본을 보여주셨다. 행동이 없는 명령은 공허한 것이다. 하나님이 십계명을 주실 때에도 애굽에서 이스라엘 백성을 구원하여 인도하신 행위를 근간으로 하여 만드시고, 사람들이 잘 살아갈 수 있는 방향, 질, 내용을 주셨다. 그 행동은 진정한 의미에서 강력한 행동(mighty work)이며, 인간의 생명을 중요시하는 행동이다. 이 강력한 행동은 모든 행동에 앞서며, 더 강하며, 누구도 이길 수 없는 행동이다. 그것은 아무리 새롭고 힘 있는 기술이라도 하나님의 힘 즉 전능의 힘을 능가할 수 없다(막 10:27). 그래서 예수님은 내가 세상을 이기었다고 말씀하신다(요 16:33). 지금도 예수님은 이 말씀을 하시면서 우리에게 "담대 하라" 고 명령하시며,

환난을 당할지라도 평안을 누릴 수 있다고 말씀할 것이다.

　지금까지 나는 나의 신학인 GOLDTEA의 신학을 설명하였다. 그리고 신론과 인간론을 논의하였다. 이제 기독론을 논의하려고 한다. 나의 기독론은 땅에서 배웠다. 우리가 가진 작은 땅을 가지고 아내가 농사를 하는데 내가 도우면서 땅을 통해 하나님이 살아 계심과 그리스도를 새롭게 발견하게 되었다. 땅은 내게 유기적/organic 이라는 말의 의미와 균형적/balanced라는 말의 의미를 가르쳐주었다. 유기적이라는 현상을 통해 자연으로 돌아가자는 것과 많은 연결고리를 보고 온전하게 되는 길을 보았다. 균형적이라는 말을 통해 우리의 삶의 균형적인 측면의 유익함과 하나님의 샬롬שָׁלוֹם (평화, 온전함, 번영/형통, 인간의 온전한 복지)을 보았다. 이것이 예수 그리스도가 우리의 구주로서 우리가 할 일을 볼 수 있게 한 것이다. 인간은 하나님을 신뢰하고 즉 믿고, 예수 그리스도를 토대/기반으로 하고, 열매 맺는 삶을 살도록 인도하는 성령을 보고 믿게 되었다. 나는 이러한 과정을 겪고 나의 윤리를 정립하게 되었다.

　나의 윤리를 이렇게 표현하였다. 나의 윤리는 하나의 신학적 윤리(학)이다. 즉 나는 a theological ethics of SHALOM으로 표현한다. 성령론은 윤리의 내용을 구체적으로 제시한다. 성령론은 먼저 믿음을 확인한다. 그래서 "나는 성령을 믿습니다" 라고 고백하고, 성령을 따라 윤리(학)의 내용들을 확인한다. 첫째는 교회이고 둘째는 죄의 용서이고 셋째는 부활이고 넷째는 영생이다. 이것이 성령론의 네 가지 실천 키워드이다. 교회의 표시에서 하나님을 믿음으로 모이며(정신), 교통/교제를 통해 공동, 공통, 공공의 개념을 확립한다. 이것은 삶이 고독한 것이 아니고 함께 사는 것으로서 공감대를 형성해야 하고 공동/공통/공공성이 지속되는 공동선/공공선(common good)을 찾는다. 이것이 민족과 국민과 사람을 찾아 존중하고 지탱, 지속 가능하게 한다. 그리고 우리는 이것을 지탱, 지속가능 하도록 항상 경고한다. 우리는 올가닉(organic) 즉 본래로 돌아가고 지키며, 균형을 유지하여 지탱, 지속 가능하도록 경고한다. 이것이 현대의 기독론이 가르치는 십자가의 도이다. 이것은 쉽지 않지만 예수님을 따르는 사람에게는 쉽고 가벼운 짐일 수 있다. 그래서 주님은 주님께 나오는 자들에게 내 짐은 쉽고 가볍다고 안내한다(마 11:28~30). 이것이 행위의 질이요 가치관이며 정사(正思)의 과정이다. 여기에 친구를 위해 십자가를 질 수 있는 사랑의 행위가 포함되어 있다. 예수님은 이것을 친히 행하시고 제자의 도리로서 "서로 사랑하라" ἀγαπᾶτε ἀλλήλους는 행동 지침을 명령하셨다. "너는 나를 따르라." 이것이 온전한 삶이다(마 5:43~48). 이러한 삶이 "끼리끼리"를 넘어선 공동/공통/공공성을 지속 가능하게 하는 삶이다.

기독교윤리학(ethics)은 "죄의 용서함을 믿는다"로부터 시작한다. 죄의 용서는 하나님이 인간에게 먼저 하신 은혜의 행위이다. 하나님의 은혜의 행위는 하나님의 절대 자유가 베푸신 행위이다. 강요나 억지가 아닌 절대 자유의 행위이다. 이 행위는 하나님의 약속 지킴의 신실하심을 나타내며, 하나님의 공의에 따른 행위이다. 그래서 예수님은 우리가 먼저 하나님의 나라와 하나님의 뜻을 따라 행하기를 기도하라고 말씀하셨다(마 6:33). 죄의 용서는 하나님이 먼저 하신 것이며, 우리는 하나님이 먼저 하신 것을 따라 다른 사람의 죄/허물을 용서해야 한다. 사실 하나님이 하신 것처럼 죄를 용서하는 것보다 허물부터 용서를 시작하는 것이 인간으로서 할 일인 것으로 보인다. 이것은 대단히 쉽지 않은 행동이지만 예수님을 믿는 나에게도 요구되는 행위이다. 이 행위를 따를 수 있기를 기도하지만 잘 되지 않는다. "주여, 저의 마음을 열어 주시옵소서." 내가 혼자 기도할 때는 할 것 같지만, 막상 그런 상황을 만나게 되거나 생각이 날 경우 그렇게 되지 않음을 용서해 주시라고 하나님께 기도한다. 죄의 용서는 공동/공통/공공성을 지키는 시작이라고 생각된다. 그래서 예수님께서도 기도를 가르치시면서 하나님에 대한 사랑의 기도를 한 후 하루의 양식을 구하고 죄의 용서를 구하도록 가르쳐 주셨다. 그리고 공동/공통/공공성을 지키는 기도를 구하게 하였다.

여기에 행위의 덕목들이 필요하다. 행위의 덕목들은 하나님이 명령하신 십계명이 있고, 이어서 주님이 가르쳐준 기도의 내용들이 있고, 사도들을 통해서 가르쳐준 덕목들이 있다. 예를 들면 베드로 후서에서 말한 덕목들(벧후 1:5~7) 즉 믿음으로 시작하여 사랑으로 완성하는 덕목들이 있고, 이어서 바울 사도가 제시한 성령의 열매로 표현되는 덕목들(갈 5:22~23) 즉 사랑으로 시작하여 절제로 완성하는 덕목들이 있다. 또 야고보서가 제시한 믿음의 완성을 요구하는 행함의 열매들이 있다. 이러한 덕목들은 모두 예수님이 "서로 사랑하라" ἀγαπᾶτε ἀλλήλους는 덕목들을 따르는 내용이라고 할 수 있다.

나는 부활을 믿는다. 부활을 믿지 않은 사두개 파 사람들은 이 세상에 한정되어 결혼과 같은 것을 이용해 예수님을 시험하는 일에 매여 있었다. 그들의 삶이 이러한 구조속에 있어서 부활을 믿을 수가 없었다. 그러나 바리새 파 사람들은 부활을 믿었기 때문에 부활을 믿는 믿음에 따라 행위를 하려고 하였으나, 위선자들의 행위를 따라 공동/공통/공공성을 지탱 지속하지 못했다. 자기들의 이기심과 오만에 사로 잡혀 하나님을 믿는 것이 아니고 자신들을 내세우는 우를 범했다. 즉 입술, 다시 말하면 말은 하나님을 믿는다고 하지만 마음은 멀리 떨어져 있어 실제로 그들이 믿는 믿음은 위선적이었다. 예수님은 이러한 사실을 분명하게 밝히고, 하나님을 믿는 바른 믿음(正信)으로 돌아가도록 안내하였다. 그러나 그들은 끝까지 듣지 않았다.

세간에 미국을 향해 간 사람들은 오직 믿음의 자유를 얻기 위해 갔다고 한다. 물론 전부는 아니겠지만. 그들은 결국 신앙의 자유를 얻게 되어 뉴 잉글랜드 정신을 만들어냈고, 하나님께 대한 감사를 찾았고, 진정으로 하나님을 믿는 기도를 하였고, 삶의 기쁨을 얻었고, 더불어 사는 삶을 찾았다. 물론 그 과정에서 인간의 과오로 인디안들을 억압하는 행위를 하기는 했지만. 그들은 신앙의 힘 즉 정신의 힘을 찾았다. 그러나 남미를 찾아 부를 구했던 나라들은 결국 사람들을 죽이는 전쟁을 하였고, 쟁취하는 행위를 앞세워 정신을 잃었다고 한다. 이것이 사실이든 아니든 나는 신앙/믿음을 가지면 부는 따라오고 즉 먹을 만큼 먹거리가 생기고 기쁨이 따라온다고 믿는다. 여기서 "정신이 물질을 앞선다"는 교훈을 다시 확인한다.

지금 한국은 물질을 정신보다 앞서 추구하는 정책을 따르려 하는 것으로 보인다. 대통령이 되려는 사람들은 한결 같이 경제를 먼저 살리려 한다고 말한다. 나라를 살리고 민족을 살리려는 사람들은 목숨과 재물을 내놓고 헌신하여 정신을 살려 놓았는데, 지금 정치하는 사람들은 아무리 국민들에게 잘 살게 해주려고 노력해도 국민들의 배를 만족스럽게 채워주지 못할 것이다. 그래서 예수님은 이러한 상황을 잘 아시고 "일용할 양식"을 주시기를 하나님께 기도하라고 하셨다. 세계에는 배고픈 나라 사람들도 삶에서 기쁨과 만족을 얻는 사람들이 많이 있다. 나는 욕심에 따라 집 값을 너무 많이 올리고, 즐기기 위하여 게임을 지나치게 하고, 놀기를 지나치게 좋아하며, 점점 모래알이 돼 가는 느낌이 들기도 한다. 모래는 진흙과 함께 있어야 하고 돌과 함께 있어서 필요에 따라 서로 도움을 주는 공동/공통/공공성을 보전해 가야 한다. 그래야 산다. 우리나라는 지금 구심점 즉 정신이 없는 것처럼 보인다. 왜 삼일운동이 오늘날도 중요하게 생각되는가? 그것은 삼일운동이 "민족"이라는 구심점 즉 정신이 있어서 폭도들인 일본의 강제점령에서 벗어나려고 하였기 때문이다. 우리 사회는 어느 정도 부를 이루고 "나노사회"로 가면서 모래알로서 각자 흩어져 굴러가거나 모래알 대로 있는 느낌이다. 그래서 공동체를 외치고(교회) 노력해도? 거기에 공동체는 없는 것 같다. 부활과 영생을 믿는 교회에도 모래알로 여전히 굴러다니는 것 같다. 십자가가 거기에 모양만 있고, 연결시키는 힘이 빠져있기 때문일 것이다. 나는 하나님을 믿으면서 SHALOM의 윤리를 외친다. 이것은 나의 신학적 윤리학이다.

윤리 SHALOM에서 S는 구원 즉 shalom을 이루는 것을 의미한다. H는 희망/소망 즉 hope을 의미한다. A는 아멘 즉 amen, 확언 즉 affirmation, 감사 즉 appreciation을 의미한다. L은 생명과 사랑의 리더십 즉 life-love leadership을 의미하고 O는 정신, 정사, 정행 즉 orthofides, orthocognitio, orthopraxis를 의미하고, M은 운동력/에너지 즉 momentum, 운동을 하게 하는 동기부여 즉 motivation, 행동에 옮기는 행위 즉 movement를 의미한다. 이것은 믿고 정신(正信)을 차려 사리를 분별하고, 생각하며 즉 정사(正思)하고, 정행(正行)하여 이루는 윤리학을 원한다. 하나님은 제사보다 자비를 원하신다. 나는 이에 따라 신학적 윤리로서 SHALOM의 윤리학을 제창한다. 나는 그래야 바른 정신을 가지고 사는 길로 바로 간다고 믿는다. 즉 부활과 영생을 믿는 사람들의 교회에 속하며 서로의 허물을 용서하고 영원히 사는 길로 갈 수 있다고 믿는다. 이것이 생명론이 할 일이다. 생명론은 부활과 영생을 말한다. 한국에서는 민족/국민/사람을 우선하는 것을 의미한다. 이것은 인간 중심이 아니고 인간을 우선으로 생각하지만 모든 것 즉 무생물까지도 포함하여 관계를 이루고 살기 때문에 그것을 관리하는 인간을 먼저 생각하되 이기심이나 욕심을 따라 착취하는 행위를 하지 않고, 하나님의 피조물로서 관계적 삶 즉 모든 것이 연계하여 사는데 협력하고 돕는 일을 하면서 살아야 한다는 의미이다. 생명 존중의 관계는 무생물도 포함하여 존중하라는 의미이다. 여기에 하나님에 대한 감사와 예배가 있다. 이것이 나의 성령론, 교회론, 화해론, 종말론, 생명론의 요약이다.

맺는 말로서 나는 삼중지식의 하나님(triplex cognitio Dei creatoris,

redemptoris et pastoris)을 믿으며, 따라서 신론과 인간론을 확립하고, 유기적/organic과 균형적/balanced의 경고를 기독론에서 보고 기독론을 확립하고, 성령을 믿으며 성령론을 확립하고 성령론을 통해 구체적으로 할 일들 즉 사도들을 통해서 가르친 더목들을 행하게 함을 따르려 한다(윤리). 찬송 196 장. 즉 교회를 세우며 확립하고, 믿는 자들이 서로 죄와 허물을 용서하고, 부활과 생명을 믿는다. 여기서 교회론, 화해론, 생명론을 확립하고 감사와 예배와 바른 행동들을 따라 행하려고 한다. 이러한 행동은 하나님 아버지를 통해 행위의 방향을 정하고, 하나님 아들을 통해 행위의 질을 결정하고, 하나님 영으로서 성령의 인도하심을 통해 행위의 내용을 정한다. 이렇게 해서 나의 윤리학은 신학적/기독교 윤리학이다. 또 나는 신사행(信思行) 신학과 윤리라고 부르기도 한다. 다른 말로 요약하면 나의 신학은 "황금 차" 신학(the theology of GOLDTEA)이고 나의 윤리는 샬롬의 윤리(the ethics of SHALOM)이다. 여기서는 항상 하나님 먼저, 성경을 따름, 실천을 요구한다.

**키워드:** 하나님 아버지, 하나님 아들, 하나님 영; 창조, 정의와 사랑, 실행; 세계관, 가치관, 실천 덕목; 방향, 질, 내용; 믿음, 사랑, 소망; 사도신경, 십계명, 주기도

# 부록

성숙함을 위해 나아가는 나의 학문적 발전 단계를 나타냄

대학 졸업을 위한 글:
**"칸트의 순수 이성 비판 연구"**

신학대학원 졸업논문(최우수 논문):
**"성령론 연구"**

신학 석사 학위 논문(번역 본, 결론은 새롭게 요약하였음):
**"디트리히 본회퍼의 윤리 사상에 나타난 자유"**

# 15. Kant의 순수이성 비판 연구

## 칸트 철학의 제 문제: 순수이성 비판을 중심으로

대전대학 졸업논문

본고는 대전대학 나의 학부 졸업논문으로 제출되었으나 오자가 너무 많아 수정하였지만 여전히 만족스럽지 못하다. 너무 어려운 낱말은 사전을 찾아 풀이한 것도 있지만 가능하면 내가 제출했던 내용을 그대로 살리려고 노력하였다.

차례

# I. 서론

## 1. 칸트의 철학적 상황

근대 철학은 인간 이성의 힘으로 인식할 수 있다는 확신으로부터 시작한다. 이에 대한 유일한 문제점은 어떻게(Wie) 즉 어떤 방법으로 참된 인식에 도달할 수 있으며 그 한계는 어떠한가? 라는 것이다. 경험론자들이나 합리론자들도 공히/다 같이 순수한 인식이란 보편적이고 필연적인 것이라고 했다. Hume에 이르기까지 거의 모든 사람들은 "자명(自明)한 명제(命題)"란 약간의 분야에서 가능하다고 했다. Descartes, Hobbes, Spinoza, Leibniz 등은 형이상학의 체계(體系)를 건설하여 이것을 Euclid의 기하학과 같이 자명한 것으로 인정하였다. Bacon은 신(神)의 실재(實在)는 논증될 수 있고 사물의 영원한 본질 내지는 자연법칙도 발견될 수 있다고 주장하였으나 극단적인 문제를 해결하려고 할 때는 인간 지능의 능력에 관해서 의심하기를 시작하였다. Hobbes도 역시 경험이 우리에게 확실성을 줄 수 없다는 Descartes의 의견에 일치하였으나 감각을 우리가 인식하는 모든 것의 근원으로 여기었다. 그렇지만 때로는 순수 자연과학에 관해서 의심했다. Locke는 인식의 문제를 지금까지 보다 더 철저히 다룰 필요성을 지각하였다. 따라서 그에 의하면 우리의 관념에 일치하거나 일치하지 않은 것에 대한 확실한 인식, 우리 자신의 실재와 하나님의 실재에 관한 확실한 인식을 하고 수학과 논리학은 확실한 결론에 이를 수 있다. 그렇지만 우리는 영원한 세계의 실재와 사물의 본질의 필연적 연관을 인식하지는 못한다. Berkeley는 우리가 지각하는 물질적 세계는 존재하지 않으나 관념 가운데서 관념과 정신과 관계를 안다고 하였다. Bayle은 신학과 형이상학의 독단론을 타파하고 그것을 이성 밖에 두었다. Hume에 의하면 만일 우리가 감각으로 경험하는 것 만을 알 수 있다면, 합리적 신학, 합리적 우주론, 합리적 심리학은 불가능하다. 하나님과 세계와 영혼의 인식은 우리의 시계(視界)를 넘어서만 가능한 것이다. 참으로 우리의 실제적 인식까지도 다만 개연적(蓋然的)인 것으로 생각하였다. 이러한 상황 가운데서 칸트는 새로운 비판 철학을 시도하게 되었다.

## 2. 칸트 철학의 문제점

철학은 예지(叡智) 자체가 가지는 능력의 파괴적인 비평에 대하여 그리고 도덕적 종교적 가치의 인식을 하고자 하는 의지의 요구에 대하여 어떠한 대답을 해야 만 되었다. 이 과업이 곧 칸트에 의하여 시도되었으며, 당시의 여러 사조(思潮) 즉 계몽사상, 경험주의, 회의주의, 신비주의에 대하여 바르게 다룰 것을 요구하였다. 따라서 칸트의 문제는 한편으로는 Hume의 회의론과 다른 한편으로는 재래적 독단론을 제한하고 감정주의와 미신과 마찬가지로 유물론과 운명론을 논박하고 파기하는 것이었다.

칸트 자신이 합리론자인 Leibniz-Wolff 학파에 속하였으나 영국의 경험론과 Rousseau에게서도 영향을 받았다. 칸트 자신이 "Hume은 나를 독단의 잠으로부터 깨어주었다" 라고 고백하고 있다. 인간의 이성을 검토하고 비판하며 이성의 정당한 요청을 인정하고 모든 근거 없는 요청을 배제하며 보편적이고 필연적인 인식 그리고 인식의 근원과 정도와 한계의 가능성 및 불가능성을 탐구할 필요성을 절실히 느꼈다.

칸트에 의하면 종래의 철학은 독단론이었다. 자신의 인식능력의 사전 검토도 없이 받아들였다. 그것은 지금 비판되어야 하고 일반적으로 이성의 기능에 대하여 공정한 검토가 되어야 한다. 이와 같은 목적으로 칸트는 그의 세 비판서를 저술하였다. 즉 『순수 이성 비판』(이론적 이성과 학문의 검토)과 『실천 이성 비판』(실천 이성과 도덕성의 검토)과 판단력 비판 (감성론과 목적론과 판단의 검토)이 그것이다.

칸트는 순수한 인식을 보편적이고 필연적인 인식이라고 규정하였다. 칸트는 합리주의자들과 같이 물리학과 수학에서 또 경험주의자들과 같이 물자체(物自體)는 인식할 수 없으며 우리의 감각에 표상(表象)하는 것 즉 현상계 만이 인식할 수 있다고 했다. 감각은 우리의 인식의 자료를 제공한다. 정신은 그들을 정리한다. 그러므로 물자체를 인식하는 것이 아니고 보편적이고 필연적인 관념의 질서를 인식하는 것이다. 우리의 인식 내용은 경험에서부터 오지만 정신은 경험을 사유하고 이 보편적이고 필연적인 지식을 선험적으로 즉 합리적인 방법으로 획득한다. 그렇지만 물자체는 실재(實在)한다. 우리는 그것을 사유(思惟)할 수는 있으나 경험할 수는 없다.

## 3. 코페르니쿠스적 전환

코페르니쿠스적 전환이란 말은 칸트가 자신의 사고방식의 전향(Revolution der Denkart)을 의미하는 말로서 인식 이론의 획기적인 저술인 『순수 이성 비판』의 제 2판 서문에서 코페르니쿠스의 가설에 비교한 것이다.

칸트 이전의 철학설에 의하면 "우리의 인식활동 이전에 이미 인식의 대상이 있어 우리가 그 존재를 인식함으로써 인식이 성립된다"고 하였다. 그러나 칸트에 의하면 "인간은 사물을 실재 그대로 인식할 수 없으며 다만 그 나타난 상(相) 만을 인식한다. 인간의 감성에 주는 사물의 표상을 바탕으로 하여 오성(悟性)이 그것을 자기의 범주에 따라 통일 구성한다. 바로 그것이 대상(對象)이 되는 것이다"라고 하여 인식 이전에 존립해 있는 대상을 인식한다는 관점을 역전하고 인식의 대상은 인식작용에 있어서 처음으로 인식주관(인식 일반)에 의하여 구성된다고 하는 것이다.


## II. 『순수 이성 비판』의 문제들

### 1. 인식(認識)의 문제 - 분석 판단, 종합 판단, 선천적 종합 판단

칸트의 기본 문제는 인식의 문제이다. 인식이란 무엇인가? 그것은 어떻게 가능한가? 인간 이성의 한계는 어떠한가? 이러한 질문들을 대답하기 위하여 우리는 인간 이성의 자기 검토와 이성의 자기 비판이 필요하다. 인식은 항상 판단의 형식에서 표상(表象)한다. 어떤 것은 판단의 형식에서 긍정되고 부정된다. 그러나 모든 판단이 인식은 아니다.

분석 판단은 오직 주어 속에 포함된 것을 그 술어에 있어서 분석해 내는 데 불과하다. "모든 물체는 연장(延長)을 가지고 있다(Alle Körper sind ausgedehnt) 라는 판단은 분석 판단이다. 왜냐하면 연장을 가지지 않은 물체를 우리는 생각할 수 없고, 물체라는 개념에는 연장을 가진 것이라는 의미가 내포되어 있기 때문이다. 즉 물체라는 개념이 이미 가지고 있는 의미를 판단에 있어서 분석해 내는데 불과하다. 연장성이 물체와 결부되어 있음을 알기 위하여서는 이 개념을 넘어서 밖으로 나갈 필요가 없고 연장이라는 술어를 발견하기 위하여서는 물체라는 개념을 분석 만하면 된다. 이러한 분석판단은 선천적으로 필연성, 보편성을 가진다고는 할 수 있으나 오직 개념의 분석에 그칠 뿐이요 실재에 관한 것을 알려주는 것은 못된다.

그와 반대로 "모든 물체는 무게를 가지고 있다"(Alle Körper sind schwer) 라고 한다면 이때에 "무게"라는 말은 연장을 가진 것으로서의 물체 일반이라는 개념에 있어서 내가 생각하는 것과는 전혀 다른 것이다. 물체라는 개념 속에 아직도 포함되지 않은 "무겁다" 라는 것을 새롭게 판단함에 있어서 종합하는 것이기 때문에 이것을 종합판단이라고 한다. 그리고 이러한 판단은 경험에 의하여 후천적으로 됨은 물론이다. 무게라는 개념과 물체라는 개념과의 종합이 가능한 기초는 경험에 있다. 양자는 서로 상대자 속에 포함되어 있는 것이 아니다. 그 자신이 직관의 종합적 결합인 경험이라는 전체의 일부분으로서 의속(依屬) 즉 "어떤 사물의 존재, 성질, 상태, 가치 따위가 다른 사물에 의하여 규정되고 제약됨," 국립국어원 사전)하기 때문이다. 그러나 우리는 분석판단의 기초를 경험에다 둘 필요는 없다. 왜냐하면 분석 판단을 하기 위하여 나는 나의 개념 밖에 나갈 필요가 추호도 없고 그를 위하여 경험의 발언이 불필요하기 때문이다. 우리는 경험하기 전에 술어가 가진 제약을 물체라는 개념 속에서 생각하고 있어서 이 개념으로부터 모순율(矛盾律)에 의하여 술어를 끄집어 내기 만하면 되고 동시에 경험으로서는 결코 이끌어 낼 수 없는 그 판단의 필요성을 의식한다. 그러나 이미 내포하고 있는 것을 밝힘에 불과함으로 설명 판단이라고 할 수 있다. 종합 판단은 주어의 영역을 넘어서 거기에서는 전혀 생각되지 않았던 새로운 것, 따라서 분석으로서 도출(導出)될 수 없는 술어를 부가하는 판단이므로 이것을 확장 판단이라고 할 수 있다.

종합 판단이 만일 경험에 의하여 후천적으로 가능하다면 그 사실은 시인할 수 있으나 그 판단이 경험에 입각한 것인 이상 아무리 반복되며 적용된다 하더라도 필연성과 보편성을 주장할 수는 없을 것이다. 따라서 여기서 요구되는 문제는 확장 판단으로서의 종합 판단이 그처럼 경험에 입각하지 않고 경험적인 것을 논리적으로를 떠나서 선천적으로 가능할 수가 없는가 라는 것이다. 만일 선천적으로 그러한 종합판단이 가능하다면 그때야 말로 필연성과 보편성을 가진 확장 판단이 가능하게 될 것이다.

이와 같은 선천적 종합 판단의 가능성을 간단히 단념한 점에 칸트 이전의 철학이 대륙의 합리론의 내용이 없는 형식적 논리주의가 되든지 영국의 경험론의 회의적인 경험주의에 사로 잡히게 되어 급기야 경험적 인식의 권위를 확립시킬 방도를 잃어버리고 따라서 과학의 학문적 근거가 동요하는 것 같이 생각할 이유가 있다. 그리하여 칸트의 선험적 인식 논리학에 있어서 중심 문제인 판단 문제는 "종합 판단이 어떻게 하여 선천적으로 가능한가"(Wie sind synthetische Urteil apriori möglich)에 있었다. 바꿔 말하면 선험적 종합 판단은 수학과 물리학과 형이상학에서 어떻게 가능한가? 또는 순수 수학과 순수 물리학과 순수 형이상학은 어떻게 가능한가? 라는 것이 문제점이었다. 그래서 우리는 인식기관을 검토해야 만한다. 또 인식의 능력과 기능과 가능성과 한계성을 고찰해야 만한다.

인식은 오성(悟性)을 예상한다. 우리는 사유(思惟)할 대상이 없이는 사유할 수 없다. 감각을 통해서 주어지지 않고는 사유의 대상을 가질 수 없다. 오성이 수용하지 않고 또 감성을 가지지 않고는 사유의 대상을 가질 수 없다. 감성은 우리에게 대상 내지 지각을 제공한다. 칸트는 이것을 경험적 직관이라고 칭한다. 이 대상들은 오성에 의하여 사유되어야 하고 인식되어져야 한다. 이것으로부터 개념이 발생하는 것이다. 인식이란 감각 내지 지각, 사유 내지 오성이 없이는 불가능하다. 이 두 인식의 예로는 근본적으로 상이하나 서로 보충한다. "지각과 개념은 우리의 모든 인식의 요소를 건축한다." "개념 없는 직관은 맹목이며 직관 없는 개념은 공허하다." "인식은 어떻게 가능한가?" 라는 문제는 다시 "감각적 지각은 어떻게 가능하며 오성은 어떻게 가능한가?" 라는 문제로 나누어지게 된다. 전자는 선험적 감성론(감각 기능론)에서, 후자는 선험적 분석론(개념과 판단론)에서 각각 해답할 수 있다.

## 2. 선험적 방법(transcendental method) 또는 초험적(超驗的) 방법

이 선험적 방법은 근대철학에 있어서 판명한 철학적 방법을 구상하는 최초의 시도이다. Bacon, Hobbes, Descartes, Leibniz 등은 방법론자들이었다. 그들은 철학적 탐구에 따라 새롭고 유일한 방법을 창안하기보다는 오히려 과학에 의하여 이미 완성된 방법들을 철학에 적용하는데 그치었다. 그리하여 Bacon은 자연 과학의 귀납적 방법을 철학에 이용하였고, Hobbes와 Descartes는 다 같이 수학적 방법을 – 물론 서로 다르게 이해하기는 했지만 – 역설하였다. Leibniz는 귀납적 수학적 방법을 사용하였다. 칸트 이래로 새로운 철학적 방법론이 본격적으로 철학자 간에 논의되었다. 즉 Fichte의 정립(定立), 반정립(反定立)의 대립적 방법, Schelling과 Bergson의 직관적 방법, Hegel의 변증법적 방법 등이 그것이다. 칸트가 독특한 말로써 표현한 선험적 방법은 특수한 방법으로서 단순히 만연된 과학적 방법들을 주어 모은 것은 결코 아니다.

경험에서 출발하여 필연적 가정(假定)에 도달하려는 것은 선험적 방법의 요점이었다. 이 점에서 보면 칸트의 시도는 전통적 경험론자들의 계획과는 다르다. 경험주의자들은 귀납적으로 경험적 사실에서부터 이것에 기초한 가정과 일반화에 이르지만 칸트는 논증적으로 사실에서부터 그 사실의 가능성의 필연적 조건에 이르게 된다. 경험론자들이 경험적 사실성에 치중한 데 반하여 칸트는 경험의 본질적 성질을 규명하려고 하였다. 경험론자들은 귀납적으로 추리하고 칸트는 논증적으로 추론했다. 이것은 『순수 이성 비판』의 제 이판 서문에서 말하고 있다. "비록 우리의 모든 인식은 경험으로 시작하지만 그 인식이 경험에서 일어나는 것은 아니다."

### 3. 선험적 감성론[지각이론(知覺理論): 시간, 공간에 관한 형이상학적 규명]

감성 또는 감성적 지각의 이론적 필수 조건은 무엇인가? 우리는 지각하기 위하여 감각을 가져야 만한다. 순수한 감각은 인식이 되지는 않는다. 그것은 의식의 순수한 수식이며 의식에서 발생하는 순수한 변화이다. 그 밖에 어떤 것에 의하여 우리 속에서 야기되는 순수한 주체적 상태이다. 모든 감각은 시간과 공간에 관계 될 것인지 모른다. 그것은 다른 감각에 관계하여 공간에 있어서 한정성과 시간에 있어서 계기성(契機性), 즉 "어떤 일이 일어나거나 바뀌게 되는 원인이나 기회가 되는 성질"(고려대학교 인터넷 국어사전)을 갖는다. 지각작용은 경험의 질료(質料) 내지 내용을 성립하는 경험의 형식을 건축하는 공간과 시간으로 분석된다. 감각 (색, 소리, 무게)은 공간 시간의 형식에 의하여 형성되는 구조 가운데서 정리될 원료를 제공하며 형식적 질료적 요소는 공(共)히 지각을 성립한다. 정신은 감각을 인식할 뿐 아니라 직관의 기능에 의하여 감각을 지각한다. 정신은 선천적인 공간과 시간을 지각하는 능력을 가졌다. 정신은 공간과 시간 가운데 있는 대상을 지각할 뿐 아니라 공간과 시간 자체를 지각

한다. 그러면 시간과 공간을 구별하여 형이상학적으로 규명하고자
한다.

### (1) 공간 개념의 형이상학적 규명

1) "공간은 외적 경험에서 유도된 경험적 즉 후천적 개념이 아니다."
   왜냐하면 모든 외적 경험이라는 것은 이미 공간 표상(表象)을 전
   제하고 있기 때문이다.

2) "공간은 모든 외적 직관 내용의 근본에 있는 바 필연적인, 선천적
   인 표상이다." 왜냐하면 공간 안에 아무런 대상이 들어있지 않은
   것은 생각할 수 있으나 공간이 전혀 없다고 하는 표상을 우리는
   만들어낼 수 없기 때문이다. 따라서 외적 현상을 가능하게 하는
   조건으로서의 선천적 표상인 것이다.

3) "공간은 순수한 직관이다." 왜냐하면 우리는 하나의 공간 만을
   표상할 수 있고, 만일 많은 공간들을 말한다면 그것은 동일하고
   유일한 공간의 부분들을 의미할 뿐이기 때문이다. 따라서 이러
   한 부분들은 유일의 포괄적인 공간 안에서 생각될 수 있다. 공간
   은 본질적으로 하나이기 때문이다.

4) "공간은 무한하게 주어진 크기(大)로 표상된다." 즉 양적으로는
   아무런 결정도 할 수 없다는 말이다. 개념이란 무수하게 다를 수
   있는 표상들을 "자기 아래에"(unter sich) 포함하는 하나의 표상이
   라고 생각할 수 있으나 공간은 무한한 표상들을 "자기 안에"(in
   sich) 포함하는 것이라고 생각된다. 그러므로 공간은 근원적 표상
   이 선천적 직관이며, 개념은 아니라는 것이다.

## [2]시간 개념의 형이상학적 규명

1) "시간은 어떤 경험에서 유도된 개념이 아니다." 왜냐하면 시간의 표상이 선천적으로 근저(根底)에 없다면 동시존재(同時存在) 또는 계기(繼起)라는 것은 지각되지 않기 때문이다.

2) "시간은 모든 직관의 기초에 있는 필연적 표상이다." 왜냐하면 현상들은 시간으로부터 없앨 수 있으나 시간 자체는 없앨 수 없는 선험적인 것이기 때문이다. 현상들의 전 현실성은 시간 중에서만 가능한 것이다.

3) "시간은 일차원 만을 갖는다. 즉 다른 시간들은 동시간에 있지 않고 계기(어떤 일이 일어나거나 변화하도록 만드는 결정적인 원인이나 기회" 국어연구원 사전)적으로 있다." 시간의 원칙들은 경험에서 이끌어낼 수 없으며 규칙들로서 타당하고 이러한 규칙들 아래서 일반적으로 경험들이 가능하다. 또 시간의 원칙들은 경험 이전에 우리에게 가르치고 경험들을 통하여 가르치는 것이 아니다.

4) "시간은 감성적 직관의 순수한 형식이다." 따라서 다른 시간들은 동일한 전체 시간의 부분일 뿐이다 라는 명제는 종합적이며 시간의 직관과 표상 중에 직접 포함되어 있다.

5) "시간은 무한하게 주어진 길이(長)로 표상된다." 모든 일정한 길이의 시간은 유일한 시간의 구획에 의해서 만 가능한 것이다.

## 4. 공간 개념의 선험적(인식론적) 규명

### (1) 공간 개념의 선험적 규명

칸트에 의하면 "선험적 규명"이란 어떤 개념을 기하학의 선험적 종합 인식의 가능성을 통찰할 수 있도록 하는 원리이다. 따라서 여기에 필요한 것은 이러한 인식들이 주어진 개념에서 현실로 유래한 것이요 또 칸트에 의한 설명 방식을 전제함으로써 만 가능하다.

"기하학은 공간의 성질들을 종합적으로, 그러면서도 또 선천적으로 규정하는 학문이다." 기하학의 명제는 절대 필연적이며, 필연성의 의식과 결합해 있다. 가령 "공간은 삼차원만을 갖는다"와 같은 기하학의 명제들은 경험적 판단일 수 없고 또 경험적 판단에서 이끌어낼 수도 없다. 그런데 외적 직관작용이 단지 주관에만 자리 잡고 있다는 전제하에서만 "객체들 그것에" 선행(先行)하고 또 그 외적 직관 안에서 객체의 개념이 선천적으로 규정될 수 있다. 외적 직관은 객체에 촉발되어서 객체의 직접적 표상 즉 경험적 직관을 얻는 직관의 형식적 성질이요, 따라서 외감(外感)의 형식일 따름이다. 이러한 설명은 "선천적 종합 인식으로서의 기하학"의 가능성을 이해하도록 하는 것이다.

### (2) 시간 개념의 선험적 규명

시간 개념에 있어서도 공간 개념의 선험적 규명을 인용하지만 다음과 같은 점 만을 부가하고 있다. "변화란 개념과 그와 함께 운동이란 개념과는 시간 표상에 의해서 또 시간 표상 안에 있어서 만 가능하다"는 것이다. 만일 시간 표상이 선천적이 아니라고 한다면 개념이 어떠한 개념이든 간에 변화의 가능성을 파악할 수 없다.

## 5. 선험적 분석론(오성과 이성)

우리의 공간, 시간적 구성은 충분하지 않다. 관계적이 아닌 지각 즉 공간, 시간에 있어서 대상들의 지각이 인식은 되지 못한다. "태양이 돌을 뜨겁게 만든다" 라는 판단은 빛나는 태양과 따스한 돌이 시간적 계기로 일어나는 것이 아니고 두 표상의 필연적 결합 즉 인과율의 범주에 의해서 가능하다. 태양은 돌에 있어서 원인인 것이다. 대상이란 연관되고 관계되고 지각되고 사유되어야 만한다. 종합적 사유의 정신없이 즉 오성이 없이는 인식(판단)은 불가능한 것이다. 감성은 수용적이나 오성은 능동적이며 자발적이다. 감성의 형식은 직관적이나 오성은 개념적이다. 오성 독력(獨力)으로는 어떠한 것도 직관이나 지각할 수 없다. 감각들이 독력으로는 아무 것도 사유할 수 없다. 인식이란 이 둘의 결합에서 만 가능하다. 따라서 오성의 원칙들을 다루는 것이 선험적 분석론이다.

## 6. 경험의 성립(형식과 질료)

경험은 비판적 탐구의 출발점이다. 칸트는 『순수 이성 비판』 제이 판 서문에서 이렇게 말하고 있다. "모든 인식이 경험으로 더불어 시작한 것만은 의심할 수 없다." 경험이란 칸트와 그의 관념론적 계승자들에게 있어서는 확실히 모호한 것이나 위에 언급한 말 가운데서 그 의미는 충분히 밝혀졌다고 하겠다. 그것은 그와 같은 대상 중의 어떤 현상적 대상 내지는 체계임을 의미한다. 칸트의 경험론은 "근본적 경험론"으로서 순수한 질적인 구성요소이며 관계적인 것이다.

칸트는 경험의 분석을 질료와 형식 간의 전통적 구분을 따르고 있다. 따라서 경험의 형식적, 질료적 구성요소가 구별되는 일반적 표준을 언급하는데 조금도 꺼려하지 않는다. 분명히 형식은 경험에 있어서 구성적, 관계적인 모든 것을 포괄하며, 질료는 형식에 포섭되는 감각적 성질이다. 형식은 경험에 있어서 통일성의 원리이며, 질료는 다양성의 원리이다.

경험의 대상을 분석하면 다음 세 가지 요소로 나눌 수 있다.
  1) 감각적 성질
  2) 시간적, 공간적 결합 – 직관의 형식
  3) 오성적 결합 – 범주

모든 비판적 방법을 기초로 하는 이 분석은 "선험적 감성론"에 시사되었으며, 칸트의 목적은 구성요소 2)를 1)과 3)으로부터 격리시키는 것이다. 그러므로 선험적 감성론에서 첫째로 오성이 개념을 통하여 사유하는 모든 것으로부터 감성을 격리시키는 것이며, 둘째로는 감성으로부터 감각에 속한 모든 것을 분리시키는 것이다. 그렇다면 순수 직관을 제외하고는 아무 것도 남지 않을 것이다. 이러한 연구 과정을 통하여 감각적 직관의 두 가지 순수형식이 있음을 발견할 것이다. 즉 공관과 시간이 그것이다. 경험의 모든 질료적 구성 요소는 1) 아래 포용된다. – 내부적 감각 성질(감정 의지 쾌)과 외부적 감각 성질(색, 소리, 맛 등). 2)와 3)은 공히 선험적 방법이 취급하는 경험의 유일한 형식적 구성요소인 것이다.

## 7. 범주의 객관적 타당성(선험적 연역)

법률가가 하나의 법률 사건에 있어서 권리 문제와 사실 문제를 구별하고 권리 내지 권한 문제의 증명을 연역이라고 한다. 경험이나 이성은 개념이 사용되는 권한을 밝힐 명석한 법적 근거를 가지고 있지 않다. 근원적이며 선천적인 사유의 개념과 통합되고, 통합하는 의식과 범주와 함께 작용하는 통각의 종합적 통일성이 없이는 인식이나 관계된 경험의 세계는 있을 수 없다.

전혀 상이한 두 종류의 개념이 전혀 선천적으로 대상들에 상관하는 점에서는 서로 일치한다. 그것은 감성의 형식적인 시공(時空) 개념과 오성 개념인 범주다. 이러한 개념들은 자신의 표상을 위하여 경험에서 빌려 온 것이 도무지 없음으로 이런 개념들의 연역이 필요하다면 선험적 연역이 필요할 수밖에 없다. 시공이 현상으로의 대상을 가능하게 하는 선천적인 조건을 포함하는 순수한 직관이요 시공 중에서의 종합은 객관적 타당성을 가지고 있음에 반하여 오성의 범주들은 대상들이 직관에서 주어지는 조건들을 우리에게 제시하지 않는다. 따라서 대상들은 오성의 기능과 반드시 관계하는 일이 없어도 그것들은 우리에게 현상할 수가 있다. 그래서 감성의 분야에서는 "어떻게 사고의 주관적 조건들이 객관적인 타당성을 갖는 가?" 하는 문제에 도달하게 된다. 그런데 대상의 "인식"을 가능하게 하는 조건은 두 가지 만 있다. 하나는 직관이요, 다른 하나는 개념 이다. 전자를 통해서 대상은 오직 현상으로서 만 주어지고, 후자를 통해서 직관에 대응하는 대상은 사유된다. 이 형식을 통한 현상은 경험적으로 직관 된다.

한 편 연역에서 문제되는 것은 "무엇'을 직관하도록 하지는 않더 라도 "대상 일반"으로서 사고하도록 하는 유일한 조건으로서 선천 적인 개념이 또한 먼저 있어야 하는 것이 아닌가 하는 것이다. 만약 그렇다면 대상들의 모든 경험적인 인식은 반드시 이러한 선천적인 개념들을 전제(前提)하지 않고는 어떠한 것도 경험의 객체가 될 수 는 없기 때문이다.

그런데 모든 경험은 "무엇"이 주어지는 원인인 바 감관의 직관 이외에 직관 중에 주어지거나 혹은 현상하는 대상의 개념을 포함한 다. 따라서 "대상 일반"의 개념은 선천적인 조건으로서 모든 경험적 인 인식의 근거에 있을 것이다. 그러므로 선천적인 개념들로서 범주 들의 객관적 타당성은 "그것들에 의하여서 만 경험이 가능하다는 것"에 의거한다. 왜냐하면 경험의 어떠한 대상들도 일반적으로 범 주들에 의거해서만 사유될 수 있기 때문이다. 따라서 인식은 오성 의 순수개념 즉 범주를 감각에 의하여 우리에게 주어지며 공간, 시 간으로서 지각되는 대상들에 적용한다. 범주들은 우리의 경험 세계 를 가능하게 한다. 즉 우리가 지각하는 현상적 질서 내지 자연은 범주의 형식에 의존한다. 범주는 자기 의식의 통일기능이다.  범주는 통각의 종합적 통일기능이다. 따라서 범주는 객관적 타당성을 가졌다.

이래서 모든 선천적 개념들의 선험적 연역은 우리의 모든 탐구가 인도되는 하나의 원리를 가지고 있다. 즉 선천적인 개념들이 경험을 가능하게 하는 선천적인 조건으로 인정되어야 한다는 원리이다.

범주표
분량: 전체성, 수다성(數多性), 단일성
성질: 실재성, 부정성, 제한성
관계: 실체성과 내속성, 인과성과 의존성, 상호성
양상(樣相): 가능성-불가능, 현존성-비존재성, 필연성-우연성

## 8. 선험적 도식론

오성의 순수한 개념은 경험적 직관과는 전혀 다른 종류에 속한다. 그렇다면 어떻게 오성의 순수한 개념 속에 경험적 직관이 포섭될 수 있는가? 또 현상에서 범주를 어떻게 적용할 수 있는가? 이제 순수 개념과 경험적 직관 사이에 매개(媒介) 개념(槪念)인 제 삼자가 요구된다. 매개적 표상은 순수해야 만하고 더욱이 한 편으로는 지성적(知性的)이요, 다른 한 편으로는 감성적이어야 한다. 칸트는 이러한 표상을 선험적 도식(Das transzendentale Schema)이라고 한다. 매체 시간은 순수 직관 형식으로서 동시에 내감(內感)의 형식을 따

라서 표상들을 연결하는 형식으로서 모든 직관적인 것의 감성적 수동적인 면을 대표한다. 그런데 선험적 시간 규명이 선천적 원칙에 의거하는 한 범주와 성질을 같이 하며, 시간이 모든 경험적 표상 안에 포함되어 있는 한 현상과 성질을 같이 한다. 그러므로 시간은 범주 속에 다양한 현상을 포섭시킨다. 따라서 현상에 대한 범주의 작용은 선험적 시간 규정 즉 오성 개념의 도식에 의해서 가능한 것이다.

칸트에 의하면 언제나 도식은 구상력(構想力)의 소산이다. 그러나 구상력의 종합은 어떠한 개개의 직관이 아니라 감성의 규정에 있어서 통일 만을 노리기 때문에 도식은 확실히 형상과는 구별되어야 한다. 그래서 한 개념에게 그의 상(像)을 주는 구상력의 일반적인 방법의 표상이다. 이것을 도식이라고 부른다. 사실 우리의 순수 감정적 관념들의 기초에 놓여 있는 것은 대상들의 형상들이 아니고 도식들이다. 삼각형의 도식은 그 삼각형이 직각이건 예각(銳角)이건 모든 삼각형에 타당하는 삼각형 일반의 표상인데 대하여 상(像)은 개별적인 삼각형의 표상이다. 도식은 순수한 선천적인 구상력의 소산으로서 순수한 선천적 구상력의 약도이다. 상(像)은 그 자신 단적으로 개념과 합치하는 것이 못되고 도식을 매개로 하여서만 개념과 결합할 수 있다. 범주는 도식을 통해서만 상을 한정할 수 있고 상은 도식을 통해서만 범주의 한정을 받을 수 있다. 도식은 시간 형식으로 표상된 범주다. 따라서 칸트는 도식을 범주의 순서를 따라 그와 연결시켜서 서술하였다.

### (1) 양의 범주에 대한 도식

오성의 순수 개념으로서 양의 순수한 도식은 수(數)이다. 수는 하나하나 순차적으로 더해가는 하나의 표상이다. 그러므로 수란 같은 종류의 직관, 일반의 여러 가지 모양의 종합적 통일이다. 따라서 이 통일은 직관의 각지(覺知)에 있어서 시간 자체를 생산해 내는 것이다.

### (2) 질의 범주에 대한 도식

오성의 순수한 개념에 있어서의 실재성은 개념 자체가 시간에 있어서 실재를 지시하고 부정성(否定性)은 그의 개념이 시간에 있어 비존재(非存在)를 나타낸다. 따라서 동일한 시간이 충실한 것은 실재성이고 공허한 것은 부정성이다.

### (3) 관계의 범주에 대한 도식

실재적인 것의 지속과 변이, 현상에 있어서의 불변적인 실체, 실체에 관계하는 현상의 계기와 공존, 인과성. 한 규칙에 종속하는 여러 모양의 계기에 이 도식이 성립한다.

### (4) 양상의 범주에 대한 도식

가능성의 도식은 부정한 어떤 시간에 있어서의 현존, 현실성의 도식은 일정한 시간에 있어서의 현존 필요성의 도식은 모든 시간에 있어서의 한 대상의 현존으로서 양상의 범주에 대한 도식이 된다.

이상에 진술한 각 범주의 도식은 시간 규정 만을 포함하고 그것만을 표상화할 수 있음을 안다. 즉 양의 도식은 한 대상의 계기적 각지에 있어서의 시간 자체의 종합을, 질의 도식은 감각과 시간 표상과의 결합을, 관계의 도식은 시간 규정의 원칙에 쫓는 지각들 서로의 관계를, 양태의 도식은 시간 자체를 표상하고 들어내는 것이다. 그러므로 도식들은 규칙들에 따른 선천적인 시간 규정 이외의 것이 아니다. 이 선천적인 시간 규정은 범주의 순서에 따라 모든 가능적 대상에 관한 시간 계열, 시간 내용, 시간순서, 시간 총괄과 관계한다.

이로서 구상력의 선험적 종합을 통한 오성의 도식 작용은 내용에 있어서의 직관의 모든 다양한 것의 통일이며 내감(內感)의 감수성에 대응하는 기능으로서 동작의 통일에 간접으로 귀착하는 것이다. 결국 오성의 순수한 개념의 도식들은 이 오성의 순수한 개념이 직관과 관계를 맺도록 하며, 따라서 의미를 얻게 하는 바 유일한 조건이다.

### 9. 인식론 상의 지식의 한계(현상과 물자체)

인식은 지각에 관계하나 물자체는 감각에 의하여 지각될 수 없다. 감각적 지각에 있어서 사물이 의식에 표상하는 것은 알 수 있으나 물자체는 알 수 없다. 그것들은 지성에 의하여 지각되나 직관될 수 없다. 우리는 지성적 직관을 소유하지 못하였기 때문에 우리의 정신의 눈으로서 일견(一見)하여 물자체를 알 수 없다. 지성은 추리적 의지나 직관은 아니다. 만일 우리가 범주들을 그와 같은 물자체에 적용한다면 타당성의 요구를 만족시킬 수 없다. 즉 모든 실재하는 물체를 넘어서 가상계에 실체가 있다는 것을 증명할 수 없다. 그렇지만 감각적 지각의 술어들 중 아무것도 적용할 수 없는 어떤 것으로 그와 같은 물자체를 생각할 수 있고 그것에 대하여 말할 수 있다. 따라서 그것은 공간 가운데나 시간 가운데 있는 것이 아니고 변화하지도 않는다고 말할 수 있다. 어떤 간단한 범주도 이에 적용될 수 없다. 왜냐하면 우리는 물자체에 대응하는 어떤 것이 실재하는지 어쩐 지를 인식하고자 함이 아니기 때문이다. 만일 지각이 우리에게 범주가 적용되는 어떤 경우를 주지 않는 한 어떤 것이 실체의 범주에 대응하여 실재하였는지를 결코 알아서는 안 되었다. 그러나 물자체의 경우에 있어서 지각은 범주의 적용의 명증성(明證性)을 결코 줄 수 없다.

물자체는 본질적으로 알 수 없으나 물자체의 개념은 모순된 것이 아니다. 왜냐하면 우리는 확실히 현상적 질서가 유일한 가능적인 것이라고 하는 것을 지지할 수 없기 때문이다. 감각적 대상에 대하여 감각적 인식은 할 수 있으나 물자체는 그럴 수 없다. 감각은 지성이 사유할 수 있는 모든 것을 안다고 가정할 수는 없다. 물자체의 개념 내지는 가상계(Noumenon)는 적어도 감각에 의해서는 인식될 수 없지만 지성적 직관에 의해서 인식될 수 있는 어떤 것으로서는 생각할 수 있다. 그것은 한정적 개념이다. 우리는 현상계만을 인식할 수 있고 가상계는 알 수 없는 것이다.

## 10. 선험적 변증론(형이상학에 대한 칸트의 태도)

칸트의 목적은 먼저 Hume의 회의론에 반대하여 수학이나 물리학에서 선험적 인식을 할 수 있다는 것을 주장하고, Leibniz-Wolff의 독단론에 반대하여 형이상학에 있어서 초감각적 인식을 할 수 없다고 하였다. 그러나 칸트는 형이상학이 다음 몇 가지 점에 있어서 가능하다는 것이다.

(1) 인식론의 연구로서
(2) 자연의 형식과 법칙의 절대적 인식으로서
(3) 의지의 법칙과 형식의 절대적 인식으로서 즉 도덕철학으로서
(4) 도덕법에 기초한 영적 세계의 인식으로서
(5) 어느 정도의 계연성을 가진 보편적 가정으로서

오성은 경험될 수 있는 것 만을 인식할 수 있으나 이것은 오성의 한정성을 넘으려 하고 지각 작용에 있어서 대상을 가지지 안 했기 때문에 단순히 사유되는 초 감각적인 것을 인식하려고 했다. 이성이 초 감각적 세계에 들어갈 때에 단순한 사유와 함께 지각을 거부하며 모든 종류의 모호함과 오류 추리와 자가당착에 빠지고 만다. 그것은 선험적 형이상학에서 일어나는 것이다. 우리의 경험 세계에 관해서 물었을 때에 의미를 가지는 문제들은 현상을 초월했을 때는 의미가 없는 것이다. 현상계에 적용했을 때 적당한 인과성과 실체성과 우연성과 같은 범주들은 가상계에서는 의미가 없다. 형이상학은 이러한 점을 망각하고 있으며 현상계와 가상계를 혼란하게 하여 감

각적 세계에서 만이 보편타당한 개념들을 선험적 실체들에 적용하고 있다. 이래서 오류와 가상 가운데 빠지고 만다. 이것을 칸트는 본래의 가상적 감각과는 구별하여 선험적 가상이라고 한다. 가능적 경험의 제한 가운데서 이 한정성을 초월하는 내재적 원리를 선험적 원리 또는 이성의 개념 내지는 이념(Idee)이라고 한다. 우리들의 감각 작용에 적용하는 주관적 원리들을 객관적 원리들로 오인하고 그것들을 물자체에 적용하는 것은 이성의 불가피한 가상이다. 그와 같은 선험적 판단의 가상들을 발견하고 그와 같은 가상들이 우리들을 속이지 못하도록 막는 것은 선험적 변증론의 직무이다. 그러나 가상을 파괴할 수는 없다. 왜냐하면 가상은 자연적이요 불가피한 것이기 때문이다.

## 11. 순수 이성의 오류 추리

인식하는 주관 자체가 없다면 인식은 불가능하다. 판단의 주어를 사유하는 자체가 술어를 사유하는 자체와 같지 않다면 인식은 불가능한 것이다. 그러나 우리는 이 인식주관이 자존(自存)하고 단순하며 분리할 수 없는 자기동일성(自己同一性)으로서 실체인 영혼 즉 모든 것이 변하는 데도 동일하게 남아 있는 것이라고 추리할 권한이 없다. 모든 인간의 인식 가운데 아사(我思) 즉 내가 생각한다(Ich denke)는 본질적으로 깔려있다. 생각하는 주체로서의 나를 하나의 실재로 잘못 생각하는 데서 오류를 범하는데 칸트는 이것을 선험적 오류 추리라고 한다. 나(Ich)는 사유에 있어서 논리적 주체이다. 대상을 실체로 본다면 먼저 주관이 주어져야 한다. 그러나 나는 직관할 수 없다. 따라서 인식주관(의식 일반)으로서의 논리적 사유의 주체는 하나의 가상에 불과하다. 종래의 형이상학은 영혼이 실재함을 인정한다. 즉 실체로 인정하였다. 이러한 실체는 인식의 대상이 될 수 있다. 실재라면 직관 내용이 되는 것이다. 그러나 직관할 수 없기 때문에 영혼의 실재를 이론적으로 증명할 수 없다. 이래서 이성은 우리에게 결실 없는 사유를 하지 않게 하며 자기 인식을 도덕적 자기 인식을 도덕적 사용을 하도록 암시하고 있다.

## 12. 순수이성의 이율배반(二律背反, Antinomie)

이율배반이란 모순된 두 판단을 동시에 인정하는 것을 말한다. 칸트에 의하면 직관의 형식이나 범주를 경험되지 않는 사물에 적용시킬 때에 이율배반에 봉착하게 된다고 주장하여 각각 정립(定立)과 반정립(反定立)으로 되는 네 가지 이율배반을 들고 있다. 정립은 대륙의 독단론적 주장이고 반정립은 영국의 경험론적 입장으로 그 주장이 서로 모순되는 것임은 틀림없다. 그 내용은 다음과 같다.

(1) 정립 – 세계는 시간적으로 시작을 가지고 공간적으로 한계가 있
    다(유한하다).
    반정립 – 세계는 시간적으로 시작을 가지고 있지 않고 공간적으
    로 한계가 없다(무한하다).
(2) 정립 – 세계에 있어서 모든 복합적 실체는 단순한 부분들로 되어
    있다.
    반정립 – 세계에 있어서 모든 복합적 실체는 단순한 부분들로 되

어 있지 않다.

(3) 정립 – 자연법칙에 있어서 인과율과 자유에 있어서의 인과율이 있다.

반정립 – 자연법칙에 있어서 인과율만 있을 뿐이다.

(4) 정립 – 절대적 필연적 존재자는 존재한다.

반정립 – 절대적 필연적 존재자는 존재하지 않는다.


정립과 반정립에 대한 증명

이율배반 제 4의 정립에만 직접적 증명법을 제시했고 그 외의 정립과 반정립은 간접적 증명법을 제시했다. 간접적 증명이란 정립이건 반정립이건 자신의 주장을 직접 주장하지 않고 정립을 증명하려면 반정립이 불가능한 것을 밝히고 또 반정립을 증명하려면 정립이 불가능함을 불가능한 것을 말한다.

## 13. 지식과 신앙의 문제

칸트에 의하면 물자체의 세계에 신(神)이 존재하며 현상계에서는 아무리 추구해도 그 원인을 밝힐 수 없다. 물자체의 세계는 인간의 인식능력이 미치지 못하며 신을 인식할 수도 없다. 궁극적 존재로서의 신은 물자체 가운데서 신앙으로 시인할 수 있다. 도덕적 근거에 의하여 필연적으로 신을 믿게 되고 인간 행위에 내재하는 도덕성을 분석한 결과 신앙으로 믿게 되는 것이다. 결국 신앙과 지식은 분리된다. 인간의 지식은 현상계에 국한되고 신앙은 현상계를 초월한다. 칸트의 이율배반 중 (3)은 정립은 두 가지 종류의 인과율이 있다고 주장한다. 하나는 자연 법칙에 있어서의 인과율이 있고 다른 하나는 자유에 있어서의 인과율이 있다고 한다. 반정립은 자연법칙에 의한 인과율만 있다고 한다. 그리고 (4)는 정립은 절대적 필연적 존재자는 존재하고 반정립은 절대적 필연적 존재자는 존재하지 않는다고 한다. 여기서 정립 반정립인 이율배반의 가능성의 요구는 당시의 시대적 요구에 만족을 주기 위함이라고 하겠다. 물론 그의 본래적 사상은 양자를 공히 부정해야 할 것이다. 이런 점으로 보면 신학은 역시 실천적 학문이라고 하겠다.

## 14. 합리적 신학에 대한 비판

우리는 경험적인 전체의 이념을 형성하여 이러한 대상들의 체계를 우리와는 유리하여 실재하는 어떤 것으로 이해하고 있다. 그것이 우리의 이념이라는 것을 망각하고 그것을 하나의 실체로 삼는다. 그래서 그것을 그 자체 안에 모든 실체성을 포함한 하나의 개체적인 것으로 즉 가장 실제적인 것이며 최고 실체이며 충만하고 영원하며 단순한 것으로 나타낸다. 칸트는 이러한 이념을 초월적 신학의 이념이라고 한다. 그러나 가장 실제적인 것의 이념은 순수한 이념이다. 먼저 우리는 그것을 하나의 대상 즉 현상적 대상으로 삼고나서 그것을 하나의 실체로 하고 의인화한다.

신의 실재에 대한 세 가지 증명이 있다. 그것들은 자연신학적, 우주론적, 존재론적 증명이다. 칸트는 이 세 가지 증명을 다 무가치 한 것으로 인정한다.

## (1) 존재론적 증명에 대하여

가장 실제적인 존재는 모든 실재성을 지니는 것이다. 그러기 때문에 그것은 현실로 존재한다. 만약 가장 실제적인 존재가 현실적으로 존재하지 않는다면 그것은 가장 실제적인 존재라는 개념 자체와 모순된다. 따라서 가장 실제적 존재인 하나님은 실재하신다. 이것이 존재론적 증명이다. 그러나 칸트에 의하면 모든 실체성을 포함한 존재의 개념은 실재와는 무관하다. 실재란 가장 실제적인 존재의 노출된 개념으로부터 나온 것이 아니다. 가령 현실의 백원과 가능적인 백원은 개념상의 내용으로는 마찬가지이나 재산상태로서는 현실적인 백원과 가능적인 백원과는 다르다. 하나님의 개념에 관해서도 현실의 존재로 말할 수 있기 위해서는 경험적 직관과 결합해야 한다. 그러나 하나님에 관해서는 경험적 직관이 불가능함으로 하나님에 관한 존재론적 증명은 성립하지 않는다.

## (2) 우주론적 증명에 대하여

우주론적 증명은 만약 세계 안에 무엇이 실재한다면 궁극의 원인으로서 절대로 필연적 존재자도 실재해야 한다. 자기 원인(제일 원인)으로서 우연적이 아닌 절대로 필연적인 존재자가 실재한다고 말한다. 그러나 칸트에 의하면 인과율이란 감성적 세계 안에서만 가능함으로 현상계를 넘어서 있는 자기원인(自己原因) 즉 초감성계에까지 작용하는 데 오류를 범하였으며 절대로 필연적 존재자가 가장 실재적인 존재 즉 하나님이 라고 함은 존재론적 증명이 범한 오류와 같다고 한다.

### (3) 자연신학적(목적론적) 증명에 대하여

자연신학적 증명은 우리가 자연계의 상태를 내다볼 때에 거기에서 아름다움과 질서와 합목적성(合目的性)을 본다. 이것은 결코 한갓 자연적 작용에 의해서만 설명될 수 없다. 이런 견지에서 자기의 자유에 의하여 세계를 창조한 최고의 현실적 존재자인 하나님이 계신다고 한 것이다. 칸트에 의하면 이 증명은 가장 오랜 것으로 가장 상식적이다. 예술품으로부터 예술가의 기술을 유추하듯이 아름다운 자연계의 근저에 오성과 의지를 가진 예지자의 실재를 추리한 셈이다. 자연 가운데는 아름 답지 못한 것도 적지 않은데 미적 합목적적인 면만으로 보았기 때문이다. 주어진 질료를 사용해서 세계를 형성하는 세계 건설주로서의 하나님으로는 생각할 수 있으나 질료까지도 스스로 창조하는 세계 창조주로서의 하나님을 증명할 수는 없다. 결국 자연신학적 증명도 존재론적 증명에 기초한 것으로 같은 오류를 범하고 있는 것이다.

이상에서 본 바와 같이 신의 존재에 관한 모든 증명의 허위성을 폭로하였는데 그렇다고 해서 하나님의 현실적 존재를 부정한 것은 아니다. 결국 최고의 완전한 존재라는 개념에서 그 실재를 이끌어 낼 수 없다는 것이다. 즉 하나님의 본질과 하나님의 실재와는 다르다는 것이다. 하나님은 경험의 범위를 초월한 초험적(超驗的) 존재인 이상 인간 이성은 그의 존재를 증명할 수도 부정할 수도 없다. 따라서 도덕과 종교의 근거는 지식으로 설정할 것이 아니라 실천적 도덕적 행위로 설정하는 것이다. 이 점으로 보면 칸트는 순수 이성보다 실천이성의 우월성을 인정하고 있다고 하겠다.

# Ⅲ. 결론

위대한 철학 사상의 보고인 임마누엘 칸트의 명저 『순수 이성 비판』을 문제 중심으로 정리하였다. 그의 인간에 대한 성실을 통하여 배운 것을 독자 여러분에게 소개하는데 그 목적이 있다. 지금도 칸트는 우리에게 이와 같은 말로서 격려해주며 철학하는 것을 배우는 태도를 보여주고 있다. "스스로 생각하라." "스스로 탐구하라." "자기 발로 서라."

# 16. 성령론 연구

차례

# | 서론 |

다원화되어가는 세속 사회 속에서 우리가 어떻게 적응할 수 있느냐 하는 문제는 큰 과제가 아닐 수 없다. 성령은 적응의 힘을 제시해 주고 우리로 하여금 새 시대를 창조하게 하는 원동력이다. 우리는 성령을 떠나서 크리스천이 될 수 없다. 교회를 교회 되게 하시는 분이 성령이시라면 그가 또한 우리도 그리스도 안에서 새로운 피조물이 되게 하실 것이다. 따라서 성령은 우리의 신앙 생활에서 중요한 위치를 차지한다. 그렇다면 그 성령은 실재(實在)하는가 하는 문제가 제기된다. 만일 실재한다면 어떤 존재이며, 그가 신(神)이라면 삼위일체론에 있어서 그 위치는 어떠한가를 알아보는 것은 우리의 지상(至上)과제(課題)이다. 그래서 우선 제 일장에서 신 구약 성서가 말하는 성령의 개념과 과거의 선배 크리스천이 제시한 성령론은 어떻게 발전되어 왔는가를 객관적 입장에서 역사적인 연대를 따라 간결하게 고찰하겠다. 제 이장에서는 성령은 실재하는가 하는 문제를 다루면서 그가 실재한다면 어떻게 증명할 수 있는가 하는 자료를 제공하겠다. 제 삼장에서는 좀 더 구체적으로 실재하신 성령과 삼위일체 하나님과는 어떤 관계가 있는가를 다룰 것이다. 삼신(三神)론(論)을 믿지 않는 우리 크리스천은 어떻게 성령과 성부, 성자이신 삼위일체, 한 하나님 안에서 일치성을 나타낼 수 있는가 하는 문제를 전개할 것이다. 만일 실재하는 것을 밝히는 데 끝난다면 그는 죽은 하나님과 조금도 다름이 없다. 그렇다면 크리스천이 행동하는 공동체 안에서 성령은 어떤 기능을 가지고 역사하실 것인가 하는 것은 우리의 주요한 관심사가 아닐 수 없다. 그런 의미에서 성령의 기능을 다루어 보겠다. 개혁 교회의 방법을 따라 우선 성서와의 관계를 연구하고 다음으로 계속해서 하나님의 창조와 섭리와의 관계, 그리스도 예수와의 관계, 교회와의 관계, 각 개체와의 관계를 순서 대로 다루겠다. 특별히 마지막으로 선교와의 관계를 취급하겠다. 그것은 그리스도의 뜻을 성령의 도움으로 세계에 세계에 선포해 보자는 의미에서 전개하려는 생각을 가졌기 때문이다. 행동하는 크리스천으로서 사회를 변혁시키되 성령의 도움 없이는 할 수 없다는 것을 밝히려 한다.

이 논문의 구조는 삼위일체이신 성령의 실재에 대한 증명과 그 기능을 포괄적으로 다루는 것이다. 실재하는 자는 행동한다. 바꾸어 말하면 행동하는 자는 실재한다. 행동하는 자가 실재하지 않는다면 공허한 사색적 존재 밖에 되지 않는다. 그렇다면 행동하는 자는 반드시 실재하며 실재하는 자는 반드시 행동한다 라고 정의해도 거의 틀림이 없을 것이다. 삼위일체 하나님이신 성령은 위대한 실재로서 그를 통해서만 세계를 정복하고 통일할 수 있다. 우리의 시대는 행동하는 시대이다. 성령을 통해서 행동할 때만 복음으로 세계를 정복할 수 있고 각 개인은 바른 신앙을 가질 수 있다. 세계의 창은 우리를 향해 열려 있다.

# 제1장. 성령론에 대한 역사적 고찰

여기서 성령론과 그 다양성 있는 사역의 발전을 역사적으로 고찰하고자 한다. 역사를 통해 볼 때 여러 가지 성령 운동이 일어났으며 현재도 분간하기 힘들 정도로 여러 가지 모양의 성령 운동이 일어나고 있다. 그래서 신 구약 성서에 나타난 성령의 개념과 교회사를 통한 성령론의 발전을 객관적 입장에서 검토해 보고자 한다.

## I. 구약 성서

히브리 말 루아흐는 일반적으로 영(靈, spirit)이라고 번역된다. 루아흐의 기초적 의미는 "움직이는 공기"(air in motion) 즉 "바람"이나 "호흡"이다. 히브리어 사전에 따르면 이 말이 쓰일 때 공통적인 의미는 "에너지"(energy) 이다. 특별히 구약 성서에서 지배적으로 쓰여진 어구(語句)는 "여호와의 영"이다. 흔히 쓰인 것은 아니지만 "하나님의 영"(루아흐 엘로힘)이라는 말도 보인다. 때때로 "그의" "당신의" "나의" 라는 인칭 대명사가 붙어서 쓰였고 "그 영"이라는 표현은 아주 희귀하게 사용되었다. "성령"이란 표현은 단 세 번만 기록되었을 뿐이다(사 63:10, 11, 시 51:11). 그 때마다 대명 인칭 어미와 함께 사용되었다. "바람"은 하나님의 호흡으로 간주되었다(출 15:8, 10, 시 18:15).

폭풍우는 흔히 신(神) 현현(顯現)을 서술하는 데 사용되었다. 즉 그의 진노의 폭발로 사용된 것이다(사 4:6, 30:27 이하, 59:19, 욥 4:9). 어떤 경우에는 문자 표현 그대로 바람으로서 또는 은유적으로 좀 모호하게 사용되는 곳도 있다(출 15:10, 왕상 18:12, 사 40:7, 호 13:15). 그러나 일반적으로 신성(神性)의 높은 활동을 의미하는 것으로 사용되었다. 그것은 인간에게 있어서 사상이나 의지의 출현과 비슷하다. 하나님의 영은 완전한 인격으로서 항상 하나님의 명령에 따른다. 그렇다고 해서 다른 것으로 생각되는 것이 아니다. 하나님의 영은 하나님 그 자신이다. 그 영의 본성은 어디에서나 논의되지 않았다. 그것은 형이상학적으로나 정적으로 나타나지도 않는다. 그것은 언제나 에너지로 나타난다. 하나님의 영은 힘을 나타내시며 역사하시는 하나님이시다.

오경(五經)에서 보는 대로 여호와의 영은 여호와 하나님의 아들들에 공통되는 신적 본질이다(Driver &Briggs, Hebrew and English Lexicon of OT, 120 쪽). 이것은 인간적인 요소인 육체와 대조되는 것이다(창 6:2-3). 또 모세에게서 70 장로들에게 전달된 영도 그와 같다(민 11:17, 25, 왕하 2:9). 이것은 이중적 결과를 나타낸다. 예언 은사의 순수성과 통치권 은사의 영구성이 그것이다. 전자와 같은 현상은 발람과 사울에 관한 기록에서 볼 수 있고(민 24:2-25, 삼상 10:1-13, 11:6) 후자는 요셉의 경우에서와 사사들에게서 볼 수 있다(창 41:38, 삿 3:10, 11:29).

이사야 서를 보면 영의 본질은 신적 본질의 원리로서 즉 신성 그 자체와 동일한 것으로 언급되고 있다(사 30:1, 31:3). 그것은 위로부터 부어지는 것이며 그 땅을 풍요하게 하고 그 백성 이스라엘의 윤리적인 면에 많이 관계한다(사 32:15 이하). 그러나 특별한 면은 그 국민의 생활이다. 이스라엘로 하여금 외국과 동맹하게 하지 못하게 하며 적이 없게 한다(사 31:3). 그러나 그들이 이러한 관계를 등한시할 때 그들은 죄에 죄를 더하게 된다(사 31:1). 영은 하나님 안에서 삶의 원리와 에너지로 나타난다. 즉 그의 이지(理智)의 기관이며 창조할 때 역사하였으며 혼돈에서 질서를 이루었다(사 40:3, 창 1:2). 그 뿐만 아니라 역사 가운데서 하나님의 목적을 시행하시며(사 34:16), 초 감각적 영역에서 나타나는 운동의 원인이며(겔 1:12, 20, 10:17), 죽음의 왕국에 생기를 북돋우는 생명의 원리이며(겔 37:5-9), 인간 안에서 작용하는 비물질적 원리이며 정신의 기관이다(겔 20:32, 욥 32:8). 또 인간 내에서 윤리적 재생의 역사를 한다(겔 11:19, 18:31, 36:25). 특별히 에스겔의 "마른 뼈 환상은"(겔 37:1-14) 도덕적으로 죽어 있는 사람들을 살리는 영력(靈力)의 기록적 묘사이며 구약 성서에 있어서 성령 역사의 최고점에 달한 것임을 시사하고 있다. 이 영(靈)의 개념은 기름 부은 것으로 나타난다. 제사장, 왕, 선지자, 메시아는 기름 부음을 받고 신성 불가침의 존재가 된다(출 29:7, 삼상 10:1, 16:13, 사 61:1, 11:2-4). 여호와는 이들을 통하여 자기 백성을 다스린다. 신앙적인 명사(名辭)로서 영이란 신성이 내재(內在)로, 그러나 초월적인 것으로 간주될 수 있는 수단이다. 이렇게 해서 영이란 명사는 신적 임재(Divine Presence)와 동의어로 사용될 수 있으며 회개하는 자가 주관적으로 경건할 수 있거나(시 51:11), 전재(全在), 전지(全知)하신 자로, 또는 객관적으로 인정할 수 있다(시 139:7).

그래서 그 성령은 예배자와 하나님을 연결시킨다(J. Hastings ed. Et al. "Spirit"(Encyclopedia of Religion and Ethics, New York: Charles Scribner's Sons, 1958) vol. II, 788쪽).

## II. 신약 성서

신약 성서는 분명히 성령의 책이다. 왜냐하면 요한 2서와 3서를 제외하고는 모든 책이 성령에 대하여 언급하고 있기 때문이다. 각 복음서는 성령이 약속되었고 사도행전에는 그리스도교회의 시작과 활동하는 데 있어서 구실을 맡은 자로 되어 있다. 한편 서신들도 계속해서 신자들의 생활에서 역사하신 것에 대해 언급하고 있다. 신약 성서에서 성령의 본성과 사역의 교리를 추론해 내기 위하여 다음과 같이 네 가지 묶음으로 나누어 정리하고자 한다.

> A. 공관복음과 사도행전
> B. 일반 서신들
> C. 바울 서신들
> D. 요한 복음과 요한 서신들

### A. 공관복음과 사도행전

공관 복음에서는 성령이 구약 성서의 개념으로 나타내며 주로 하나님의 통치에 관하여 예수의 메시아적인 활동과 가르침에 대하여 언급하고 있다. 예수께서 세례를 받으실 때 성령은 비둘기 모양으로 나타났다(마 3:16, 막 1:10, 눅 3:22). 그러나 비둘기가 무엇을 상징하는지 분명하지는 않다. 성령의 기름 부으심은 예수의 선교의 본성을 드러내는 것이다(눅 4:18, 사 61:1). 또 그를 시험받도록 인도하셨고(마 4:1, 막 1:12, 눅 4:1), 그의 사역을 표시하는 특별한 힘과 긴장과 열의로 간주되었다(막 3:21, 30, 눅 4:14, 10:21). 사도들이 이방인들과 유대인들 앞에서 시험을 받을 때 성령이 그들의 도움이 되도록 약속되었다(마 10:20, 눅 12:12). 그들 가운데서 말씀하시는 이는 분명히 인격성을 제시하신다. 성령을 모욕하는 것은 하나님과 서로 관련된 것으로 말하고 있다(마 12:31 이하, 막 3:28-30, 눅 12:10). 성령의 임재의 표시는 초자연적인 능력이다.

사도행전은 세례 요한이 예언한 것과 예수께서 성령을 보내시겠다고 약속하신 것을 역사적으로 성취하였음을 시사한다(눅 3:16, 12:12, 21:15, 행 1:5, 4:8, 6:10, 11:16). 영이 윤리적 삶의 원리로는 나타나지 않으나 회개와 복종의 윤리적 내용으로는 나타난다. 교회의 공동 생활에서 성령은 서로 봉사하고 자기 희생과 즐거운 우정을 나누도록 암시하며 인간의 본성을 변화시키며 사회화시킨다(행 2:43-47, 4:32-37). 성령은 하나님이 주시는 은사로서 서술되었으며(행 2:33, 38, 11:17, 15:8), 더욱이 능력으로 나타난다(행 1:8). 그리고 그 영은 하나님과 대등하다(행 5:3, 4, 9). 그 영은 하나님으로부터 왔기 때문에 신적이며 초자연적이다. 또 예수가 메시아 임을 나타내며 구약 성서의 예언을 성취하고 그리스도께서 그의 교회 안에 나타나서 작용하는 데 매개체(medium)로서 구실을 한다.

## B. 일반 서신들

일반 서신들 가운데서 성령에 관계된 말은 크리스천의 경험과 예언에 관계된다. 그렇지만 사도행전에서와 같이 성령의 폭발적인 사역에 대하여는 거의 언급하고 있지 않다. 성령은 성화(聖化)의 원천이며(벧전 1:2), 기도의 분위기를 조성하며(유다 20), 고난 가운데 위로이다(벧전 4:14). 그 영은 초자연적인 능력으로서 복음에 능력을 주며 그 다양화된 결과는 복음이 가져오는 구원의 신적 성격을 확실하게 하였다(히 2:4, 벧전 1:12). 성령은 성서를 통하여 직접 말함으로써 성서와 관계를 갖는다(히 3:7, 9:8, 10:15). 구약 성서 예언자들을 통하여 말하는 그 영은 그리스도의 영으로 묘사된다(벧전 1:11). 그의 인격적 행동으로 "증거한다," "갈망한다," "내주(內住)한다,"(약 4:5). "모욕을 한다"(히 10:29). 그는 복음을 전하는데 관계되며(벧전 1:12), 그 영은 아버지와 아들과 동등하게 관계된다(벧전 1:2, 유다 20절 이하).

## C. 바울 서신들

바울이 논쟁조로 성령에 관하여 가르치는 주요 골자는 갈라디아서, 고린도 전, 후서, 로마서 등 네 권의 서신에서 주로 나타나며, 용기를 북돋아 주기 위하여 가르치는 곳은 옥중 서신과 목회 서신이다(갈 5:5, 고전 6:11과 디도 3:5을 비교하라). 바울에게 있어서 성령의 위치는 대단히 중요한 것이며 기본적인 것이었다.

"그것은 교리의 영혼으로서 그 모든 분야를 응결시키는 결속적 원리이다… 그 사도가 자기의 모든 명상과 추론을 더 계속 시키며 그의 온전한 기독교 개념을 조정하며 논리적으로 발전시키는 관점을 고정하게 하는 사상의 특정한 범주이다(A. Sabatier, The Religions of Authority and Religion of the Spirit, London, 1964), 305쪽 이하)

바울의 성령론을 다음 몇 가지로 간추려 보려고 한다.

## (1) 그리스도인의 윤리적 삶의 원리로서의 성령

지금까지 이러한 내용은 구약 성경의 여러 곳에서(시 51 편, 겔 11:19, 18:31, 36:26)와 베드로서(벧전 1:2)에서 언급되었다. 그러나 그것은 더욱 분명해졌다. 그 영은 하나님의 능력으로서 인간의 삶 속에 들어와서 크리스천의 신앙과 결연하며 그 인간을 죄와 죽음과 법으로부터 자유의 복을 주심으로 이끌어간다(갈 5:18, 롬 8:2, 고후 3:17). 그 영의 사역은 그리스도께서 자신이 죽으심으로 말미암아 사람을 위하여 역사하신 구속에 근거하며 크리스천의 생활을 두드러지게 하는 긍정적 복 주심을 나누어 주는 것이다. 그와 같은 복주심은 의인(義認, 고전 6:11) 즉 아버지께 담대히 나아갈 수 있는 특권을 가진 하나님의 아들임을 확신하는 것이다(갈 4:6, 롬 8:15 이하, 엡 2:18). 또 성령은 신자들이 죄와 사탄과 싸울 때에 그들과 강한 결속을 하며(갈 5:16 이하. 엡 6:17), 연약한 자로서 기도할 때에 돕는 자이시며(롬 8:26 이하), 계속해서 성화(聖化)를 실현하게 한다(딤전 4:8, 딤후 2:13, 롬 15:16). 한 편 그 영은 우리의 몸을 하나님께서 영속적으로 계시는 전으로 만들었다(고전 6:19). 성령은 새로운 삶의 원천이며

(롬 8:2, 6, 고후 3:6), 인생이 걸어갈 표준이다(갈 5:16, 25). 크리스천의 성격의 아홉 가지 은혜의 효과적 원인이며(갈 5:22-23), 전 성품을 새롭게 한 자로서 신비를 이해하게 하고 하나님으로부터 오는 지혜를 받아들이게 한다(딛 3:5, 엡 4:23, 고전 2:10 이하). 그러므로 그 영은 사람을 변화시키기 때문에 육과 영혼으로 있을 때에도 영적이라고 할 수 있다. 그것을 분별하는 것은 그의 윤리적 행동에서부터 되는 것이다(갈 5:19-23). 크리스천은 새로운 피조물이기 때문에(고후 5:17) 하나님의 영의 지시를 따라 행한다.

### (2) 은사들에 대한 바울의 평가

사도행전에 나타난 성령에 대한 표현을 바울은 보다 더 충분하게 묘사하는 듯하다. 바울은 가치 있는 기적적 은사들에 대한 평가 기준을 제시한다(고전 12:8-9). 그러나 이 모든 은사들을 초월하는 것은 사랑의 은혜이다(고전 12:31-14:1). 이렇게 함으로써 정상적인 것은 비 정상적인 것을 대신하며 성령의 내적, 윤리적 주거(住居) 사역은 기적적 은사들보다 더 가치 있는 것이다. 기적적 원리와 윤리적 원리로서 성령의 두 개념은 서로 배타적으로 간주되어서는 안 된다. 양자는 동시에 나타날지도 모른다. 양자의 결합은 바울에게 있어서 처음 시작된 것은 아니다. 이것은 에스겔이나 하나님께서 호렙에서 엘리야에게 나타나신 것으로 표현되었다(왕상 19:11 이하). 바울은 이러한 배경에서 윤리적, 종교적 영을 회복시킨 것이다.

### (3) "영 안에서" "성령 안에서" "예수 그리스도 안에서" "주 안에서"

"영 안에서"가 어떤 경우에 인간의 영을 나타내며, 어떤 경우에 신적 영을 나타내는지 결정하기 어려울 때가 있다. 그러나 일반적으로 신적인 영에 의하여 힘을 얻는 인간의 영을 의미한다. 이렇게 사용되었을 때의 영은 교회 안에서 신자와 그리스도를 연합시키는 중재자로 인정된다. 그리스도의 영과 신자의 영은 서로 관통한다. 그래서 신자의 영은 그리스도의 영 안에 있게 된다. 그들의 연합은 좀더 현실적이며 좀더 밀접한 관계에 있다(고전 6:16 이하). "영 안에" 있다는 것은 하나님의 나라의 모든 복 주심을 소유했다는 것이다. 그 복 주심은 믿음과 옳음과 기쁨과 평화이다. 그러한 요소 가운데서 양심은 살게 되며 사랑은 싹이 트며 거룩함은 이뤄지고 영의 불멸이 현실화되는 것이다(고전 12:9, 롬 9:1, 14:17, 골 1:8, 롬 8:4, 15:16). 영은 초월적 그리스도가 믿는 사람들 가운데 내재(內在)하며, 역동(力動)하는 양태이다. 신자들은 지상에 있는 동안 그리스도와 함께 하나님 안에 감추어지게 된다(골 3:1-3). 이와 비슷하게 영은 교회에서 우정의 줄로 맨다. 신자들은 세례를 받을 때에 다시 새로워지며 인종적, 사회적 특성들을 좀더 고상한 일치에로 결속한다(고전 12:13, 고후 13:13, 빌 2:1, 엡 2:18, 22, 4:4). 그 때에 영은 그 몸 안에 거하며 그것을 하나님의 성전으로 만든다.

바울은 성령의 임재와 사역에 관심을 가진 나머지 그 영의 본성을 정의하려 한다. 비인격적 표현으로서 성령은 신자들에게 주어지고 제공되며 신자들 가운데 부어지는 능력이요 은사이다(딤전 4:8, 롬 5:5, 빌 1:19, 갈 3:5). 성령은 인격적 표현으로서 인간의 영 안에 거하시고 그것을 인도하여 증거하시고 사람들을 위해 중재한다(고전 3:16, 롬 8:9, 16, 20). 그는 신적 정신을 아시며, 역사하시며, 원하신다 (고전 2:10 이하, 12:11, 엡 4:30). 그는 역사하시는 것으로서 교회에 생명을 주고 새롭게 하며 성결하게 하고 내주(內住)하여 무장을 시킨다. 그의 작용은 인격적 하나님의 영으로서 필연적으로 인격적이 된다. 바울은 영과 그리스도와의 관계에 대하여 드러내 놓고 말하지 않는다. 그 영은 부활하신 그리스도의 영으로 알려졌고 그의 사역은 실제로 동일한 것이었다(롬 8:9, 고후 3:17, 엡 3:16). 그러나 어떤 때는 구별되어 나타날 때도 있다(고후 13:13). 구별되었다 함은 삼신적(三神的) 의미가 아니고, 기능에 있어서 분별성을 의미하는 것이다.

## D. 요한 복음과 요한 서신들

요한 복음이 성령에 관하여 가르치는 것은 예수의 말씀에 기초하나 그 표현 형태는 성령에 대한 기자의 경험과 그의 형편을 따라서 한 것 같다. 그렇지만 그것은 공관복음의 가르침이 전제된 것이며 그에 대한 보완/보충인 것이다. 성령은 예수께서 세례를 받으실 때에 임하셨고 예수께서 부활하사 아버지께 돌아가신 후 중보자를 보내시겠다고 하였다(요 1:32, 3:34, 16:7, 20:22). 그 영은 영속적으로 내주(內住)하는 보혜사로 약속되었다(마 10:20과 14:16을 비교하라). 예수는 누가 복음에서 자신이 떠나간 후에 성령을 보내시겠다고 희미하게 약속했던 곳인데(눅 24:49), 그것을 요한 복음 기자는 연장시켰다(요 14-16 장). 그러나 요한에 의하면 거짓 영들이 있으며(요 일서 4:1), 그 영들은 교리적 검토에 따라 판명된다(요 일서 4:1-6). 요한은 특별히 생명을 주는 자로서의 영을 강조한다(요 3:5-8, 6:63). 그 영은 영생을 현재적 소유로서 좀더 분명하게 말하고 있다(요 3:5-8). 뿐만 아니라 그에게는 바람과 생(生)의 원리로서 고대 히브리어적 영의 개념이 보존되어 있다(요 20:22). 그 영은 예수께서 말씀하신 대로 신적 본성의 기본적 성품이요 생명을 주는 자이다(요 4:24, 6:63). 관사가 있는 성령은 3 회, 관사가 없는 성령은 3 회, 파라클레토스는 3회 나타난다(Hastings, 앞의 책, 795 쪽). 요한은 진리라는 말을 사용할 때에 진리의 영을 설명한다. 이 때에 내용은 가장 심원한 현실로서 이지 공허한 추상은 결코 아니다. 진리이신 예수 그리스도 안에서(요 14:6), 완전하게 역사적으로, 인격적으로 제시된 신적 삶과 질서의 실재이다. 이렇게 해서 진리의 영은 그의 영이다. 즉 영과 진리는 동일하다(요 일서 5:6). 그 영의 사역은 내재적, 영속적, 기관으로서 믿는 자들에게만 한정된다.

## III. 초기 교회

교부들은 성령의 인격성과 신성과 발현(發現, procession)에 관한 교리의 주선(主線)을 그려 놓았다. 이 발현의 교리가 중세에는 동 서방 교회를 분리시키는 원인 가운데 하나가 되기도 하였다. 종교 개혁 시대와 근대에 성령에 대한 주 관심사는 속죄와 성화 가운데 나타난 성령의 사역과 그리스도 교회의 조직이다. 이러한 것들을 연구, 토의한 결과 신조나 신앙 고백들이 형성되게 되었다. 그러나 교회의 의식서나 종교적 경험 가운데 성령의 위치에 대하여 일치하지 못한 점이 현저하게 드러났다.

성령론을 공식적인 교리로 만들려는 작업은 4 세기 중엽에 와서야 시작되었다고 볼 수밖에 없다. 즉 325년의 니케아 신조와 381년의 콘스탄티노플 신조를 중심으로 이루어진다. 그러므로 우선 이두 신조를 중심으로 생각해 보고자 한다.

### A. A.D. 325년까지

사도 시대는 성령에 대한 네 가지 견해를 그 다음 세대에 전해주었다.

   (1) 신의 속성이라는 견해
   (2) 격적 작용이라는 견해
   (3) 비인격적 술어로 표현된 은사라는 견해
   (4) 하나님과 구별된 위(位)를 가졌다는 견해

이 네 번째 것은 성령이 신앙과 예배의 대상으로서(Hastings, 앞의 책, 796 쪽) 아버지와 아들과 계속적 연합을 한다는 견해가 세 번신조(Baptismal Formula)에 규정되기 전에도 있었던 것을 말해 준다(같은 책). 2 세기경 변증가들이 이방인들에 대하여 변증할 때에 세상 안에서 하나님의 창조적 섭리 활동과 성서의 영감을 설명하기 위하여 로고스와 지혜라는 철학적 용어들을 취하게 되었다. 초기 기독론에서 성령을 신적 본질이라고 생각할 때에 아들과 동일하게 여기는 것은 흔히 볼 수 있는 일이었다. 그러나 아들과 영은 점점 더 분명하게 구별되었고 저스틴(Justin)은 영을 세 번째 서열에 두었고 데오필루스(Theophilus)는 삼위일체라는 용어를 소개하고 지혜와 로고스는 차이가 있다고 하였다. 아데나고라스(Athenagoras)는 성령을 신적 삶과 통일된 연관으로 보았고 그 연합된 존재의 통일과 분별을 지적하였다. 그러나 하나님이라는 술어를 아버지와 아들에게는 썼지만 영에 대해서는 쓰지 않았다. 저스틴은 성령을 예배의 대상으로 설정하였고 타티안(Tatian)은 성령을 아들의 사역자로 여긴 나머지 그 아들에게 종속시켰다. 이와 거의 비슷한 것을 바실리데스(Basilides)의 영지주의(Gnosticism)에서도 찾아볼 수 있다. 하여간 교회의 전승적 가르침을 요약해 보면 신앙의 규율(Regula Fidei)을 만들어 이방인을 시험하는 규범으로 삼았다. 이레네우스(Irenaeus)는 발렌티누스(Valentinus)의 유출설(발렌티누스는 유출설을 주장하여 아들과 영을 아버지에게 종속시킨다)에 반대하여 하나님께서 창조하실 때 아들과 영은 그의 손이었다고 말했다. 터툴리안(Tertullian)은 방출 또는 파견(emission)이라는 용어를 빌려 아들과 영이 하나님으로부터 나왔음을 설명하였다. 그는 프락세아스(Praxeas)의 단일 신론(單一神論, Monarchianism)을 반대하여 삼위일체를 주장하였고 그 영은 세 번째 서열에 두었다. 사벨리안주의(Sabellianism)에서는 성령은 하나님의 연속되는 일시적 나타나심의 한 면으로 표현되었다. 오리겐(Origen)에게 있어서 성령은 지적 실체(intellectual substance)이다. 또 에너지와 "같은 본질"이기는 하나 "에너지 자체는 아니다." 그는 아들에게 종속시켰다. 오리겐은 영이 모든 다른 피조물보다 위에 있는 자이나 아들보다 더 낮다는 것을 인정함으로써 로고스에 의하여 지음 받았다는 편으로 기울어졌다. 아다나시우서(Athanasius)에 의하면 성령은 아버지로부터 온 아버지의 실체이며 피조물 상태를 넘어서 있다. 그는 아들과 같이 영원하며 주권에 있어서 동일하다. 이 사상은 카파도기아의 세 교부들의 사상과도 일치한다.

## B. A.D. 381년까지

아리안들은 340-360년 사이에 여러 차례의 회의를 소집하였다. 그들은 자기들의 신조 가운데 성령을 언급하였으나 주 관심사는 성령의 사역에 한정시켰다. 성령을 인격적 존재로 용인하면서 하나님의 한 부분으로 간주하였다. 358년경에 이집트에서, 몇 년 후에는 소아시아에서 콘스탄티노플 감독 마케도니우스(Macedonius)와 그 추종자 마라도니우스(Marathonius)의 영향 아래 성령은 단순히 피조물이요 아들의 종이며 사역하는 종들 가운데 하나로서 천사들과는 구별되는 존재라는 교리가 널리 퍼지게 되었고 서방측에도 곧 알려졌다.

381년에 결국 콘스탄티노플에서 회의가 소집되었다. 여기서 니케아 신조를 재확인하였고 성령에 대해 예배는 아들과 아버지와 꼭 같이 하도록 하였다. 성령은 살아있는 분이다. 그는 행동하며 역사한다. 우리는 그를 믿고 그 안에서 완전하게 하기 때문에 그는 피조물이 아니다. 따라서 그는 실체에 있어서 하나님이어야 한다(must be). 왜냐하면 피조물을 예배하는 것은 신성을 모독하는 것이기 때문이다. 성령은 아들의 영, 바로 그 아들 자신이기 때문에 아들이 아버지와 가지는 관계를 성령도 갖는다. 그는 동일(同一) 실체이며 분리할 수 없는 것으로서 아버지와 아들과 같은 신적 존재로서 예배를 받아야 하고 영광을 받아야 한다. 이것은 확실하게 성령이 삼위일체에 속함을 반영한 결정이다.

## C. 대 분열(성령 발현에 대한 교리)

콘스탄티노플 회의는 성령이 아버지와 아들과 동일 본질임을 주장한 후 공식적으로 성령이 아버지와 아들과 차이가 없음을 밝히었다. 즉 낳았다 함은 아들의 특성이요, 발현되었다 함은 성령의 특성이다. 발현이라는 말은 영이 피조물이 아니라는 의미이다.

영이 영원히 아버지와 아들에게서 나온다는 이중 발현의 교리를 설정한 것은 어거스틴/아우구스티누스가 한 것이다. 그는 삼위일체 론에서 종속설을 철저히 배제한다. 따라서 삼위일체의 개념을 영원한 대칭적 관계에서 인식한 나머지 그 교리를 재건하였다. 이러한 의미에서 영은 아버지와 아들과 통일성이나 평등성에 있어서 조화를 이루며 거룩함에 있어서 본질적으로 같다. 이것은 같은 본성이요 실체임을 의미한다. 이중(二重) 발현(發現)의 교리는 서방 교회에 들어가 콘스탄티노플 신조의 라틴어 역에 "그리고 그의 아들"(filioque) 이라는 구를 삽입하게 되었다. 여기서부터 소위 filioque 논쟁이 일어났다. filioque라는 구가 삽입된 데 대한 최초의 기록은 톨레도 회의(Council at Toledo 589 A.D.)에서 나타난다. 이 간단한 filioque라는 말로 일어난 논쟁은 결국 동 서방 교회의 분열의 계기를 만든 것이다.

## Ⅳ. 로마 가톨릭 교회 (1870년 Vatican Ⅰ 회의까지)

　　로마 가톨릭 교회는 성령론에 있어서 성경/성서의 영감과 전승 가운데 나타난 성령의 역사에 관계하였다. 트렌트 공의회(1545-1563) "기록되지 않은 전승"이 기록된 성경과 꼭 같은 권위를 가졌다는 것이 포고되었다. 전승은 사도들로부터 끊임없이 계속해서 전해 내려왔으며 그 사도들은 그리스도 자신의 입을 통하여 또 성령의 지시에 따라 받았다는 것이다. 동시에 아포크리파의 정경화(구약), 교회가 유일한 권위를 가지고 성경의 참된 의미를 해석 판단할 수 있다는 것, Latin Vulgate 판이 신빙성 있는 성경이라는 등 여러 가지 것을 공포하였다. 비록 성령이 모든 회의를 사회를 했다고 생각되기는 하지만 이러한 것들 전부가 반드시 성령의 촉진으로 되었다고 보기는 어려울 것 같다. 그러나 벨라민(Bellarmine, 1621 A.D.)은 교회의 말씀은 회의의 말이든, 교황의 말이든 단순히 사람의 말만은 아니며 어떤 면에 있어서는 하나님의 말씀이며 성령의 도우심과 지배하심으로 선포되는 것이란 뜻으로 발표했다(Hastings, 앞의 책 799 쪽). 비오 Ⅸ(Pius Ⅸ, 1846-1878)는 1846년 11월에 교황 무오설의 회람장을 돌렸고 1854년에는 공포하기에 이르렀다. 제 일 바티칸 회의(1870)는 "황좌에 있을 때에만"(ex cathedra) 무흠하다고 하였다. 이렇게 함으로써 성령의 가르치는 직능을 교황에게 한정시킨 것이다. 따라서 성령의 역사는 교황을 통해서 만이 할 수 있다고 생각하게 되었다.

## V. 종교 개혁 시대와 그 이후

신자들의 개인적 경험 가운데 작용하는 성령의 역사는 종교 개혁과 함께 두드러지게 나타났다. 종교 개혁의 형식적 원리(causa formalis)와 자료적 원리(causa materialis)가 다 성령의 조명적 중생 작용에 기초하였다. 성서가 가지는 권위는 교회로부터 얻은 것이 아니고 성령으로부터 얻는 것이다. 루터도 말했듯이 "그것은(성서는) 성령이 기록한 책이며 성령의 말씀이다." 칼빈은 성서와 선택의 주관적 확신에 대하여 잘 설명하였다. 성서는 성령의 내적 증시(內的證示, Testimonium Spiritus Sancti Internum)에 의하여 기록된 자명적 확신이었으며 성서의 진리에 대한 음미였다. 이성을 넘어선 확신은 외부적 논증이 필요하지 않다. 왜냐하면 선지자들에게 말씀하셨던 그 영이 아직도 신자들의 마음 속에 말씀을 하시고 계시기 때문이다. 칼빈과 여러 신앙 고백들은 하나님의 말씀에만 성령의 영감이 작용했다고 한정시켰다.

모라비안 운동에 크게 영감을 주었던 스페너(Spener)와 프랑케(Franke)의 경건주의와 영국에서 일어났던 웨슬레(Wesley)의 복음적 부흥운동 등은 어떤 프로테스탄트 율법주의자들의 길에서부터의 해방운동이라 할 수 있다. 한편 대 다수의 퀘이커(Quaker) 교도들은 종교개혁자들의 노선을 따랐다. 그들에 의하면 성서는 하나님의 영으로 말미암아 이루어졌다. 모든 사람은 먼저 성령에게 나와야 된다. 하나님의 영이 성서를 반포한 자들 가운데 있었던 것처럼 같은 하나님의 영이 성서를 이해하기 위하여 모든 사람들 가운데 계신다는 것이다(The Journal of George Fox, London, 1901, I 138 쪽).

모든 개신교파들이 중생에 있어서 성령의 역사가 필요하다는 데는 일치하지만 인간의 부패정도에 대하여는 견해 차이가 있다. 루터와 칼빈은 다같이 아우구스티누스의 은총의 교리에 기초를 두었다. 루터에 의하면 성령은 복음을 통하여 나를 부르셨고 그의 은혜로 말미암아 나를 깨우쳤으며 순수한 신앙을 통하여 나를 성결하게 하였다. 칼빈에 의하면 "성령의 힘은 그리스도와 그의 모든 선물을 우리가 즐길 수 있도록 해 준다. 성령은 그리스도가 우리를 자기 자신에게 실지로 연결시켜 주시는 끈이다"(Institute, III, i, 1). "성령의 힘이 아니면 그리스도는 우리와 아무 관계도 없는 한갓 냉냉한 공론의 대상물로 생각하게 되며 따라서 그는 우리들에게서 먼 거리에 떨어져 있게 될 것이다"(같은 책, 3). "성령은 천국의 보화를 우리에게 보여주시는 열쇠라고 하는 것도 정당한 이름이다. 그리고 성령의 빛은 우리에게 이것을 볼 수 있는 심적 눈을 뜨게 한다."(같은 책 4). 따라서 하나님의 말씀은 성령으로 말미암아 우리 마음 속에 계시되었고 또한 우리 심령 속에서 확증을 받는 지식이다(같은 책, ii, 7). 칼빈에 의하면 성령 사역의 결과는 성령에 의하여 우리의 정신에 계시되며 우리의 마음에 인친 바 된 우리를 향한 신적 자애의 확실하고도 확고한 지식으로서의 신앙임을 알 수 있게 한다.

초기 종교 개혁자들이 강조하였던 구원 신앙의 한 부분으로 간주한 개인적 확신은 초기 감리교인들에 의하여 부활되기는 했으나 결국 개혁자들의 후계자들에 의하여 제거되고 말았다. 루터나 칼빈은 다같이 개심하는 데 있어서 성령과 인간의 합작작용(合作作用, cooperation)은 실제로 부정하였다. 그러나 멜랑히톤(Melanchthon)은 세 가지 합작 요소를 주장하였다. 그 세 가지는 말씀과 성령과 인간의 의지이다. 이것은 알미니안주의(Arminianism)에서 더 노골화된다.

종교 개혁자들은 성령의 인격성에 대하여 전통적 입장을 따랐다. 그들은 그리스도의 신성을 부인한 아리우스주의(Arianism)를 재생시키고 삼위일체 이론을 부정한 소치니안주의(Socinianism)를 주장하는 자들을 배격하고 신약성서에서의 인격적 활동을 인정하며 인성 화(人性化)하지 않은 신성을 가진 자로 간주하였다. 이것은 오늘에 있어서 신앙생활을 위해 중요한 유산이라고 생각한다.

# VI. 현대

쉴라어마허(Schleiermacher) 이후 현대신학은 성도와 하나님과의 교제(Verkehr) 라는 특수한 전제 하에 성령을 탐구하려고 하였다. 성령이 그리스도와 관계된 것처럼 우리 인간과 관계될 때에 그리스도의 대칭자(Gegenüber)로서 인간으로 하여금 하나님의 뜻에 맞는 삶을 살 수 있도록 하게 해야 한다. 그래서 리츨

(Ritschl)에 의하면 성령은 하나님의 본질에 상응하는 윤리적 자기 결정(Selbstbestimmung) 으로 나타나며, 트뢸취(Troeltsch)에 의하면 고유한 직접적, 종교적 생산성(Produktivtät)으로 나타난다. 불트만(Bultmann)에 의하면 성령은 인간의 자기 이해의 초월적 계기(moment)로서, 다만 살아 계시는 그리스도에 대한 크리스치언들의 경험(Christian experience)으로서 나타난다. 그런 의미에서 우리는 성령을 증거로 삼을 수 있을지 모르지만 기독교가 가지는 본래적인 의미로 볼 때 이것은 형이상학적 표현으로 대치시키는 것이라 할 수 있겠다. 바르트(Barth)에 의하면 "성령은 예수 그리스도께서 자기 몸을 이루셨고 계속해서 새로워지도록 일깨우는 능력이다"(CD IV 1, 645 쪽). 여기서 그의 몸이란 물론 그의 지상적, 역사적 실존 형태로서의 거룩한 가톨릭 교회를 의미한다. 즉 기독교이다. 또한 성령은 특수한 말과 은사 가운데서 소생시키는 능력 가운데서 다른 사람의 창조자로서 계시하시는 하나님이시다(같은 책). 따라서 성령은 하나님 자신이시다. 엄격히 말해서 예수 그리스도 안에서 행하시는 "속죄 사업의 객관적 현실성"인 것이다. 성령은 하나님의 영이시며 영원히 아버지와 아들에게서 나온다. 그는 아버지와 아들과 영원한 사랑 가운데서 연합하며 그는 아버지와 아들과 함께 예배를 받아야 하고 영광을 받아야 한다. 왜냐하면 성령은 한 실체(one substance) 이기 때문이다(같은 책, 646 쪽).

성령은 사람의 영이 아니다. 결코 그렇게 될 수도 없다. 그는 자신을 사람의 영에게 그의 하나님으로 밝혀주신다. 그는 인간을 위하여 인간에게 행하신다(act). 그는 하나님으로서 인간에게 오시며 세상과 인간을 하나님과 화해시키는 자로 계시한다. 이 성령은 자기 자신을 스스로 밝히시는 하나님이시다(같은 책).

바르트에 의하면 성령은 예수 그리스도 안에서 역사하시는 하나님의 영이며 그리스도의 영이다. 그러한 의미에서 그는 거룩하며, 인간을 거룩하게 한다(같은 책, 648 쪽). 벌콥(Berkhof)에 의하면 성령은 자기 자신의 개성을 가졌을 뿐만 아니라 그 사역에 있어서도 그리스도와는 다르다. 그리스도는 자기의 사역을 아직도 끝맺지 않았고 하늘에서 계속하신다. 또 대리자(agency)인 성령을 통하여 완성하신다. 이것은 구속의 섭리 가운데서 이루어지는 성령의 사역이기는 하지만 그리스도의 사역과는 잠시도 분리될 수 없다(Berkhof, Systematic Theology, Eerdmans, 1965, 424 쪽).

벌콥에 의하면 성령은 구속 사업에 뿐 만 아니라 창조사업에도 관여하고 있다. 또 생의 기원과 지탱 지속(maintenance)과 발전은 성령의 작용에 기초한다. 특별히 능력을 말할 때는 하나님의 영과 관계한다. 그래서 새로운 삶을 살게 하고 발전하도록 인도한다. 다시 말하면 성령의 일반적 작용으로서 자연적으로 창조된 삶(the new life that is born from above)을 살게 한다(요 16:13-14). 이 새로운 삶으로 말미암아 죄를 극복하고 하나님의 형상을 되찾게 하며 하나님께 영적인 복종을 하며 세상의 빛과 소금이 되며 삶의 모든 분야에서 영적 누룩(spiritual leven)이 되는 것이다. 인간의 자연적 삶이 이렇게 성령의 역사에 따라 새롭게 될 때에 하나님의 목적에 응답할 것이다(Berkhof, 앞의 책, 426 쪽).

한 마디로 말하면 성령은 우리가 믿는 하나님의 영이요, 그리스도의 영으로서 하나님 그 자신이다. 그리스도 교회의 역사에서 성령의 거룩을 강조하는 것은 지배적인 사상이 되었다. 그때마다 관심사는 거룩과 순결과 구별됨과 교회의 예배와 육신적 삶에서 하늘을 향한 대망과 개인적 성결을 힘쓰는 것이었다. 다시 말해서 그것은 능력과 영력을 얻고자 하는 것으로서 성령을 받는 하나님의 진실한 종된 표시를 이루는 것이었다. 그러나 만일 교회가 참으로 성령의 도구라면 다음과 같은 이중성이 생의 패턴 안에서 분명하게 나타나야 한다. 그 하나는 꺼 버릴 수 없는 불 즉 접근할 수 없는 불과 하나님의 영광의 엄위하심에 대한 증거가 반드시 있어야 하는 점이다. 다른 하나는 결코 소멸시킬 수 없는 은혜와 힘과 끝없는 은혜와 인류 문화의 기본 구조 속에 성령의 개입에 대한 증거가 반드시 있어야 한다는 점이다. 따라서 우리의 기도는 이렇게 이중적으로 되어야 할 것이다.

중보자시여, 거룩한 불꽃을 주시옵소서. 하나님의 사랑이 성령으로 말미암아 인간의 마음 속에 널리 퍼지게 하소서(같은 책).

# 제2장. 성령의 실재(實在)

과학의 실증 시대에 접한 우리에게 성령의 실재를 논한다는 것은 격에 맞지 않을는지 모른다. 그러나 믿는 자들에게는 지금 여기서(hic et nunc), 필연적으로 문제가 일어난다. 왜냐하면 과학이 그 기본적 관심사를 사실(facts)에 기초하고 있는 반면 기독교에서도 과학에 못지 않게 사실에 관심을 두고 있기 때문이다. 기독교의 신앙 밑에는 기독교의 사실이 있다. 사실에 기초하지 않는 신앙은 존립(存立)할 수 없다. 기독교 역사의 최대 논쟁의 주제는 그리스도의 사실(the fact of Christ)에 관한 것이었다. 하여간 그리스도인들은 자기들의 신앙 기반이 비판적으로 검토되는 것을 두려워하지 않는 것만은 사실이다.

"그리스도의 사실"에 관한 문제와 마찬가지로 여러 세기 동안 성령에 관한 문제도 논쟁의 초점이 되어 왔다. 교회는 교회가 처음 시작할 때부터 "하나님의 영"을 믿어왔다. 또 무엇이 성령에 관한 진리이며 성령은 과연 누구이며 무엇인가? 하는 것을 문제 삼아왔다. 이러한 문제들을 관심사로 두었다는 것은 그 문제들 자체가 근본적으로 중요한 것이기 때문에 계속되어 온 것임에 틀림없다. 토마스(Griffith Thomas)에 의하면 "오늘날 우리 시대의 지적(知的) 종교적 투쟁은 주로 성령이 존재하느냐 하지 않느냐 하는 문제에 달려있다(J.

Green, Studies in the Holy Spirit(North Carolina: Southern Presbyterian Journal, 1936, 18 쪽). 1935년에 아틀란타의 어떤 목사는 자기의 회중 앞에 다음과 같은 문제를 제시하고 토의하도록 했다. "성령은 실재한가? 그렇지 않으면 성령은 고대에 있던 미신의 잔재인가?"(같은 책). 따라서 우리는 "성령의 사실"(the fact of the Holy Spirit)을 문제 삼게 된다. 사실이라는 명증(明證, evidence)에 의하여 입증된다. 이러한 경우에 명증의 원천은 성서와 크리스천의 경험이 되는 것이다.

구약 성서 가운데는 성령에 관한 자료가 많이 있다. 우리가 앞장에서 본 대로 율법서나 역사서에도 많이 언급되어 있으며 가장 풍부한 보고는 시문서와 예언서들이다. 특별히 이사야서와 에스겔 서에서 많이 찾아볼 수 있고 이는 성령론의 자료가 되는 것이다.

신약 성서에는 좀더 많은 회수로 사용되었음을 볼 수 있다. 바울서신만 하더라도 구약 성서 39권보다 더 많이 언급하고 있다. 하여간 신약 성서의 성령이 구약 성서에서 말한 "하나님의 영"과 같다는 것만은 의심 없는 사실이다. 성서 기자들이 양자를 동일시한 것은 쉽게 발견할 수 있다. 그 예로서 사도행전 2장과 구약 성서 요엘서 2장을 비교해 보자. 베드로가 그의 처녀 설교에서 오순절에 일어난 것이 요엘 선지자가 말했던 바로 그것이라고 공인하였다. "하나님이 이르시되 말세에 내가 내 영으로 모든 육체에게 부어주리니…" (행 2:17, 요엘 2:28).

신 구약 성서에서 성령은 같은 말로 사용되었다. 워필드

(Warfield)도 말했지만 창세기에서 말라기에 이르기까지 성령의 개념은 별 큰 차이가 없음을 알 수 있다. 좀더 구체적인 실례를 든다면 "하나님의 영"이라는 말이 벌써 성서의 첫 번째 책인 창세기 1장 2절에 언급되고 있다. "하나님의 영이 수면에 운행하셨다." 그 밖에도 "나의 영"(창 6:3), "그의 영"(욥 26:13) "하나님의 영"과 "전능자의 호흡"(욥 33:4)등이 있고, 70 장로들에 관하여 여호와께서 모세에게 말씀하시면서 "그 영"(민 11:17), 여호수아에게 관하여 여호와께서 모세에게 "그 영이…" 라고 분부하셨다(민 27:18). 또 성서는 기드온이나 사울이나 다윗에게 대하여도 "하나님의 영"이 그들에게 강하게 임하였음을 말한다(삿 6:34, 삼상11:6, 16:13). 미가 선지는 "나는 여호와의 영으로 권능이 충만하였다" 라고 증언하였다(미 3:8).

신약 성서를 읽는다면 우리는 세례 요한이 외친 말을 들을 수 있다. "… 그는 성령과 불로 세례를 주실 것이요"(마 3:11). 예수께서 세례를 받으시고 물에서 올라오실 때 하나님의 성령이 비둘기 같이 내려오셨다(마 3:16). 예수님은 얼마 후에 이렇게 말씀하셨다. "주의 성령이 내게 임하셨으니 이는 가난한 자에게 복음을 전하게 하시려고…"(눅 4:18). 또 니고데모에게는 이렇게 말씀하셨다. "사람이 물과 성령으로 나지 아니하면 하나님의 나라에 들어갈 수 없느니라"(요 3:5). 예수님은 자기 제자들을 떠나면서 그들이 아버지의 약속을 받을 때까지 설교하는 것을 금하셨다. "오직 성령이 너희에게 임하시면 너희가 권능을 받고 예루살렘과 온 유대와 사마리아와 땅 끝까지 이르러 내 증인이 되리라 하시니라"(행 1:8). 바울의 증언은 우리에게 더욱 잘 보여준다. 바울이 고린도 사람들에게 말하기를 자기는 복음을 "성령의 증거하심 안에서" 설파했다고 한다(고전 :4). 계속해서 "우리는 모두 한 성령으로 세례받았음"을 역설하였다(고전 12:13). 그는 로마 사람들에게 "하나님의 사랑은 성령을 통하여 우리 마음 속에 …" 라고 말했다(롬 5:5). 또 계속해서 "예수 그리스도 안에서 생명의 영의 법은 나를 죄와 죽음의 법에서 자유롭게 했다"(롬 8:2)라고 말했다. 이 밖에도 헤아릴 수 없는 많은 구절들이 있다.

구약 성서 첫 권 첫 장에서부터 영은 창조 사역과 생동적 관계(vital relation)가 있음을 알았다. 신약 성서에서도 벌써 첫째 책인 마태 복음에서 그 영이 새로운 창조 사역에 생동적 관계를 맺고 있는 것을 보았다. 다시 말하면 성서 첫 장에서 하나님의 영이 혼돈한 수면에서 운행하셨음을 보는 반면 성서 끝장에서는 그 영이 우리에게 누구든지 와서 자유롭게 생명의 물을 마시도록 초대하면서 "오라"고 부르고 있다. 하나님의 계시인 성서의 처음부터 끝까지 그 방대한 페이지를 차지하면서 성령은 수 백번이나 언급되고 있다. 성경 기자들의 증언들은 시대가 감에 따라 크리스천의 경험에 확실시된다. 이 경험은 우리가 여기서 재현시킬 수 있는 것은 아니지만 우리 크리스천들은 성경을 읽고 생각하는 경험을 따라 증언하여야 할 것이다. 바르트는 이렇게 말한다.

사람이 하나님의 사역에 자유롭게 또 능동적으로 관여하는 사람 속에는 신앙이 있다. 이와 같은 일이 실제로 일어나는 것은 성령의 역사이다. 즉 그것은 하나님의 숨은 사역 가운데서 유추(類推)할 수 있는 지상에서의 하나님의 사역이며 아버지와 아들로부터 온 영의 결과이다(Barth,

Dogmatics in Outline, Harper Brothers, 1959, 137 쪽).

바르트는 "나는 성령을 믿는다"(I Believe in the Holy Spirit) 라고 고백하면서 성령의 실재하심과 그 결과인 사역을 역설하고 있다.

> 성령의 개념과 실재는 우리의 중요 관심사가 되어야 한다. 그 성령은 기독교가 세 번째 아티클 가운데서 즉 나는 성령을 믿는다(Credo in Spiritum Sanctum)에서 믿고 고백해야만 하는 모든 것을 통제하는 주체이다(Barth, CD IV i 62, Charles Scribner's, 1956, 645 쪽).

결국 성령에 대하여 그처럼 많이 언급되었고 성령에 대하여 그처럼 여러 면으로 말한 것을 볼 수 있다는 것은 그 성령이 하나의 실재로서 계실 뿐만 아니라 예외적인 의미와 중요성을 가지신 분임을 확실히 알 수 있다. 우리는 사람들의 증언을 받아들인다. 그러나 하나님의 증거는 더욱 위대하시다. 믿는 자는 성령의 실재하심을 믿을 것이다. 그는 영이시니 믿는 자의 마음을 아시며 그 마음 속에 하나님의 영이 계심을 알려주신다.

# 제3장. 성령과 삼위일체

## I. 성령의 신성

성령을 신적(divine)인 존재라고 말할 때 그 말은 퍽 당연한 진리인 것 같다. 성령을 하나님의 영이라고 한다면 그 영은 동물적일 수도 없고 인간적일 수도 없다. 뿐만 아니라 천사적일 수도 없다. 반면에 사람의 영은 동물적인 것도 아니며 더욱이 천사적인 것도 아니다. 다만 인간적인 것 바로 그것이다. 그렇다면 하나님의 영은 하나님의 속성을 가졌기 때문에 신적인 것이 되어야만 한다. 이러한 합리적인 결론은 성서에서 확인되는 것이다.

### A. 영원하시다(eternal)

그의 성품 중의 하나는 "영원하심"이다. 히브리서 기자는 이렇게 말한다.

> 영원하신 성령으로 말미암아 흠 없는 자기를 하나님께 드린 그리스도의 피가 어찌 너희 양심으로 죽은 행실에서 깨끗하게 하고 살아 계신 하나님을 섬기게 못하겠느뇨(히 9:14)

## B. 전재(全在)하시다(omnipresent)

시편 기자는 그의 영이 계시지 않은 곳은 없다고 노래하고 있다.

> 내가 주의 신을 떠나 어디로 가며 주의 앞에서 어디로 피하리이까? 내가 하늘에 올라갈지라도 거기 계시며 음부에 내 자리를 펼지라도 거기 계시니이다. 내가 새벽 날개를 치며 바다 끝에 가서 거할지라도 곧 거기서도 주의 손이 나를 인도하시며 주의 오른 손이 나를 붙드시리이다(시 139:7-10).

## C. 전지(全知)하시다(omniscient)

바울은 고린도 교인들에게 이렇게 말했다. "오직 하나님이 성령으로 이것을 우리에게 보이셨으니 성령은 모든 것 곧 하나님의 깊은 것이라도 통달하시느니라"(고전 2:10). 이것은 예수님의 증언을 통해서도 분명하게 밝혀진다.

> 진리의 영이 오시면 그가 너희를 모든 진리 가운데로 인도하시리니 그가 자의로 말하지 않고 오직 듣는 것을 말하시며 장래 일을 너희에게 알리시리라(요 16:13).

## D. 전능하시다(omnipotent)

바울은 또 다시 고린도 교인들에게 이렇게 말한다. "성령의 전능하심은 그의 역사(work)하심 가운데 그 뜻 대로 각 사람에게 나눠 주시느니라"(고전 12:11).

## II. 성령의 인격성

성령이 인격자라는 사실은 그가 신성을 가졌다는 사실과 똑 같이 중요하다. 우리가 성령에 대하여 인격자로 생각하거나 하나님의 힘이나 원리로 생각한다면 성령을 향한 우리의 태도는 상당히 다르게 될 것이다. 토레이(Torrey) 박사는 이렇게 말한다. "성령은 인격자이시다." 우리가 성령을 인격자라고만 생각한다면 그 분을 우리의 친구로 생각할 수 있고 그 분과 우정을 가질 수 있다. 여기서 성령의 인격성에 대한 명증(evidence)을 찾아보기로 하자.

### A. 그 이름이 증거한다

하나님이 "인격적 존재"라면 그 영을 "비인격적 존재"라고 말하는 것은 비합리적이며 무의미한 것이다. 우리가 예수의 영을 말할 때에 그의 성향이나 성품들을 간혹 의미하기도 한다. 이러한 경우에 영은 비인격적 어떤 것을 의미한다. 그러나 성령의 이름을 대신하여 사용한 하나님의 영, 예수의 영, 그리스도의 영은 성향이나 성품이나 생각이나 삶의 방법을 의미하지 않는다. 그는 하나님의 영으로서 인격적 하나님과 같은 인격자이다.

## B. 그 인격적 성품이 증거한다

그 인격의 특성이나 구체적 요소는 지력(understanding), 도덕적 감각(moral sense), 의지/뜻(will) 등이다. 이것은 성서적 근거를 가지고 있는 것들이다.

### (1) 지력

이사야서 기자는 여호와의 영에 대하여 "지혜와 총명의 신"(사 11:2)이라고 말했다. 이것은 지력을 의미한다. 바울은 성령이 하나님의 깊은 것이라도 통달하신다 라고 말했다(고전 2:10). 바울은 계속해서 성령만이 하나님의 사정을 알 수 있다고 말한다(고전 2:11). 곧 마음을 감찰하시는 이가 성령의 생각을 성령의 생각을 아신다. 그것은 성령이 하나님의 뜻대로 성도를 위하여 간구하시기 때문이다.

### (2) 도덕적 감각

바울은 성령의 사랑으로 권하노니 라고 말한다(롬 15:30). 또 다른 곳에서 하나님의 성령을 근심하게 하지 말라(엡 4:30) 라고 말하고 있다. 이것들은 다같이 성령께서 도덕적 감각을 가지고 있음을 나타내는 말들이다.

### (3) 의지/뜻

바울은 성령의 다양한 은사를 말한 다음 그 성령에 대하여 다음과 같이 결론을 내린다. "이 모든 일은 같은 한 성령이 행하사 그 뜻대로 각 사람에게 나눠 주시느니라"(고전 12:11). 그렇다고 보면 그 영은 우리가 우리의 의지를 따라 우리를 사용하시기를 원하시는 신적 인격자이시다 라고 생각할 수 있다.

이와 같은 점들을 종합해 보면 그 영은 생각하는 정신과 느끼는 마음과 선택하는 의지를 가지고 계신다. 성령은 이와 같은 인격의 기본적 요소들을 소유하고 있기 때문에 우리는 그를 가리켜 한 마디로 인격자라고 부르는 것이다.

## C. 인격적 행위가 증거한다

성령은 인격적 행위의 원동자(原動子)이시다. 그는 가르치시며 (요 14:26), 위로하시며(행 9:31), 인도하시며(요 16:13), 증거하시며(요 15:26, 히 10:15), 증언하시며(요일 5:7), 들으시며(요 16:13), 말씀하신다 (요 16:13). 이 모든 것들은 제자들에게 성령에 관하여 가르치시기로 정한 말씀 가운데서 말한 것이다. 따라서 이 말씀들은 성령이 인격자라는 것을 부정할 수 없는 사실로 만든다.

성령은 인격적 행위의 대상이다. 구체적으로 말하면 인격자라고 말할 수 있다. 헬라어에서 영(프뉴마)이란 말은 중성(中性)이다. 그러나 그것에 관하여 사용된 대명사는 남성이다. 바꾸어 말하면 그 영이 어느 것(which)이란 뜻을 가진 것이 아니고 누구(who)라는 뜻을 가졌다는 말이다. 그것(it)이라면 가르치지도 못할 것이며 기뻐하지도 못할 것이다. 그 분(He)이기 때문에 가르칠 수도 있고, 기뻐하실 수도 있다. 이와 같은 행위는 어떤 것에 대하여 행해지는 것이 아니고 어떤 인격에 대해 말한 것으로 나타난 것이다. 뿐만 아니라 이와 같은 행위는 도덕적 감각을 전제로 한다. 즉 이것은 하나의 인격자가 다른 인격자에 대한 반응(reaction)이라고 할 수 있다. 칼빈은 이렇게 묻는다.

> 이단들은 인격이라는 말을 조롱하지만 성서에서 증명되었고 기록된 것만 표현하는 단어를 거부하는 것은 얼마나 불합리한가?(이 종성 역, 기독교 강요선, 기독교서회, 1960, 25 쪽). 결

결국 성령은 인격적인 명칭들이나 특성들을 가진 자인 동시에 인격적 행위의 원동자이며 인격적 행위의 대상자이시다 라는 내용을 우리로 하여금 확인할 수 있게 한다.

## III. 삼위일체 안에서 세 위의 관계

성령이 아버지와 아들로부터 나왔다(Spiritus Sanctus qui a Patre et Filioque procedit) 라고 한다면 그 성령은 삼위일체론 안에서 구체적으로 다른 두 위(位)와는 어떤 관계가 있는가? 또 그 성령은 삼위일체론 안에서 어떤 위치를 차지하고 있는가? 하는 문제가 필연적으로 일어나게 된다. 나는 여기서 세 가지 면으로 생각해 보고자 한다.

## A. 동일성(identity)

우리는 성령이 신적이고 인격적이기 때문에 그 성령이 곧 하나님과 같다는 것을 알았다. 이제 한 걸음 더 나가서 문제 삼는 것은 그 관계가 근사성(近似性, kinship)이나 유사성(類似性, similiarity)의 관계가 아니며 동일성(同一性, identity)의 관계라는 점이다. 우리는 이것을 밑받침하기 위하여 하나님의 영과 하나님은 하나이며 같다고 말해야 한다. 그 뿐만 아니라 그 영과 예수 그리스도와도 하나이며 같다는 것을 시사해야만 된다.

아버지(Father)가 하나님이라는 것은 모든 사람의 신앙이다. 하나님 아버지는 그의 인격이나 신격에 있어서 완전하시다. 예수 그리스도가 한 위(位)를 차지하고 계시다는 것도 역시 보편적으로 받아들여질 수 있다. 그 예수 그리스도가 바로 그 하나님이라는 것은 교회의 모든 위대한 역사적 신조들 가운데 기록된 하나의 신앙이다. 그리스도의 신성의 교리는 성서와 역사와 경험 가운데 근거한 넓고 깊은 원천 위에 뿌리를 박고 있다. 그리스도는 신격에 있어서 하나님과 동일함을 나타내며 성령은 아버지와 아들과 함께 삼위일체이심을 나타낸다. 이 셋은 성경에 비추어 볼 때 같은 하나님임을 알 수 있다. 이 말은 하나님이 세 분이 계시다는 것을 의미하는 것이 아니다. 즉 삼신론적(三神論的, tritheistic)이 아니고 유일신론적 (唯一神論的, monotheistic)이다. 성서가 말하는 기본적 교리는 하나님의 단일체성/통일성(unity of God)이다. 하나님은 한 분이시다. "들으라. 이스라엘아, 주 우리 하나님은 한 분이시다"(신 6:4). 이 셋이 한 하나님이시기 때문에 이 "셋"이라는 말은 어떤 의미에서든지 "하나"가 되어야 한다. 즉 동일해야 한다(identical). 역시 성서는 그렇게 말하고 있다. 예수께서 주장하시기를 자기와 아버지는 하나라고 말한다(요 10:30). 여기서 예수는 자신과 하나님과 동일함을 확실하게 주장한 것이다. 이것은 요한 복음 기자도 처음부터 분명히 밝히고 있다(요 1:1). 또 성령과 하나님이 동일함도 성서를 통해서 밝혀진다. 다윗은 이렇게 말했다.

> 여호와의 신이 나를 빙자하여 말씀하심이여, 그 말씀이 내 혀에 있도다. 이스라엘의 하나님이 말씀하시며 이스라엘의 바위가 내게 이르시기를 사람을 공의로 다스리는 자 하나님을 경외함으로 다스리는 자여(삼하 23:2-3).

그린(Green)의 해석을 따르면 여호와의 신과 이스라엘의 하나님은 서로 같은 말이지만 히브리인의 관습적 표현에 따른 평행법적(parallelistic) 표현이라고 할 수 있다. 다윗은 시편에서 이렇게 말한다. "내가 주의 신을 떠나 어디로 가며 주 앞에서 어디로 피하리이까"(시 139:7). 이것은 또 하나의 동의적 표현법(同意的 表現法, synonymous parallelism)이다. 성령의 임재와 하나님의 임재는 하나의 사건이며 같은 것이다. 베드로도 아나니아에게 말할 때 성령을 속였다고 말하면서 성령을 속인 것은 하나님을 속인 것이라고 말하였다(행 5:3-4). 이 구절과 요한복음 1장 13절을 비교해 본다면 성령으로 난 자는 하나님으로 난 자이다. 즉 성령으로 난 자와 하나님으로 난 자는 같은 표현이다. 바울은 주와 영이 동일함을 밝히었다(고후

3:17-18, 롬 8:9-10). 바르트는 이렇게 말한다. "성령은 예수 그리스도의 영이다"(Barth, Dogmatics in Outline, Haper and Brothers, 1959, 138쪽). 영은 예수 그리스도와 분리할 수 없다. 주가 곧 영이다"(같은 책 139쪽). 이러한 의미에서 하나님과 예수가 같고 하나님과 영이 같다면 예수와 성령과도 같다고 할 수 있다.

여기서 이사야 6장과 사도행전 28장 25절을 비교하여 생각해 보자. 이사야서 기자에 의하면 말하는 이는 여호와였다. 사도 요한에 의하면 그리스도였다. 사도 바울에 의하면 성령이었다. 그들은 결코 서로 모순되지 않는다. 만일 여호와, 예수, 성령이 하나가 아니라면 성서는 갈등을 자아낸다. 그러나 이들이 하나이면서 같다고 한다면 그들은 일치한다. 그들은 같은 하나님이시다. 어떤 분이 말씀을 하시든지 다른 두 분의 말씀을 하시는 것이며 그것은 하나님의 말씀이다. 그러나 성령은 인간의 영과는 동일하지 않다(같은 책 140쪽).

> 하나님은 그의 본질적 존재 안에서 하나이다… 이 하나의 신적 존재 안에는 세 인격 또는 개체적 실체인 아버지와 아들과 성령이 있다… 모든 변화하는 것 가운데 셋은 동일성을 가지고 있다(Berkhof, Systematic Theology, 87쪽)

위에서 우리가 확인한 대로 아버지와 아들과 영은 하나이다. 이들은 존재하심에 있어서, 본질에 있어서, 실체에 있어서 하나이다. 이것은 우리들의 신앙 고백을 통해서 고백하는 말이고 그렇게 되어야 할 것이다.

## B. 평등성(平等性, Equality)

이 평등성은 그들이 동일하다는 데서 인출해 낼 수 있다. 그것은 동일하다면 평등해야 하기 때문이다. 그렇다면 이 셋 즉 아버지, 아들, 영이 합리적인 추론이요, 결론이다. 그러면 여기서 이 추론이 성서적 밑받침이 있는가? 라는 문제가 야기된다. 다시 말하면 이 합리적인 진리가 계시의 진리가 되는가? 라는 문제이다. 이것은 틀림없는 진리이다.

사도들이 보낸 서신들의 인사 말씀을 읽어 보면 알 수 있다. "하나님 우리 아버지와 우리 주 예수 그리스도로조차 은혜와 평화가 있기를 원한다." 바울 사도의 거의 모든 서신이 그러한 형식으로 되어있다. 주의해서 살펴보면 하나님 우리 아버지와 주 예수 그리스도가 이 인사 가운데서 평등하게 또 축복의 근원으로서 대등하게 나타나심을 알 수 있다. 성령이라는 말은 요한 계시록 1장 4-5절을 제외하고는 인사하는 말 가운데 포함되지 않았다. 이것은 매우 괄목할 만한 가치가 있는 것이다.

세례 신조(Baptismal Formula)에서도 이 셋이 평등함을 시사한다. "너희가 가서 모든 족속으로 제자를 삼아 아버지와 아들과 성령의 이름으로 세례를 주고"(마 28:19). 아버지가 하나님이면 다른 둘도 하나님이 되어야 한다. 그들은 이름에 있어서 평등한 관계를 가진다.

아버지와 아들과 성령은 존경과 복종과 봉사의 대등한 대상이다. 그들이 대등하다는 말은 같은 수준과 평등한 지위와 위엄에 서 있음을 의미한다.

바울이 가르친 축복 기도(고후 13:13)에서도 인간과는 완전히 다른 관계에서 이 셋을 언급하고 있다. 세례 신조에서는 셋이 대등한 대상(object)임을 알았고, 축복 기도에서는 축복의 대등한 원천 또는 근원(source)임을 알게 되었다. 그리스도의 은혜와 하나님의 사랑과 성령의 교통하심이란 영감과 도움의 근원으로서 높음과 충만함과 자유함이 같으며 신성에 있어서도 같다는 것을 의미한다.

예수님의 가르치심을 보아서도 예수와 그의 아버지는 평등함을 알 수 있다. 구체적으로 보면 그 지위와 위엄에서(요 10:30-33, 17:11), 그 솜씨에서(요 5:17, 19), 그 소유권에 있어서(요 17:10), 그 명예와 예배함에 있어서(요 5:22-23) 그렇다. 이것은 또한 자신과 성령과도 평등함을 의미한다. 예수께서 자신은 떠나가야 하고 성령이 와야 하겠다고 선언할 때 벌써 성령이 적어도 예수님 자신과 평등함을 시사하고 있는 것이다(요 16:7). 만일 성령이 그리스도보다 못하다면 그리스도와 성령을 교환하는 것은 큰 상실이지 결코 획득은 아닌 것이다. 그러나 성령과 그리스도는 평등하기 때문에 상실이 아니라 획득인 것이다.

신격의 위를 말할 때 서열의 차이는 있는 것이다. 아버지는 제 일 위요, 아들은 제 이 위요, 성령은 제 삼위이다. 이것은 평등한 것을 나타낸다. 아버지는 아들을 보냈고, 아버지와 아들은 영을 보냈다(요 15:26, 요 16:7), 이 서열은 결코 전도되지 않는다. 영의 역사하심은 아들의 역사하심을 전제로 하며, 아들의 역사는 아버지의 역사를 전제로 한다. 이것이 존재나 지위나 능력에 있어서 선후나 우열을 말하는 것은 결코 아니다. 다시 말하면 그것은 위(位)의 종속이 아니라 직능상의 구별을 말하는 것이다. 즉 그 섭리하심에 있어서 분별하는 말이다. 예수님은 말씀하셨다. "내 아버지는 모든 것보다 위대하시며(요 10:29), 아들 스스로는 아무것도 할 수 없고 아버지가 하신 것을 보고 그것을 말할 따름이다"(요 5:19). 성령도 스스로는 말할 수 없으나 그가 들은 것을 말한다(요 16:13). 아들은 아버지를 떠나서 독립적으로 일할 수 없다. 벌콥(Berkhof)은 이렇게 말한다. "하나님의 전체적 비분리적 본질은 세 위의 하나하나에 동등하게 속해 있다"(Berkhof, 앞의 책, 88 쪽). 이와 같은 사실은 결국 속성에 있어서, 위에 있어서 항구적 평등성을 시사하는 것이다.

## C. 분별성(分別性, distinctness)

이 셋은 같다. 그러나 분별된다. 그들의 분별은 아버지와 아들과 성령으로 표현된다. 우리는 그들의 동일성과 평등성을 강조하는 반면 그들의 다양성(diversity)을 간과해서는 안 된다. 성서는 그 분별성을 예수께서 성령으로 잉태되심을 알리는 가운데서(눅 1:30-35), 세례를 받으실 때(마 3:16-17), 니고데모와의 대화 가운데서(요 3 장), 예수의 고별사에서(요 14:16, 17, 26) 말하고 있다. 위(位)란 분별하기 위한 이름이다. 그리고 그 신격(Godhead) 안에서 세 위가 있다고 말할 때에 우리는 유니테리아니즘(Uniterianism)을 부정하는 것을 의미한다. 또 그 신격 안에서 세 위가 있다는 것은 사벨리아니즘(Sabellianism)을 부정하는 것을 의미한다. 이렇게 해서 우리는 유니테리안도 아니고 사벨리안도 아니며 그렇다고 삼신(三神)론자(論者)도 아니다. 우리는 유일신론들(monotheists)이다. 우리는 한 하나님(one God)을 믿는다(행 2:32-33). 그러나 그의 존재 양태에 있어서 아버지가 아들을 통하여 영을 보내겠다고 말할 수 있다. 이것은 보편적으로 또 공통적으로 받아들이는 크리스천의 신관인 것이다.

성서 전반을 통하여 우리는 삼위일체 교리를 확실하게 할 수 있음을 알았다. 그러나 유대인들은 하나님의 영이라는 구(phrase)이신 하나님의 직함으로 생각했다. 그러나 크리스천들은 하나님과 하나님으로부터 온 영(靈)을 분별한다(고전 12:4-6, 엡 4:4-6, 벧전 1:2, 계 1:4-5). 이 분별은 스가랴서에서도 밝혀주고 있다. "힘으로 되지 아니하며, 능으로 되지 아니하고 오직 나의 신으로 되느니라"(슥 4:6). 삼위일체 교리가 성서 안에서 해결되었지만 형식을 갖춘 정의로서가 아니고 단편적으로 되었다. 이렇게 분산된 부분을 한 데 모아 하나의 유기적 통일체(organic unity)로 구성하여 이 교리를 만든 것이다.

성서에서 발견된 하나님에 관한 진리는 교회의 신조들에 의하여 형식을 갖추게 되었다. 사도신조나 웨스트민스터 신조가 이를 밝혀 주고 있다. 우리는 여기서 하나님은 존재와 본질에 있어서 한 분이고, 하나와 셋(one and three)이 아니라 셋 안에 하나(one in three)

이며, 하나 안에 셋(three in one)이다. 또 그의 실체에 있어서 같으며 권능과 영광에 있어서 동등하다는 것을 알게 된다. 즉 삼위일체 안에 통일성(unity in trinity)이 통일성 안에 다양성(diversity in unity), 다양성 안에 평등성(equality in diversity)이 있다는 말이다. 이 교리는 성서와 교회의 신조에서뿐 만 아니라 크리스천들의 경험에서도 발견될 수 있다. 이 삼위일체 교리는 교회에 대하여 지적으로 인식되거나 요청되는 것이 아니다. 그것은 크리스천들의 공동체의 경험에서 야기된 것이다. 하나님은 삼위일체의 진리를 주셨다. 즉 그 진리는 추상적으로 주어진 것이 아니고 역사적으로 주어진 것이다. 우리는 예수 그리스도가 성육신 된 하나님으로 경험함으로써 의식적, 반성적으로가 아니라 본능적, 자발적으로 아버지인 하나님과 아들인 하나님으로 분별됨을 인식하게 되었다. 후에 영의 삶과 권능과 교통하심을 경험함으로써 본능적으로, 자발적으로 이 셋이 분별된 것을 알게 된다. 결국 우리는 선험적으로 하나님이 그의 통일체 안에서 다양하며, 그의 통일체 안에서 셋으로 분별됨을 생각하게 되었다. 그렇지만 하나님께서 어떻게 삼위일체가 되며 어떻게 삼위(三位)가 동일하며, 평등하며, 분별되는가는 성령의 도움을 통해서만 분명하게 알 수 있다.

# 제4장. 성령의 기능

## 1. 성령과 계시/성경

"계시"라는 말은 죄인들을 위한 특별 계시로서의 성서이다. 아담의 타락 이전의 사람에게는 자연이나 인간 본성을 통한 하나님의 일반 제시만으로도 충분하였을 것이다. 그러나 타락한 사람은 죄로 말미암아 부패되었고 어두워졌기 때문에 또 하나의 계시가 필요하게 되었다. 즉 더욱 분명하고 충만한 하나님의 지혜와 힘과 은총의 계시, 특별히 그의 사랑과 용서하심의 계시가 필요하게 된 것이다. 시편 19편 기자는 이 두 가지 계시를 찬양하고 있다. 그것은 자연을 통하여 나타난 하나님의 일반 계시와 율법 안에 있는 여호와의 특별 계시이다.

> 하늘이 하나님의 영광을 선포하고 궁창이 그 손으로 하시 일을 나타내는도다. 날은 날에게 말하고 밤은 밤에게 지식을 전하니 언어가 없고 들리는 소리도 없으나 그 소리가 온 땅에 통하고 그 말씀이 세계 끝까지 이르도다… 여호와의 율법은 완전하여 영혼을 소생하게 하고 여호와의 증거는 확실하여 우둔한 자로 지혜롭게 하며 여호와의 교훈은 정직하여 마음을 기쁘게 하고 여호와의 계명은 순결하여 눈을 밝게 하도다(시 19:1-4, 7-8).

성령과 특별 계시의 관계는 성서의 영감에서, 성서의 명증에서, 성서의 해석에서 살펴보고자 한다.

## A. 성서의 영감에서

성서가 영감 되었다 라고 확실하게 말해주는 곳은 단 한 곳뿐이다(딤후 3:16). 그러나 그러한 내용을 포함하고 있는 곳은 여러 곳에서 찾아볼 수 있다. 그러면 여기서는 디모데 전서에 나오는 "세오프뉴스토스"에 대해 먼저 생각해 보기로 하자. 라빈슨(Robinson)에 의하면 "하나님으로 영감 된"(God-inspired), "하나님으로 고취된"(inbreathed of God) 등의 뜻을 가지고 있다(Robinson, Greek and English Lexicon of the New Testament, 1872). 헬라어(Thayer-Grimm) 사전에 의하면 "하나님에 의하여 영감 된"(내용에 있어서)이라는 의미가 있다(Thayer-Grimm, Greek and English Lexicon of the New Testament, 1887). 크레머(Cremmer)는 "하나님에 의하여 촉진된"(prompted by God), "하나님으로/신적으로 영감 된"(divinely inspired) 등의 의미가 있다고 말한다(Cremmer ed., Biblio-Theological Lexicon of New Testament, 1878). 대부분의 주석가들도 의견을 가지고 있다. 그렇다면 "세오프뉴스토스"는 "하나님의 영에 의하여 말해진" 이라는 뜻을 가졌다고 할 수 있겠다. 그것은 "하나님에 의하여 영감 되었다"(inspired by God) 라기 보다는 오히려 "하나님의 영과 함께 주어졌다"(endowed with God's Spirit) 라고 할 수 있겠다. 또한 가지 여기서 생각해 낼 수 있는 것은 "theo-tos" 인 복합어의 경우에 하나님의 행위에 의하여 생기는 결과를 나타낸다는 것이다.

이것은 하나님의 창조적인 활동이다. 그런 의미에서 성서가 그 근원을 하나님의 행위(activity)에 두고 있다고 할 수 있겠다.

좀더 구체적으로 성령과 성서의 관계를 생각해 본다면 "성령이 성서의 유일한 저자"라는 점이다(Pierson, The Inspired Word, Hodder and Stoughton, 324 쪽). 첫째로 성서의 전체성에 있어서 성령이 그 성서의 저자임을 알 수 있다. 성서는 사람에게 속한 것도 아니고 사람에 의해서 된 것도 아니다. 둘째로 성서의 말씀과 그 사상에서 성령이 그 성서의 저자임을 알 수 있다(같은 책). 이에 대한 성서의 증거를 실제로 찾아보고자 한다. 예수께서 유대인들에게 말씀하실 때 "다윗이 성령에게 감동하여 친구에게 말하되…"(막 12:36) 라고 하셨다. 베드로도 사도와 다른 사람들에게 이렇게 말했다. "형제들아, 성령이 다윗의 입을 의탁하사 예수 잡는 자들을 지로한(자들의 길잡이가 된) 유다를 가리켜 미리 말씀하신 성경이 응하였으니 마땅하도다"(행 1:16).

바울은 유대인들에게 "성령이 선지자 이사야로 너희 조상들에게 말씀하신 것이 옳도다" 라고 말했다(행 28:25). 히브리서 기자는 예레미야의 말씀을 성령이 증거하신 것으로 주장하고 있다(히 10:15-16, 렘 31:33-34). 바울은 더욱 확실한 말로 성서가 성령으로 영감 되었음을 밝히고 있다. "모든 성경은 하나님의 감동으로 된 것으로…"(딤후 3:16)에서 모든 성경이란 구약 성서 전체를 의미한다. 그 밖에도 위에서 살핀 대로 다윗이나 이사야나 예레미야나 다른 모든 선지자들이 성령으로 말했음을 밝히고 있다. 그렇다면 구약 성서 전체는 하나님의 영감으로 감동된 책이라고 할 수 있다.

신약 성서에 대해서도 살펴보고자 한다. 예수께서 성령으로 가르치셨다(눅 4:18). 예수께서 성령으로 계명을 주셨다(행 1:1-2). 예수는 제자들이 성령을 받을 때까지 설교할 것을 금하셨다(행 1:4-5). 예수는 성령이 제제들에게 말할 것을 가르치실 것을 확인시키셨다(막 13:11). 제자들은 약속된 성령 세례를 받을 것을 권하였다. 또 베드로와 그 밖에 다른 사람들은 성령이 시키는 대로 말했다고 기록되었다(행 2:17-39). 바울도 이와 같은 말을 하고 있다. "내 말과 내 전도함이 지혜의 권하는 말로 하지 아니하고 다만 성령의 나타남과 능력으로 하여…"(고전 2:4), 바울은 같은 장에서 간과할 수 없는 말을 하고 있다. 하나님이 자기를 사랑하는 자를 위하여 예비하신 모든 것을 성령으로 보이셨고 성령의 가르치신 것으로 하게 하였다(고전 2:9-13). 요한도 성령에 이끌리어 요한 계시록에 대한 환상과 메시지를 받았다(계 1:10).

이러한 말씀들을 종합해 볼 때 신약 성서도 성령으로 영감된 책이며 더 나아가서는 성령이 그 저자임을 알 수 있다. 워필드(Warfield)는 "신약 성서 전체를 통해서 성령의 말씀임은 분명하며 부정할 수 없다"(Warfield, The Inspiration and Authority of the Bible, Marsh Morgan, 1951, 295 쪽) 라고 고백하고 있다. 따라서 우리 그리스도 교회는 처음부터 신앙 고백 가운데서 "우리는 성령을 믿습니다"(Credimus in Spiritum Sanctum)(사도신경) 라고 전해 내려오고 있다.

## B. 성서의 증거에서

증거란 어떤 것에 대하여 밝히는 것을 의미한다. 웨스트민스터 신앙 고백은 성서를 "하나님의 정확 무오하며 권위 있는 말씀"으로 받아들이는 이유를 세 가지로 말하고 있다(이 종성 역, 웨스트민스터 신앙 원리, 기독교 서회, 1966, 2 쪽). 그것은 교회의 증거요, 성서의 성격과 내용의 증거요 우리 마음의 성령에 대한 증거이다. 최초의 증거는 "성령의 내적 증거"이다. 이 증거는 이중적이다.

**첫째** 증거는 "말씀으로 말미암아"이다. 성령은 성서를 기록한 사람들을 통하여 말하면서 몇 번이고 되풀이하여 성서의 말씀이 하나님의 말씀임을 역설한다. 그 성령은 예수 그리스도와 사도들을 통하여 구약 성서를 하나님의 메시지임을 밝힌다. 그 성령은 또 같은 증거를 통하여 신약 성서가 하나님의 계시된 뜻/의지라는 것을 증거한다. 진리이신 성령은 신 구약 성서가 다 하나님의 말씀임을 증거하시는 그리스도에 대하여 증거한다.

**둘째** 증거는 "말씀과 함께"이다. 위에서 말한 성령의 증거는 "말씀으로 말미암아" 즉 "말씀을 통하여" 하는 직접적 증거이다. 그러나 이제 생각하려는 증거는 "말씀과 함께" 하는 증거로서 공동적 의미를 갖는다. 증거의 영역은 심령이다. 즉 그것은 경험의 증거이다. 성서가 바로 하나님의 말씀이라는 내적 확신이다. 성령이 정확(正確) 무오한 진리라고 확신하는 것은 하나님의 이중적 증거에 정초한다. 그것은 곧 성서 안에 있는 증거와 우리의 가슴 속에 있는 증거이다.

이 양자가 일치할 때 진리의 확신과 영혼의 쉼을 얻는다.

## C. 성서의 해석에서

바울의 가르침에 따르면 영적인 것을 이해할 때는 성령의 도움이 필연적으로 있어야 한다(롬 1:21-22, 고전 2:14). 이것은 예수님께서 니고데모에게 말씀하신 가운데서도 잘 나타나고 있다(요 3:3). 성령은 조명을 통하여 진리를 알게 하고 분별하게도 한다. 죄인 된 사람에게 진리와 보는 눈을 주신다. 바울은 또 영적인 것을 이해하는데 있어서 성령의 도움의 사실을 가르친다(고전 2:15). 요한도 성령의 조명과 가르치시는 사실에 대하여 이렇게 증거한다. "너희는 거룩하신 자에게서 기름부음을 받고 모든 것을 아느니라"(요일, 2:20, 27). 이런 점에서 우리는 성령이 진리의 영이요 지혜의 영이요 명철의 영임을 알 수 있다. 사실은 그가 새로운 진리를 계시할 때만 아니라 사람들로 하여금 옛 진리를 받아들이게 할 때도 그렇다.

더욱이 예수님께서는 결정적으로 성령이 해석자로서 역사하실 것을 약속하신다. 다시 말하면 어두운 것들을 분명히 할 것을 뜻한다(요 16:12, 14). 그 영은 진리를 받아들일 수 있도록 공개한다. "보혜사 곧 아버지께서 내 이름으로 보내실 성령 그가 너희에게 모든 것을 가르치시고 내가 너희에게 말한 모든 것을 생각나게 하시리라"(요 14:26).

가르친다는 말은 해석하는 뜻까지 포함한다. 성령의 도움으로 기억한다는 것은 희미한 것이 아니고 새로운 이해로서의 기억이다. 과거에 관하여 "너희가 기억할 것이다" 라고 한 말은 미래에 관하여 "너희에게 가르칠 것이다" 라는 뜻이다. 사복음서에서 성령으로 하여금 "생각나게 하는 자" 기능을 실현하게 한다는 약속이 완성되었다. 왜냐하면 그 사 복음서는 예수의 행적의 기록이며 그가 말씀하신 것을 기록한 것이기 때문이다. 그 밖에 사도행전이나 서신들이나 계시록에도 성령이 교사와 안내자의 직능을 행하는 약속이 완성되었다. 왜냐하면 그 책들은 예수께서 계속하여 행하시고 말씀하신 것을 기록한 것이기 때문이다. 사도행전 기자는 성령을 "생각나게 하는 자"로서 이렇게 말한다. "내가 말을 시작할 때에 성령이 저희에게 임하시기를 처음 우리에게 하신 것과 같이 하는지라"(행 11:15). 해석자로서는 오순절의 베드로의 설교보다 더 분명한 예증은 없다(행 2장). 그는 그 사건을 얼마나 기교 있게 해석했는지 모른다. 참으로 놀랄 만하다. 그는 끝까지 시편 기자와 선지자의 진리를 속속들이 드러낸다 또 그는 양심의 가책을 받은 구도자들에게 기교 있게 안내했다. 그의 놀라운 설교는 어디로부터 나왔을까? 그의 지혜와 명철과 구약 성서를 인용하는 기술과 능력은 예수의 약속에 따른다면 바로 성령에서 왔다고 할 수 있다. 증거자와 해석자로서의 성령은 그 사역을 영속적으로 한다. 그것은 계속되는 세대마다 필요하기 때문이다. 그 성령은 우리와 함께 거하고 우리 안에 존재하도록 보내졌고 빛과 생명의 영속적 원천으로 존재한다(고전 2:14). 그것은 성령의 도움으로 구별된다. 성서가 하나님의 말씀이라고 한다면 그 가르침은 참되고 그 판단은 옳으며 또한 최종적이다. 다른 한편 성서가 하나님의 말씀이 아니고 사람의 말이라면 고유한 책은 아니다. 그렇다면 그 책은 다른 책과 다를 바가 없다. 그것의 권위는 다만 인간적인 것뿐일 것이다. 사람들은 그러한 공언과 결정을 바랄른지도 모른다.

성서가 증거하는 것은 그 말이 하나님의 영으로 말미암아 영감을 받았고 같은 영으로 인하여 말씀이 증거되고 해석되는 것이다. 성서는 성령의 영감으로 되었기 때문에 권위가 있는 것이다. 또 성서를 해석하는 데 있어서 성령이 필요하고 그것의 약속에 관하여 그리고 그것의 사실에 관하여 성서 안에서 읽는다. 우리에게는 한 분의 선생님이 계신다. 그 분은 성서의 저자이다. 성서의 저자는 가장 좋은 성서 해석자이다. 그 분이 바로 성령이다.

## II. 성령과 자연(창조와 섭리)

우리는 성령을 우주와 관계되는 영이라 할 수 있다. 헬라어로 우주는 "코스모스"인데 질서 지어진 전체로서의 우주라는 의미로 사용되었다. 이 우주에 관계되는 중요한 문제는 그것의 기원, 보전, 운영 등에 관한 것이기 때문에 우리가 탐구할 대상은 성령과 우주의 창조와 섭리와는 어떤 관계가 있는가를 확인시키는 것이다. 성령과 자연계와의 관계는 두 가지 말로 표현된다. 그 하나는 신적 행위(divine agency)요, 다른 하나는 신적 내재(divine immanence)이다. 이 점을 좀더 자세히 살펴보기로 하자.

## A. 신적 행위

에드워즈(Jonathan Edwards)는 "성령은 행위 안에 신성"이라고 했다. 즉 신성의 행위가 아니며 다만 행위 안에 있는 신성이라는 말이다. 구약 성서 안에서도 하나님의 영은 하나님의 행위하시는 것과 같은 말로 쓰이고 있는 것을 알았다. 그 영은 신의 계획이 효력을 발생하게 하는 삼위일체의 한 구성원이다. 이 점에서 그 영은 집행자로서의 신이라고 할 수 있다. 이 말을 성서는 충분히 뒷받침하여 주고 있다(창 1:2). 창세기 1장은 하나님을 창조주로 나타내고 시편 33편은 그를 창조주와 보전자로 찬양한다(시 33:6). 이 두 곳에 있는 말씀은 하나님이 역사하시는 그 힘을 "그의 영" "그의 말씀" "그의 호흡"이라고 붙였다. 창세기에서 말하듯이 (창 1:2), 하나님은 그의 말씀하심과 그의 영으로 말미암아 세상을 있게 하셨고 또 그것을 질서 있게 해 주셨다. 시편 33편 기자도 그가 노래할 때 분명히 창조기사를 생각한 듯 하다. 요한 복음 1장 1절과 3절 등과를 비교해 보면 더 잘 알 수 있다. "태초에 말씀이 계시니라. 이 말씀이 하나님과 함께 계셨으니 이 말씀은 곧 하나님이시라." 만물이 그로 말미암아 지은 바 되었으니 지은 것이 하나도 그가 없이는 된 것이 없느니라." 창세기에서는 땅(아레쯔)을 말하고 시편과 요한 복음에서는 우주(코스모스)를 말한다. 하나님의 말씀이나 언어는 하나의 인격이며 하나님의 호흡이나 영도 그와 꼭 같다.

우주를 지탱하시고 보전하시는 이는 성령이시다. "주의 영을 보내어 저희를 창조하사 지면을 새롭게 하시나이다"(시 104:30). 이 말은 매년 겨울이면 죽은 것 같이 보이던 것들이 다시 새롭게 살아나는 것과 관계된다. 삼, 사월에 자라나고 있는 풀 밭을 걸을 때면 하나님은 은혜 가운데서 뿐 만 아니라 자연 가운데서 새롭게 호흡이라는 것을 생각하게 된다. 우리는 여기서 다음과 같은 네 가지 결론을 얻을 수 있다.

(1) 성령은 생명, 질서, 미(美) 등의 창조자이시다. 그 결과 혼돈(chaos)은 질서(kosmos)를 찾게 되었다. 즉 혼란과 공허함과 어두움으로부터 빛과 생명을, 그리고 질서와 미(美)를 찾게 되었다.

(2) 성령은 세계 안에 있는 생명과 질서의 지탱 지속하는 자이시며 지시하시는 분이시다. 그는 창조하는데 있어서 만이 아니라 섭리하심과 보전하심과 다스리심에 있어서도 능동적인 행동을 하신다.

(3) 성령은 세계 안에 있는 생명과 질서의 회복자이시다. 그는 깨어진 조화를 회복시키시며 기울어진 생명을 다시 살게 하고 죽은 자들에게 생기를 준다. 마른 뼈가 생기를 얻은 에스겔의 환상은 (겔 37 장) 진실로 성령의 역사를 묘사한 것이다.

(4) 성령은 세계 안에 있는 생명과 질서의 완성자이시다. 그의 사역은 단순한 개념화도 아니고 목적을 성취하는 것이다. 아버지가 생각하시는 것을 아들은 경영하고 영은 그 결과를 맺는다. 아버지는 심고 아들은 물을 주며 성령은 자라게 한다.

## B. 신적 내재

하나님은 세계와 세 가지 관계를 지속시키고 계신다고 할 수 있다. 즉 초월의 관계, 인과율의 관계, 내재의 관계가 그것이다. 초월의 관계란 "저 위에"(above)와 "저 넘어"(beyond)의 존재임을 의미한다. 다시 말하면 하나님은 세상과 구별되며, 독립적이라는 것이다. 인과율의 관계란 사물이나 사건을 존재하게 하는 발생이나 원인에 대한 원리를 뜻한다. 내재 관계란 세계 안에 거하고 작용하는 사실을 의미한다. 초월하심과 인과율의 관념은 창세기 1장 1절에 있으며, 내재의 관념은 그 다음 절에 있다. 이 가운데 어느 하나라도 하나님과 우주와의 관계에서 제거시킬 수 없다. 이 관념들은 우리 기독교에 있어서 기본 요소인 것이다.

그러나 한 편 이신론자들(理神論者, Deists)은 초월과 인과율의 관념을 받아들이지만 내재의 관념은 받아들이지 않는다. 그것은 이신론자들의 하나님은 세상을 창조하셨으나 세상 밖에 거하기 때문이다. 즉 부재(不在)의 신(an absentee God)이다(Green, Studies in the Holy Spirit, 44 쪽). 다른 범신론자들(Pantheists)은 내재의 관념을 받아들이나 나머지 두 관념은 배제한다. 범신론자들은 하나님과 세계를 동일시한다. 그들에 의하면 세계는 하나님이 창조하신 것이 아니고 유출된 것이거나 진화된 것이다. 세계는 자발적으로 움직이는 하나님이다. 그 하나님은 세계 밖에서는 존재하지 않는다(같은 책, 45 쪽). 이신론자들의 세계를 "하나님을 밖에 폐쇄해 둔 껍데기 세계"라고 한다면 범신론자들의 세계를 "하나님을 안에 가둬 둔 껍데기 세계" 라고 할 수 있겠다(같은 책).

이 두 가지 극단적 대립 가운데 서 있는 기독교 유신론자들은 하나님과 세계의 관계에 있어서 이 세 가지 관념을 다 받아들인다. 하나님은 우리가 거하는 세계에서 "떨어져"(apart from) 동시에 그것을 창조하신 자로서 세계 안에 임재해 계신다. 그리고 그 하나님은 세계 안에 유폐되어 있지도 않고 그것과 동일시되지도 않는다. 초월의 사실은 아버지와 함께 연상되며 내재의 사실은 성령과 함께 연상되고 아들과는 중재가 연상된다. 그 아들은 초월적 신성과 내재적 신성 가운데 서 있는 연결점이다. 그렇다면 하나님의 영은 행위하는 신성일 뿐만 아니라 주거(住居)하는 신성이다. 그는 어디에나 임재 해 계시며 작용하신다.  범신론자들에 의하면 하나님은 세상 안에 살지도 않으시며 움직이지도 않으시며 존재하지도 않으신다. 그러나 기독교 유신론에 의하면 하나님은 세계 안에서 사시며, 움직이시며, 존재하신다.

여기서 알아 두어야 할 사실은 이것이다. 사람 가운데서의 신의 내재는 죄로 말미암아 파괴되었다(이 종성 역, 기독교 강요 선, 3 쪽(I, I, 1). 하나님은 거룩하심으로 죄를 가진 심령 속에 계실 수 없다. 하나님의 윤리적 내재는 첫 사람 아담의 죄로 말미암아 상실되었다. 그 내재하심은 둘째 아담의 복종과 의로우심으로 말미암아 잠재적으로 회복되었다. 하나님은 회복 과정에 있는 그리스도인 가운데 계신다. 이 모든 것은 성서가 뒷받침해 준다(시 139:7-10, 51:11, 요 14:16-23, 행 17:28). 서로 관계되지 않는 도덕적 영적 내주는 있을 수 없다. "그날에는 내가 아버지 안에 너희가 내 안에 내가 너희 안에 있는 것을 알리라"(요 14:20). "내가 너희 안에" "너희가 내 안에" 라는 말은 상호 관계되는 내주(內住)이다. 이러한 내주의 수단은 성령이다. "저는 너희와 함께 거하심이요 또 너희 속에 계시겠음이라"(요 14:17).

결국 신적 내재의 진리는 하나님을 우리에게 더욱 접근시킨다. 범신론이 많은 사람들의 마음을 그처럼 매력적으로 끄는 것은 바로 이러한 사실에 기인하는 것이다. 그러나 크리스천의 신적 내재의 교리만이 우주적 인간의 요구를 만족시킬 수 있다. 인간의 심령은 가까이 계시는 하나님께 소리지른다. 바울도 아덴의 청중들에게 그들이 알지 못하고 예배하는 하나님이 그리 멀리 떨어져 계시지 않음을 역설하였다(행 17:16-31). 그는 영원히 성도들의 심중에 임재해 계신다.


## III. 성령과 그리스도

여기서는 삼위일체의 관계에서 언급하지 않은 것으로서 성육신된 하나님의 아들 예수와의 관계를 말하고자 한다. 좀더 자세히 말한다면 베들레헴에서 나시고 십자가의 고난을 받으시고 부활 승천하신 그분과 성령이 무슨 관계가 있는가 하는 문제이다

## A. 성육신과의 관계

성육신이란 말은 말씀이 육신을 입었다는 것이다(요 1:14). 그것은 하나님의 아들이 인간의 본성을 가졌다는 말이다. 그러나 그는 죄가 없으시다(히 4:15). 그러므로 성육신이란 하나님의 아들이 인간이 된 행위의 대명사이다. 우리는 이것을 기적이라고 할 수밖에 없다. 이러한 내용이 실린 이야기는 누가 복음 1장 20-25절에서와 마태복음 1장 18-23절에 나타난다. 이 두 곳을 서로 비교해 보면 그 내용이 상호 보충적이며 기록자의 관점에 따라 마리아에게 치중했든지, 요셉에게 치중했든지 둘 중에 하나이다. 또 누가는 요셉의 꿈이나 사망이나 그에게 전해진 천사의 메시지를 생략했고 마태는 마리아에게 성령으로 잉태될 것과 아이의 거룩한 성격과 지고자(至高者)의 아들로서의 높은 위엄과 다윗의 위를 영원히 상속할 자로서의 그 특성을 생략하였다. 그렇다면 이들은 서로 다른 관점에서 기록했음을 알 수 있다. 이 두 곳을 서로 연결시키면 예수의 탄생이나 성격이나 사명을 좀더 분명하게 말해주는 이야기가 될 것이다. 이것은 곧 복음의 상호 보충적인 면을 시사해 주는 일면이라고 할 수 있겠다. 이것은 동정녀 탄생 교리의 성서적 근거이다. 이것은 다른 성서에서 직접적인 확증을 얻을 수 없으나 모순되지는 않는다. 예수의 기원과 본성에 대한 언급은 동정녀 탄생과 조화된다. 예수의 특별한 출생에 대하여 "독생"(only begotten) 이란 말을 사용하였다. 이 말은 "영원적인" 뜻과 "순간적인" 뜻을 갖는다. 바울도 처녀 탄생을 직접은 말하고 있지 않으나 간접적으로는 말하고 있다.

이 아들로 말하면 육신으로는 다윗의 혈통에서 나셨고 성결의 영으로
는 죽은 자 가운데서 부활하여 능력으로 하나님의 아들로 인정되셨으
니 곧 우리 주 예수 그리스도시니라(롬 1:3-4)

바울은 또한 그리스도를 두 번째 사람, 마지막 아담이라 하여 두
아담을 비교하였다(고전 15:45, 47). 첫째 사람을 땅에 속한 자로 보
았고 두번째 사람을 하늘에 속한 자로 서술했다. 전자는 피조된 자
로서의 "산 존재"(être vivant) 이었고 후자는 창조자로서 "생명을 주
는 영"(esprit donnant la vie)으로 묘사되었다. 갈라디아서에서는 때
가 차면 하나님이 아들을 보내시어 여자에게서 나게 하시고 법 아
래 있게 하신다 라고 했다(갈 4:4). 여기서 아버지는 인간적 부권(父
權)을 의미하는 것이 아님으로 이것을 탄생 교리의 뒷받침하는 내
용이라고 할 수 있겠다. 성육신의 사실은 그리스도의 죽음과 부활
에 연관지어 말하는 사도들의 설교와 가르침 가운데서 강조되었다.
마태 복음이나 누가 복음에 있는 탄생 기사를 성서에서 제거시킬
이유가 없다. 성육신 신앙은 성서에 기초한 기독론에서 더욱 필요하
다. 기독론에 대한 어떠한 교리도 성서에 의존하며 만일 기록된 것
을 한 부분이라도 생략한다면 결핍된 것을 드러내고 만다. 그러면
동정녀 탄생에 대한 신앙은 구원에 필연적으로 되지 않을 것이다.
그러나 동정녀 탄생은 성육신의 사실에 기본적인 것임이 틀림없다.
이 모든 점으로 미루어 보아 성령과 성육신과의 관계는 그 성령이
성육신의 장본인이었다는 것을 알 수 있다.

## B. 성화(聖化)와의 관계

거룩하게 한다 라는 동사는 두 가지 의미를 가지고 있다. 그 중의 하나는 깨끗하게 한다 즉 도덕적으로 깨끗하게 하고 거룩하게 한다 는 뜻이고, 다른 하나는 거룩한 직능을 위하여 성별한다 또는 분리 한다 라는 뜻이다. 다시 말하면 전자는 도덕적(moral)인 것이고 후자 는 "의식적(ceremonial) 내지는 직능적(official)인 것이다(Buttrick, ed., "Holiness", The Interpreter's Dictionary of the Bible, Abingdon, 617 쪽).

주 예수는 이와 같이 신성에 연합된 그의 인간성에 있어서 성령 으로 더불어 측량할 수 없이 성결하게 되었으며 기름 부음 바 되었 다(이 종성, 앞의 책, 17 쪽). 성령으로 더불어 기름 부음을 받았다 라는 말은 성별되었다는 뜻이 있다. 만일 성결하게 되었다는 말이 의식적 인 의미로 쓰였다면 그리스도의 성별의 관념은 이중적인 것으로 된 다. 즉 성령으로 더불어 거룩하게 되고 기름부음을 받았다는 말은 끝까지 거룩하고 죄가 없으며 타락하지 않았다는 말로 읽을 수 있 다.

그가 왜 거룩해야 하는가를 이해할 수 있다. 왜냐하면 무죄함은 구주의 직능에 있어서 기본적인 자격이기 때문이다. 만일 그도 죄 가 있다면 그도 또한 구주를 필요로 하기 때문이다. 성화란 죄가 없 는 것과 거룩하게 되는 행위의 대명사이다. 예수는 구주가 되기 위 하여 거룩하게 되어야만 했었다. 그는 거룩하게 되기 위하여 성화 되어야만 했었다. 아버지는 그 아들을 위하여 성령으로 한 몸을 예비하셨다. "성령이 네게 임하시고 지극히 높으신 이의 능력이 너를 덮으리니 이러므로 나실 바 거룩한 자는 하나님의 아들이라 일컬으리라"(눅 1:35).

이 때문에 우리는 그 영을 성령이라고 부른다. 그는 본성상 아버지와 아들보다 더 거룩하지는 않다. 거룩함이 특별하게 그의 이름에 한 부분이 되어야 하는 것은 그가 거룩함의 장본인이며 성화 작용은 그의 특수한 사역이기 때문이다(벧전 1:1-2, 살후 2:13).

우리는 예수에 대하여 잠시 동안이라도 그가 거룩하지 않게 계셨다고 생각해서는 안 된다. 그의 성화 작용은 그가 성령으로 잉태될 바로 그 순간에 확인되었으며 그것은 완전한 것이다. 우리 주의 인간성은 하나님의 성령으로 말미암아 거룩하게 되었고 보존되었다.

성결하게 한다는 것은 또한 성별한다는 것을 의미한다. 예수님은 그의 성육신하심에 있어서 도덕적으로 성결하게 되었고 세례 받으셨을 때에는 직능적으로 성결하게 되었다. 희생과 승리를 위한 능력으로서 충만한 권능을 받은 것이다. 이렇게 받은 것은 완전한 것이며 영속적인 것이다. 그는 성령을 넘치도록 받았다(요 1:33). 그리스도의 성령은 그리스도를 기름 부은 영일 뿐만 아니라 그리스도가 기름 붓는 영이기도 하다.

## C. 사역과의 관계

그리스도를 통한 성령의 역사하심의 연장은 성령과 그리스도의 사역과의 관계에서 생각할 수 있다. 이것은 그리스도와 성령과의 관계에 있어서 세 번째의 국면이다. "신인(神人)이시며 "속죄자"이신 그리스도는 그의 삶의 시작부터 관계를 가지고 있다. 이러한 관계는 그의 생 전체를 통하여 확장되어 갔다. 성령의 권능을 통하여 기적을 행하실 때나 가르치실 때 시험을 받으실 때나 죽음에서 승리하실 때나 그 권위를 밝히 드러내셨다. 성서가 이를 증거해 준다. 성령에 이끌리어…. (마 4:1), 성령이 예수를 광야로 몰아 내신지라(막 1:12), 예수께서 성령의 권능으로 갈릴리에 돌아가시니… (눅 4:14). 예수는 갈릴리에서 자신의 사역을 시작하시면서 이렇게 말씀하셨다.

> 주의 성령이 내게 임하셨으니 이는 가난한 자에게 복음을 전하게 하시려고 내게 기름을 부으시고 나를 보내사 포로된 자에게 자유를, 눈먼 자에게 다시 보게함을 전하며 눌린자를 자유하게 하고 주의 은혜의 해를 전파하게 하심이라(눅 4:18-19).

그는 성령의 권능 가운데서 설교하셨고, 가르치셨고 기적을 행하셨다(마 12:28). 악령도 주의 영으로 말미암아 떠나갔다(눅 10:17). 예수는 같은 시간에 성령으로 기뻐하셨다(눅 10:21). 그가 기뻐하심은 자신의 복음은 계속되고 사탄은 몰락되었기 때문이었다. 그는 하나님께서 약한 것을 강하게 하여 쓰시는 것을 기뻐하신 것이다(눅 10:21). 그렇다면 그의 기쁨의 본질을 영적인 것이라고 할 수 있겠다. 즉 성령 안에서 성령으로 말미암은 기쁨이었다. 갈보리에서 그리스도는 자신을 하나님께 제물과 희생으로 드리었는데 이 장엄한 행위는 성령의 권능으로 된 것이었다(히 9:13-14). 한편 그는 부활하신 후에도 하나님의 영의 가르치심과 도우심 아래서 행동하고 있었음을 알 수 있다(행 1:2).

그리스도의 사역은 하나님의 영의 결실이었다. 결국 우리는 성서가 그리스도의 생 전체를 통하여 성령과 관계되었음을 밝혀준다. 그의 잉태하심과 그의 세례를 받으심과 그의 시험을 받으심과 그의 사역의 시작과 끝을 통하여 밝히 나타난다. 그는 또한 신적인 권위를 가지고 행동하고 말하도록 자격이 부여된 것은 인간성과 함께 신성이 연합되었기 때문이다.

### D. 부활하심과 승천 후의 사역과의 관계

부활하심과의 관계에 대해서는 성서에 분명하게 정의되어 나타난 곳은 없다. 그렇지만 지금까지 그의 생애에 있어서 성령과 관계됨을 보았는데 그의 부활하심과 승천하심과 무관하다고는 할 수 없다. 생명을 주는 자(life-giver)가 생명을 회복하는 자(life-restorer)도 될 수 있다. 성령은 영혼을 죄의 죽음으로부터 살리신다. 그렇다면 그 몸을 죽음의 잠으로부터 살리지 않을 수 없다. 이것은 삶의 영이라는 뜻을 가진다(롬 8:2). 그는 삶의 영으로서 사람을 죄와 죽음의 법에서 자유롭게 한다. 그렇다면 그리스도도 같은 법에서 자유롭게 하였을 것이다. 이 말은 성서가 또 다시 밝혀 준다.

예수를 죽은 자 가운데서 살리신 이의 영이 너희 안에 거하시면 그리스도 예수를 죽은 자 가운데서 살리신 이가 너희 안에 거하시는 그의 영으로 말미암아 너희 죽을 몸도 살리시리라(롬 8:11).

하여간 이러한 능력의 역사가 이 셋의 각각에게 연합되었다는 사실은 그들이 꼭 같은 신성과 권능을 가졌음도 밝혀주는 것이다.

그리스도의 승천은 하나의 완성이요 또한 하나의 새로운 시작이다. 이 사건을 준비 시기를 끝내고 실제로 행하는 시기를 열어놓았다. 아들의 승천은 곧 영의 내려오심을 의미한다. 즉 아들이 다 못한 사역을 영으로 하여금 계승하게 하는 새로운 국면을 뜻한다.

예수는 자신의 제자들에게 자기가 떠나간다고 말했을 때 그들은 슬퍼했다. 그러나 그는 곧 다시 자기가 다시 올 것이라는 말로 용기를 북돋아 주었다. 다시 말하면 또 하나의 다른 자기(alter ego)인 영이 돌아올 것을 의미하였다. 그 영은 자기의 계승자로서 자기의 임재와 사역을 계승할 것을 말한다. 예수는 자기가 육체로 있을 때에 자기의 인격으로 이야기하였고 승천한 후로는 자기의 제자들 즉 사도들을 시켜 성령을 통하여 계속해서 말하고 행동하고 대리권 행사를 하게 하였다. 진정한 의미에서 제자들은 예수의 계승자들이었으며 예수는 제자들에게 임재 해 있었다. 그 영은 이 일을 영위하였고 완성시켰다. 그는 그리스도를 떠나서 선교의 임무나 메시지 전달을 하지 않았다. 그의 과업이란 그리스도를 증거하는 것이었다.

진리의 영이 오시면 그가 너희를 모든 진리 가운데로 인도하시리니 그가 자의로 말하지 않고 오직 듣는 것을 말하며 장래 일을 너희에게 알리시리라. 그가 내 영광을 나타내리니 내 것을 가지고 너희에게 알리겠음이니라(요 16:13-14).

그리스도께서 이 땅에 있을 동안 아버지의 영을 기쁘게 했고 아버지와 영은 아들을 기쁘게 했다. 아버지는 아들을 죽은 자들로부터 살리시어 기쁘게 하였으며 또 자기의 오른 손에 앉히심으로 그를 높이셨다. 영은 사람들에게 그의 특별한 성품과 사역을 통하여 보임으로써 그를 기쁘게 했다. 이는 삼위일체의 상호작용(interaction)의 아름다움 또는 미(美)인 것이다.

## Ⅳ. 성령과 교회

성령과 그리스도 교회/기독교가 깊은 관계가 있음은 누구나 잘 아는 사실이다. 바르트도 성령에 특별한 강조점을 둔 것은 그의 교의학의 특색이다(윤성범, 칼 바르트, 1968, 171 쪽). 그러나 그 관계를 정확하고 간결하게 말하기는 지극히 어렵다. 성령이 교회를 조직 구성하여 그것을 "있게" 하였다. 바르트에 의하면 "성령은 깨우치는 능력이다"(Barth, CD Ⅳ 171 쪽). 교회는 예수 그리스도 자신의 존재의 지상적 역사적 형태이다. 즉 교회는 그의 몸이다. 성령의 깨우치는 능력에 따라 창조되고 계속적으로 새로워져야 한다. 성령은 생명을 소생시키는 능력이다(같은 책, 2, 614 쪽). 주 예수께서는 그 능력으로 그리스도 교회를 세상 가운데 자기 몸으로 세우신다. 성령은 살아 계신 주 예수그리스도가 계발시키는 능력이다(같은 책, 3, 681 쪽). 그는 이 능력 안에서 부르심을 받은 교회에 대하여 그의 예언자적인 말씀을 증거하도록 한다.

그렇지만 그 교회가 언제, 어디서 생겼는지는 말하기 어렵다. 하여간 성령이 사도들을 통하여 역사하신 오순절 때부터 교회 활동이 더욱 발전한 것만은 사실이다. 요한 복음에는 예수께서 아직 영광을 받지 않으신 고로 성령이 아직 저희에게 계시지 아니 하시더라고 했다(요 7:39). 성령이 아직 계시지 않았다는 말은 성령이 세상에 계시지 않았다는 말은 아니다. 그는 처음부터 세상에 계셨다(창 1:2). 그는 홍수 이전에도 역사하셨고 선지자들과도 말씀하셨다. 한편 세례 요한도 성령으로 충만했고 예수님도 성령으로 세례를 받았으며 또 성령을 넘치도록, 측량할 수 없도록 받았다. 그래서 요한이 이렇게 말한 것은 성령이 우리와 함께 우리 안에 거하도록 보내지 않았다는 말이다. 다시 말하면 그의 권능의 은혜와 사역에 있어서는 우리와 함께 계셨지만 인격적으로는 계시지 않았다는 계시지 않았다는 말이다. 그리스도께서 그의 속죄 사역을 완성했을 때 성령이 내려와 그리스도의 사역을 교회로 전달하고 현실화하였다. "성도들은 사도들의 말의 능력과 진리의 구체적 형태 가운데서 행동하고 역사한다(바르트, 앞의 책 IV 1, 718 쪽). 예수님은 자기 사역을 이룩하였으나 자기 제자들로 하여금 기다리게 했다. 그렇지만 때가 차지 않았다. 오순절의 역사가 아직 이뤄지지 않았다(행 1:4-5). 오순절은 아버지의 약속의 완성이었다. 그것은 그리스도를 통하여 성취되었다. 요단강에서 예수님은 물과 성령으로 세례를 받았고 그리스도로 확증되었다. 그는 기름부음을 받는 예식을 자기의 제자들에게 계승시켰다(행 2:1-4). 오순절 날(때) 기도하는 무리가 함께 모여 다락방(장소)에 있을 때 하늘로부터 급격한 표적이 있었다. 이제 성령이 인격적으로 주어졌다. 그 성령은 인간 본성에 거하기 위하여 강림하셨다. 이때부터 살아 계신 하나님의 교회는 더욱 활발한 유기체의 기능을 발휘하였다. 마치 인간의 몸과 같이 하나님의 교회가 작용한 것이다. 교회는 하나님의 기관(organ)이었다. 즉 하나님의 영의 도구였다. 아들이 일할 몸을 필요로 하였다면 성령도 증거할 몸을 필요로 하였다. 오순절날 그는 친히 몸을 준비하였다. 다시 말하면 육체화 된 것이다. "성령은 예수 그리스도를 살아 계시는 머리로 나타내신 것이다"(Barth, 앞의 책 725 쪽). 머리로서 그는 그 몸을 준비하여 그 안에 내주(內住)하신다. 그래서 그린(Green)은 그날을 그리스도 교회의 생일이라고 말한다(Green, 앞의 책 79 쪽). 여기서 성령은 삶의 원리이다(고전 12:13). 또한 원기의 원천이요 인품과 지혜와 사역의 근원이다(고전 12:4,7-11). 만일 성령이 교회를 떠난다면 유기체와 기관으로서는 끝나며 다만 하나의 기구에 불과하게 된다. "살았다는 이름은 있으나 실상은 죽은 것이 될 것이다"(계 3:1). 경건한 모양은 있으나 능은 없는 것이 되고 말 것이다(딤후 3:5). 그 영은 개인이나 공동체를 막론하고 그리스도인의 생활에 있어서 다이나믹한 존재다. 그는 교회를 인격적으로 지시하는 힘이다. 그리스도께서 교회 위에 있는 권위였다면 성령은 교회 안에 있는 권위이다. 성령은 자기가 이룬 교회의 사건을 잘 이끌어 나가며 교회를 점유하여 생기 있게 해 준다. 성령의 직능에 있어서 이러한 국면은 사도행전이나 사도들의 서신을 통하여 잘 보여 주고 있다.

바울은 교회를 인간의 몸으로 비교한다. 특히 로마서와 고린도전 후서에서 말하는 몸의 비유 가운데는 교회에 대한 진리를 발견할 수 있다.

(1) 교회는 몸과 같이 유기체이다. 즉 살아서 자라나는 것과 같다.
(2) 교회는 몸과 같이 많은 지체를 가진 전체(whole)이며 다양성 가운데 있는 통일체이다(unity).
(3) 교회는 몸과 같이 각 지체가 각 부분의 특수한 기능을 가졌다(Green, 앞의 책 89 쪽). 각 그리스도인들은 그리스도의 몸의 지체들이다. 이 몸은 유대인들과 이방인들, 전(全) 세대(世代)와 모든 사람들로 구성되었다(엡 4:4, 7, 13-16). 각자는 다른 사람들과 연합하여 그의 구조를 이룬다. 성도들은 그리스도와 연합하여 완전하게 된다. 그래서 모든 성도들은 함께 교회라는 대(大) 육체적 인격성을 형성한다.

바울은 교회를 건물로 묘사한다(엡 2:20-22). 여기서 그는 그 모퉁이 돌은 그리스도임을 밝혔다. 결국 그 기초는 그리스도라는 말이다. 이것은 여호와께서 시온에 두신 기초이다. 이 말은 고린도 전서 3장 10-11절과 일치하는 말이다. 우리는 사도들과 선지자들의 터 위에 세우심을 입은 자로서 성령 안에서 하나님이 거하실 처소가 된 것이다. 이것은 진실 된 성전이며 교회인 영적 집이다. 성령과 건물과의 관계에서 살펴보면 성령 안에서 하나님이 거하실 처소라는 표현은 하나님께서 성령으로 말미암아 우리 안에 내주하신다는 뜻이다. 즉 교회는 주 안에서 성장하고 성령 안에서 지어진다는 뜻이기도 하다.

건물과 몸의 큰 차이점은 몸은 살아있고 건물은 살아 있지 못하다는 점이다. 그러나 바울은 건물을 자라나는 것으로 표현하였다. 자란다는 것은 생명의 표현이다. 죽은 것은 자랄 수 없고 자라지 않는 것은 죽은 것이다. 건물은 살아 있지 않고 자라지 않으나 이 영적 건물은 자란다. 이 생명과 성장의 비결은 성령으로 말미암아 그 안에 계시는 그리스도이시다.

바울은 유기적 통일체 안에서 성령과 그리스도의 관계를 묘사한다. 성령은 교회를 형성하고 그 안에서 내주하시며 그것을 통일하시며 성결 하게 하신다. 성령은 믿는 자들을 인치시고(엡 1:13, 4:30). 아버지께 나아가게 하시고(엡 2:18), 지식을 주시며(엡 3:5), 속 사람을 능력으로 강건하게 하시고(엡 3:16), 하나의 통일체로 묶으시고(엡 4:3), 하나님의 말씀이신 그의 검으로 무장시키시며(엡 6:17), 성도들을 위하여 기도하신다(엡 6:18).

바울은 또 교회를 신부로 묘사한다(엡 5:25-32). 크리스천들은 같은 가족의 구성원들이기 때문에 형제들이다. 다시 말하면 같은 국가의 시민들이다. 크리스천의 사회는 한 동포의 우정 관계다. 하나님은 아버지요, 크리스천들은 그 가정의 구성원들이며 모두 형제간이다. 기독교는 넓은 의미에서 형제 관계이다. 그것은 첫째 아담의 피로 인한 것이 아니고 둘째 아담의 피로 인한 것이다. 즉 다시 남(new birth)과 양자 삼음(adoption)으로 말미암아 형제 관계를 이룬 것이다. 이러한 새로운 관계는 은혜의 성령으로 말미암아 구성된다. 크리스천들은 성령으로 말미암아 출생되며 양자의 영을 받았다. 한 영 안에 있는 그리스도를 통하여 아버지에게 가까이 나가게 되었다 (엡 2:18, 히 4:16).

결국 교회를 묘사하는 모든 표현 가운데 지배적인 관념은 통일체와 의무의 관념이다. 통일성의 관념은 통일체와 의무의 관념이다. 통일성의 관념은 생명과 관심사와 운영의 단일성을 말하며 의무의 관념은 상호간의 사랑과 봉사의 의무를 말한다. 평화의 줄로 매어 성령의 통일성을 지탱 지속하는 유일한 길은 모든 불의를 떠나는 것이다. 개인적 불의는 불신과 증오와 분 냄과 시기와 질투와 오만 같은 것들이며, 사회적 불의는 전쟁과 거짓말하는 것과 간음과 도둑질하는 것과 게으름과 탄식과 일꾼을 착취하는 것들이다. 크리스천들은 하나님의 성전이요 그리스도의 몸의 지체들이다. 오직 성령으로 통일성을 이루며 맡은 바 책임을 감수해야 할 것이다. "크리스천의 공동체인 그리스도의 교회는 성령의 사역으로서 인간 행위의 형태 안에서 사람들 가운데 일어나는 역사이다… 그 공동체는 살아 계신 예수 그리스도로 말미암아 성령을 통하여 모이게 된다(Barth, 같은 책, 650 쪽). 영은 교회를 성결 하게 하고 성령을 받은 교역자들은 성령으로 성서의 말씀을 해석하고 성례전을 효력 있게 하며 교회를 거룩하게 자라도록 일한다. "성령은 그리스도의 사역을 완성하시며 교회의 각 구성원을 삼위일체 하나님과 인격적 연합을 하게 한다"(Anderson, ed., The Theology of the Christian Mission, 1962, 225 쪽).

## V. 성령과 개체

성서를 보면 첫 번째 사람이 태초에 하나님의 형상을 가졌다. 그러나 그는 죄를 범함으로 말미암아 처음 받은 복을 잃어버렸다. 그래서 그리스도께서 오게 되었고 그의 직능은 깨어진 이 관계를 다시 세우는 일이었다. 그가 하시는 일은 속죄하여 원상 복구를 시키고 이전 조건으로 되돌아 가게 하는 것이었다. 그리스도의 사명은 변절을 통한 불안과 혼란과 타락을 전제로 한 것이며 성령의 사명은 그리스도의 사명을 전제로 한다. "성령을 받고 성령을 소유하며 성령 가운데 사는 것은 자유롭게 되고 자유로움 가운데서 살도록 허락을 받는 것을 뜻한다… 그것은 하나님의 은사다"(Barth, Dogmatics in Outline, 138 쪽). 그래서 내가 그리스도 안에, 그리스도께서 내 안에 계시게 되고 우리는 다같이 하나님의 자녀가 된다.

여기서 성령의 역사는 개체 가운데서 어떻게 일어나며 구체적으로 개체와 어떤 관계가 있는지를 살펴보기로 하겠다.

### A. 소명(Calling)

하나님과 죄인의 관계에 대한 처음 묘사는 창세기 3장에 잘 나타나 있다. 하나님은 동산을 걸으시면서 자기의 낯을 피하여 무서워하며, 부끄러워하는 그를 부르셨다. 이 묘사에서 우리는 하나님께서 죄인의 친구로 나타났음을 안다. 그는 신실한 목자의 역할을 했고 신실한 아버지로서의 역할을 했다. 슬픈 인간의 죄의 역사가 시작될 때부터 하나님께서는 찾고(seek), 부르셨다(call). 처음에는 친히 찾으셨고 그 다음에는 대리자들인 선지자들에게 위탁하셨다. 그뿐 아니라 끝내는 하나님은 아들을 시켜서 그렇게 했고 지금은 성령을 통하여 계속 하고 계신다. 아버지와 아들의 역사적인 부름은 외적인 것이며, 일반적인 것이었다. 성령의 부름은 내적인 것이요 특수한 것이었다. 효과적인 부름이란 하나님의 말씀과 그 말씀으로 구원의 효력을 발생하게 하는 성령으로 말미암아 적용되는 하나님의 전능하신 능력과 은혜의 역사이다. 삼위일체에서 세 위(位)는 인간을 속죄하는 데 있어서 협동하는 것으로 나타난다(딤후 1:9, 살후 2:13-14).

참으로 부름이란 효과적인 것(effectual)으로서(Berkhof, Sytematic Theology, 465 쪽), 그것이 실제로 목적을 완성하며 영혼을 죄로부터 하나님에게 돌이키는 것을 의미한다. 또 한편 그것을 행위(act)와 구별하여 하나님의 역사 하심(work of God)으로 규정한다. 마지막으로 죄와 비참에 대한 확신을 주고 그리스도의 지식에 대하여 깨우치며 우리의 의지를 새롭게 하여 그리스도를 받아들이도록 설득하고 그것을 가능하게 하는 것으로 묘사되었다.

## B. 중생(regeneration)

중생은 성령의 행위를 표현하는 용어이다. 이 표현을 지지해 주는 성서 구절은 많이 있다. 돌과 같은 마음과 반대되는 표현으로서 새로운 마음(겔 36:26), 다시 남, 위로부터 옴(요 3 장), 중생의 씻음, 성령의 새롭게 하심(딛 3:5), 그리스도와 함께 살리셨고(엡 2:5) 등이 있다. 그 행위의 본질은 그 용어 안에 내포되어 있다. 그 본질은 낳은 것(벧전 1:13), 생기게 하는 것(약 1:8), 피조물(고후 5:7) 등으로 나타난다.

출생(birth)이란 새로운 어떤 것의 시작이다. 중생이란 수선 (repairing)이 아니고 재창조(recreating)이다. 창조한다는 것은 근원적이던, 되풀이되는 것이든 간에 낡은 것을 고치는 것이 아니고 새롭게 만드는 것이다. 효과적으로 불러냄을 받은 크리스천들은 새로워진 자들이며, 안에서부터 밖에까지 전체적으로 새로워진 어떤 것이다. 물론 성령의 이러한 사역은 신비로운 것이다. 그러므로 그것은 어떤 수단을 사용함으로써 이루어지지 않는다. 그것은 진리의 말씀을 가진 영으로 말미암아 이룩된다. 실제의 동력은 성령이다. 말씀은 이와 같이 하는 환경이다. 말씀은 그리스도 안에서 다시 난 자녀들을 위하여 환경과 빛과 음식을 지원해 준다. 새로운 피조물은 진공으로 되는 것이 아니다. 수단을 사용하는 것은 생을 유용하게 하기 위한 것이다. 수단을 사용함으로써 삶을 살찌게 하고 자극시키며 발전시키지만 수단을 사용함으로써 살릴 수는 없다. 어떠한 수단을 사용한다는 것은 벌써 생명이 있음을 전제로 한다. 그러므로 수단을 사용함으로써가 아니고 수단을 사용함과 더불어이다 (Green, 앞의 책, 103 쪽). 하나님은 그들이 앞으로 나가는 한 수단을 사용한다. 그는 우리를 우리의 본성에 따라 나누신다. 그는 우리가 구성한 법을 관찰하신다. 그는 우리를 합리적 존재요 자율적 행동자로 대한다. 나를 보내신 아버지께서 이끌지 아니하면 누구도 내게 올 수 없다고 한다(요 6:44). 그 아버지는 마술적으로, 기계적으로가 아니고 합리적으로 이끄시며 강제로가 아니라 권면으로 이끄신다. 내가 사람의 줄, 곧 사랑의 줄로 이끌었다(호 11:4). 그는 짐승에게가 아니라 사람에게 적합한 여러 방법으로 사람들을 이끄셨다.

성령의 역사는 인간 능력의 영역을 넘어선다. 인간은 기경(cultivate)/경작할 수는 있으나 창조할 수는 없다. 인간은 낡은 것을 수선하고 벌써 있던 것을 가지고 여러 가지로 만들 수는 있으나 새로운 것을 만들 수는 없다. 아무도 자신을 낳을 수도 없고 자기 스스로 중생을 할 수도 없다. 그렇다면 중생은 어떻게 할 수 있는가? 라는 문제가 제기된다. 그러나 성서의 확증에서 지지를 얻을 수 있다. 성서는 이렇게 말한다. 사람이 거듭나지 아니 하면 하나님의 나라를 볼 수 없다(요 3:3). 육신의 생각은 하나님과 원수가 되며 이는 하나님의 법에 굴복하지 아니할 뿐만 아니라 할 수도 없다(롬 8:7). 우리는 거듭나야 된다(요 3:7). 그러므로 중생해야 할 필연적인 이유는 한 편은 사람에게 다른 한 편은 하나님에게 있다. 첫째 이유는 인간이 마음에 어두움과 죽음과 타락과 적의를 가졌기 때문이다. 성서는 죄인을 눈 먼 자와 죽은 자로 나타낸다. 또 인간의 마음을 제일 먼저 속이는 자와 사악한 자로 표현한다. 중생을 하지 못한 자는 하나님에게 적의를 가진 자로 나타낸다. 맹인은 볼 자격을 상실한 자요, 죽은 자는 행동을 자격을 상실한 자를 의미한다. 부패된 자는 선에 대한 자격을 상실한 자다. 적의와 증오를 품고 있는 마음은 사랑할 자격을 상실한 자다. 어떤 사람에게는 이것이 납득이 잘 안 가는 진리이지만 이 진리를 받아들인다는 것은 하나님의 은혜의 주권을 속죄 가운데서 확대시키는 것이다. 그 교리가 까다롭고 사람들이 그토록 부정함에도 불구하고 죄 가운데서 사람이 타락한 것은 계시와 경험을 통하여 확증된다. 자연인 중에 나쁜 사람들뿐만 아니라 그들 중에서 가장 선한 사람들까지 라도 하나님의 나라를 보고 들어가기 위하여 다시 나야만 한다. 이 실례를 니고데모에게서 볼 수 있다. 그는 이스라엘의 선생이요 귀족이었고 소위 가장 선한 사람들 가운데 하나였다. 니고데모가 다시 나야할 필요가 있다면 분명코 다른 사람들도 반드시 중생이 필요한 것이다.

둘째 이유는 하나님과 천국/하나님의 나라가 거룩하기 때문이다. 사람이 거룩하지 않고서는 아무도 주를 보지 못할 것이다. 성서는 내가 거룩하니 너희도 거룩하라 라고 말씀하였다(레 19:2, 벧전 1:16). 거룩하지 못한 자들이 성령으로 말미암아 새롭게 되어 새로운 성품(new nature)을 가지게 함으로써 거룩하게 되었다. 베드로는 우리가 신적 성품을 가지게 된다고 말했다(벧후 1:4). 이 신적 성품(divine nature)이란 하나님 자체의 것이 아니고 하나님으로부터 오는 것을 의미한다. 생(生)과 행위의 새로운 원리가 주입된 행위를 중생이라고 말한다(Green 앞의 책, 106 쪽). 중생은 생명을 주시는 분이신 성령으로 말미암아 이루어진다. "하나님의 신이 나를 지으셨고 전능자의 기운이 나를 살리시느니라"(욥 33:4).

성품이 급변하여진 증거는 생활과 행동의 변화로 나타난다. 성령은 바람과 같아서 그가 하시는 행동은 보이지 않고 신비스러운 것이다. 그러나 그 결과는 분명하다. 그가 작용하는 중심 과제는 다른 종류의 사람으로 바꾸는 것이다. 육으로 난 자는 육이요 영으로 난 자는 영이다(요 3:6). 영으로 난 자는 육을 따라 행하지 않고 영을 따라 행한다. "왜냐하면 육을 따라 행하는 자는 육적인 것을 생각하나 영을 따라 행하는 자는 영의 것을 생각하며 또 육의 생각은 사망이요 영의 생각은 생명과 평화이기 때문이다"(롬 8:5-6). 자연인과 영적인 사람의 차이는 생명과 죽음의 차이이다. 새로운 생각, 새로운 생활은 물론, 낡은 것들이 없어지고 모든 것들이 새로와진다는 것을 의미한다(고후 5:17). 거기에는 새로운 태도와 새로운 마음 가짐과 새로운 비전이 있다. 사랑과 열망의 대상은 땅에 있는 것이 아니고 위에 있는 것들이다(골 3:2). 이러한 외부적인 변화는 때때로는 갑자기 되기도 하면서 두드러지게 나타나기도 한다.

## C. 회심(conversion)

중생을 증명하는 전문적인 용어를 찾아 쓴다면 "회심"이라는 쓸 수 있을 것이다. 회심이란 완전히 돌이킨다는 말이다(turning out). 회심의 대표적인 예를 든다면 사울(Saul of Tarsus)이라 할 수 있겠다. 그는 다메섹 노상에서 놀라운 경험을 한 후로 완전히 다른 사람이 되었다. 그는 방향을 돌이켰다. 그의 회심은 어떤 다른 사람 못지 않게 급하게 된 것이지만 성년의 생활 가운데서 모든 실제적 회심이 외부적인 변화로 나타났다.

회심에는 두 가지 요소가 있어야 한다. 즉 믿음과 회개이다. 이것들은 다 새로운 태도와 새로운 감정과 새로운 행위를 의미한다. 이런 것들은 다 어떤 것으로부터(turning from), 무엇을 향하여 돌이키는 것이다(turning to). 즉 회개는 죄로부터 하나님에게 돌이키는 것이요 믿음은 자기 자신으로부터 그리스도에게로 돌이키는 것이다. 이것들은 자체를 새로운 복종 가운데서 나타낸다. 그러므로 생활은 새로운 거점에서 지속된다. 한 거점에서 다른 거점으로 돌이키는 것은 사람의 영으로가 아니고 하나님의 영으로 말미암아 이루어졌다. 중생이라고 말하는 성질의 변화나 믿음과 회개라고 말하는 태도의 변화는 영혼의 관계에 대한 일반적인 재정리를 함축하고 있다. 영이 들어와 소유하자 마자 모든 것을 질서 있게 만든다.

우리는 죄로 말미암아 중요한 세 가지 관계가 깨어졌다. 그 중의 첫째는 하나님과 사람의 관계이다(Green, 앞의 책, 107 쪽). 죄는 이 둘을 갈라놓았다. 따라서 이 둘의 관계는 서로 적대 관계를 이루게 된 것이다. 성령은 그리스도의 속죄를 기초로 하여 이 둘을 화해시켜 연합하게 하였다. 하나님과 사람은 원수 되는 것을 중단하고 친구가 되었다.

## D. 의인(義認, Justification)

사람들은 하나님에게 용서를 받고 용납되어 의롭게 된다. 결국 원상 대로 회복된다. 하나님의 법에서 이탈하여 살던 데서 떠나 신뢰받고 복종하는 시민이 된다(Berkhof, 앞의 책,510-511). 의인은 바로 이것을 의미하는 것이다. 의롭게 된 사람이 형벌로부터 면하게 되어 복을 받아 회복된다. 이 의인(義認)은 하나님의 행위이다. 더 나아가서 삼위일체 하나님의 행위이다. 특별히 성령의 행위라고 할 수 있다. 성령의 역사는 그리스도께서 우리를 위하여 하실 수 있는 것을 우리 안에 구체화되도록 하는 것이다. 그리스도는 장애물을 제거하고 그 길을 깨끗이 하였다. 성령은 소격(疏隔)된 부분들을 하나로 하신다. 성서는 의인과 성령을 결정적으로 관련시킴을 보여준다. "너희 중에 이와 같은 자들이 있더니 주 예수 그리스도의 이름과 우리 하나님의 성령 안에서 씻음과 거룩함과 의롭다 하심을 얻었느니라"(고전 6:11).

우리는 그리스도 안에서 의롭게 되며 성령은 우리를 효과적인 부름으로 그리스도에게 연합시킨다.

성령이 하나님과 사람 사이에 세우는 또 하나의 관계가 있다. 즉 자식의 관계이다. 그를 아들의 영(The Spirit of the Son)이라고 부른다. 그는 아들 된 영을 주셔서 아바 아버지라고 부를 수 있는 아들로서의 느낌과 의식과 확신을 준다(갈 4:6). 성령은 우리 영으로 더불어 우리가 하나님의 자녀인 것을 증거하신다(롬 8:16). 우리가 하나님의 아들 된 것을 현실화할 수 있는 것은 우리 마음에 성령이 임재함으로써 이다. 그리스도 없이 아들도 될 수 없고 그리스도의 영이 없이는 아들 된 것을 구체화시킬 수도 없다.

사람은 의인(義認)을 통하여 하나님의 나라의 시민으로 용납되고 시민권의 모든 특권을 받을 권리가 있다. 또 양자로서 하나님의 가족에 입양되며 자녀의 모든 특권을 가질 권리가 있다. 그래서 성서는 하나님과 사람 사이에 이중적 관계를 세운다. 그 하나는 복종과 종의 관계이며, 다른 하나는 아들과 상속자의 관계이다.

죄로 말미암아 중요한 세 가지 관계가 깨어졌는데 그 둘째는 사람과 사람 사이의 관계이다(Green, 앞의 책, 109 쪽). 그래서 성령은 이 관계를 고쳐놓는다. 인류는 죄 때문에 나뉘어졌고 적개심을 가지게 되었다. 예수님은 이것을 없애기 위하여 오셨다. 그는 사람과 하나님과의 사이에서도 중보자이지만 사람과 사람 사이에서도 중보자이다(엡 2:14-19). 둘 중에서 이와 같은 하나의 새로운 사람을 창조하고 그 다양한 요소들과 조화를 이루게 하는 것은 성령이 한다. 성령은 통일성과 조화를 좋아한다. 그래서 주의 종이 있는 곳은 어디에나 자유가 있고 평화가 있다(고후 3:17).

죄로 말미암아 중요한 세 가지 관계가 깨어졌는데 그 셋째는 그 사람 자신 아내의 문제이다(Green, 앞의 책, 110 쪽). 죄로 말미암아 사람은 자신에게 분열을 초래하였다. 그래서 존재의 질서는 혼란이 일어나게 되었다. 죄의 결과로 사람의 영혼은 얽매임과 교전의 상태에 있다. 분열된 것이 없어지기 전에는 진정한 질서와 평화도 없고 진정한 자유와 행복도 없다. 바울은 로마서 7장에서 자기가 육체에 매어있음을 통탄하였다. 누가 나를 건저내랴?(롬 7:25). 이에 대한 대답으로 그는 나는 예수 그리스도 우리 주를 통하여 하나님께 감사한다고 말했다(롬 7:25 이하). 왜냐하면 예수 그리스도 안에서 생명의 영의 법은 나를 죄와 죽음의 법에서 자유롭게 하였기 때문이다(롬 8:2). 실제적인 구원은 성령이 하신다. 그는 인간 본성의 물질적 요소와 비물질적 요소를 조정하신다. 성령은 인간의 영과 육체 사이에 일어나는 적개심을 제거하여 전쟁의 원인을 없이 함으로써 인간의 영이 육체보다 더 우위성을 갖도록 회복한다. 이렇게 해서 성령은 사람을 통일시킨다. 이 수년의 작업을 통하여 계속되는 하나의 과정이다. 획득된 기초가 보전되어야 한다. 영혼의 전 영역이 하나님의 의지에 굴복할 때까지 그 과정은 연장된다. 영의 지도권과 보조는 반드시 필요하다.

## E. 성화(聖化, Sanctification)

인격의 재조정과 재통일을 나타내는 학술적 용어는 성화(聖化)라는 말이다. 성화란 하나님의 자유로운 은혜의 역사이다. 하나님의 초자연적인 역사이다(Berkhof, 앞의 책, 532 쪽). 우리는 그 결과로 하나님의 형상을 따라 완전히 새롭게 되었고 죄로 죽었다가 의로 살게 되었다. 중생은 하나의 행위(act)이다. 회심도 하나의 행위이다. 의인도 하나의 행위이다. 양자 삼음도 하나의 행위이다. 그러나 성화는 하나의 역사(work)이다. 성도는 중생으로부터 점진적으로 성화의 과정을 밟는다. 크리스천의 자녀들은 자연아(natural infant)와 같이 성장함에 따라 성숙하게 되며 양육과 훈련으로 성장된다.

성화는 크리스천을 그리스도인화 하는(Christianize) 것이다. 그것은 성도가 완전하게 되는 것이다. 그것은 또 신생아를 그리스도의 충만한 키만큼 자라게 하는 것이다. 바울은 에베소서에서 두 가지 모양으로 말한다. 즉 그것은 "벗으라"와 "입으라" 이다. 성령이 역사한 종말은 그리스도의 패턴(pattern)을 따라 새로운 사람이 되는 것이다. 이 과정에서 수단이 사용된다. 사람은 하나님이 정하시고 준비하신 수단을 사용하신다. 이러한 구원의 국면에서 볼 때 하나님과 사람은 서로 파트너가 되며 같이 일하는 자이다. 그 결과는 연결된 산물이라 할 수 있으나 하나님의 일이 먼저이고 사람의 일은 다음이다. 그러나 둘 다 필요하다. 본성상 그렇게 되지만 역시 은혜 가운데서 되는 것이다. 채소나 꽃들이 사람을 통하여 하나님의 도우심으로 얻어지는 것과 같다.

성화 과정의 목표는 완전한 사람이 되어 은혜의 영, 하나님의 영, 영광의 영이 그 위에 쉬게 하는 것이다. 우리는 성화 즉 인간의 내적 새로와짐이 수단을 사용함으로써 완성되는 것을 알았다. 기본적 수단은 하나님의 말씀과 그의 영이다. 예수께서 기도하셨다. "저희를 진리로 거룩하게 하옵소서. 아버지의 말씀은 진리니이다"(요 17:17). 바울은 다음과 같이 선언하였다.

> 주의 사랑하시는 형제들아 우리가 항상 너희를 위하여 마땅히 하나님께 감사할 것은 하나님이 처음부터 너희를 택하사 성령의 거룩하게 하심과 진리를 믿음으로 구원을 얻게 하심이니(살후 2:13)

여기서 언급된 성화의 도구는 진리인데 그것은 곧 하나님의 말씀이다. 성령과 거룩하게 하는 진리와의 관계는 증거의 관계는 증거의 관계이다. 그러나 그리스도는 진리를 증거하기 위하여 오셨다(요 18:37). 그는 자신을 증거하면서 나는 진리다 라고 말씀하셨다(요 14:6). 성령은 그리스도의 증거와 그리스도에 대한 증거를 계속해서

하며 완성시킨다. 구원하는 진리의 모든 순환은 예수께서 승천하여 지고자(至高者)의 오른 손 위에 앉았을 때에야 완성되었다. 예수님은 자기 제자들에게 말할 것이 많이 있으나 지금은 증거할 수 없다고 말했다. 그는 또 성령이 오셔서 그가 말한 것을 생각나게 할 것이고, 그가 말하지 않고 남겨놓은 것을 말할 것이라고 했다. 즉 그는 모든 진리를 증거할 것이다. 그 뿐 아니라 해석도 할 것이다. 그는 진리를 분명하게, 기쁘게, 능력 있게 만들 것이다. 예수님은 성령에 대해 이렇게 상세하게 말씀하셨다.

### F. 보혜사(Paraclete)

예수는 성령에게 개인과 관계되는 그의 모든 직능을 표현하는 또 하나의 이름을 붙여주셨다. 그 이름은 보혜사이다. 그 이름에 함축된 기본 관념은 "도와주도록 부름 받은 자" 라는 뜻이다. 도와준다 라는 말은 모든 종류의 봉사를 충분히 내포하며 광범위하게 쓰이는 용어이다. 모든 경우에 있어서 봉사의 다양성과 그 양은 그 부름 받은 자의 자발적 봉사와 자원에 의하여 결정된다. 하나님은 그의 선하심에서 물어볼 필요도 없이 우리의 보혜사이시며 두 번이나 오셨다. 한 번은 그의 아들의 위(位)로, 또 한 번은 그의 영의 위(位)로 오셨다. 그러므로 우리는 결국 두 보혜사를 가졌다. 예수는 하늘에서 도와주시는 보혜사이며, 성령은 땅에서 도와주시는 보혜사이다. 그들이 사역을 하는데 있어서 서로 보충한다. 그들은 다같이 모든 영혼의 결핍에 만족시킨다(빌 4:19). 우리는 생명이 결핍되었을 때에 그는 생명의 영(롬 8:2)이시므로 우리의 결핍을 보충해 주신다. 자유가 필요할 때에 그는 자유하게 하는 자이시므로(롬 8:2), 지식이 필요할 때에 그는 선생이시므로(요 14:26), 깨끗하게 할 필요가 있을 때에 그는 성결하게 하는 자이시므로(행 22:16, 딛 2:5), 힘이 필요할 때에 그는 내적 힘의 원천이시므로(엡 3:16), 용기가 필요할 때에 그는 힘을 주시는 영이시므로(막 13:11, 딤후 1:7, 행 4:13), 위로를 필요할 때에 그는 성도들이 가장 좋은 위로자이시므로(요 14:16, 20), 우정이 필요할 때에 성령은 그리스도를 우리에게 현실화하기 위하여 우리와 함께, 우리 안에 영원히 와 계셔서(요 14:17), 그대로 이루어 주실 것이다. 기도하는 중 도움이 필요할 때에 그는 우리를 위해 중재해 주실 것이다(롬 8:26, 27).

> 성령은 우리 인간의 영 안에 거하시며 역사하신다… 그러나 인간의 영이 강제로 성령을 인간의 영 안으로 들어오게 할 수는 없다. 그것은 유한 자가 무한자를 강요할 수 없기 때문이다(Tillich, Systematic Theology, III, 111 이하).

여기서 우리는 하나님의 성령이 인간과 밀접한 직접적 관계를 가지고 먼저 부름으로부터 시작하여 구원에 이르게 하신다는 것을 알 수 있다.


## VI. 성령과 선교

현대를 가리켜 급변하는 세계라고 말한다. 우리 주변의 상황이 순간순간에 변해 간다는 말과 통한다. 이에 덧붙여 세계의 인구도 급증해 가고 있다. 다시 말하면 우리의 상황이 급변하고 그 구성원이 비대해 간다는 의미이기도 하다. 여기에 비해서 크리스천의 수는 그렇게 많이 증가하는 것 같지 않다. 여기서 우리는 이에 대한 적응이 부족하다는 결론을 얻게 된다. 그렇다면 우리는 복음 선포와 전파하는 이에 일고의 여지가 있지 않나 생각해 본다. 따라서 현대에 있어서 선대에 있어서 선교에 대한 관심은 지대해졌다. 이것은 세계 교회의 관심이기도 하다. 이 세계 교회는 사태를 새로운 양상으로 개선시켜(Berkhof, The Doctrine of the Holy Spirit, John Knox Press, 1964, 31 쪽), 바야흐로 세계를 무대로 그리스도의 복음을 전파하는 장도에 올랐다. 이 세계 교회 운동은 종교 개혁에 필적할 만한 위대한 것이다(김 동수 역, 선교정책의 원리와 실제, 총회 교육부, 1964, 76 쪽).

우리가 그리스도의 제자들이라면 그의 명령에 따라야 한다. 선교는 부활하신 그리스도의 위대한 명령이다. "내가 너희에게 분부한 모든 것을 가르쳐 지키게 하라"(마 28:19-20, 막 16:20, 눅 24:49, 요 20:21-22). 선교를 시작할 때는 무엇보다도 성령이 임해야 된다(행 1:8). 하나님은 자기의 영을 세우사 그 안에서 우리를 한 몸으로 모으셨다. 우리에게 힘을 주사 자기의 증인으로서 자기의 선교를 계속하신다. 우리는 그 영으로 말미암아 강한 담력을 얻고 모든 사람들로 하여금 하나님과 화해하도록 하며 확신을 가지고 하나님의 사랑이 종국적 승리를 기다린다. "하나님의 세계 선교에 참여하지 않고 그리스도에의 참여는 없다. 교회는 그 일에 참여함으로 자기의 존재를 인정받는다(Goodall, Missions under the Cross, 278 쪽). 예수님도 말씀하신다. "아버지가 나를 보내신 것처럼 나도 너희를 보낸다"(요 20:21). 성령은 예수께서 우리 위해 고난을 당하시고 십자가에서 돌아가셔서 부활하신 후에 신자들에게 하나님의 나라를 열어 주기 위하여 보내심을 받았다. 그러므로 땅끝까지 주님의 복음의 사실을 증거하는 것은 우리의 의무이다. 이 의무를 감당하기 위하여 성령을 통하여 능력을 받는 것은 우리의 특권이다(같은 책, 279 쪽). 이 영의 능력은 필연적으로 신자들/크리스천들로 하여금 불의한 일로부터 돌이키게 하여 자식으로서 하나님의 아들의 영 안에서 거룩하신 아버지의 교통하는 경험을 얻게 했다. 크리스천은 성령의 능력으로 선포된 복음에 응답하여 우상으로부터 돌이키고 살아 계신 하나님을 위해 봉사한다(Anderson, ed., The Theology of the Christian Mission, SCM Press, 1962, 274 쪽). 이런 의미에서 사도행전 기자는 "크리스천의 선교에 있어서 성령에 대한 해석자이다"(같은 책, 272 쪽).

주의 약속은 성취되었다. 그 상징은 급한 바람 소리와 불의 갈라지는 혀와 다른 여러 가지 방언을 말함으로써 나왔다(행 2:1-11). 하나님의 높임을 받고 그의 보좌 위에 계신 예수 그리스도께서 성령을 보내셨다. 예수 그리스도의 몸은 거룩한 영으로 말미암아 내주(內住)하신다. 이것은 영이 바람과 불과 같이 힘 있게 복음을 전파할 수 있을 뿐만 아니라 악과 죽음의 끌어당김으로부터 풀려나게 하고 순수한 존재와 영원한 삶의 영역으로 강하게 들어 올릴 만큼 능히 강한 힘을 가지고 있다는 것을 의미한다(같은 책, 274 쪽).

성령은 배타적인 것처럼 보이는 것을 결속시킨다. 하나님은 거룩하신 분으로서 성령을 통하여 사람에게 접근하신다. 그는 인간의 협소함이나 이기심이나 비난의 도전이나 완고함도 개의치 않으신다. 그 하나님은 인간의 약함을 이해하시고 상처를 낫게 하시며 얽매어 있는 것을 풀어주시고 소망을 회복시켜 주신다. 따라서 예수의 구원 사역은 성령의 능력 가운데서 더욱 분명해지고 우리는 하나님의 은혜의 줄에서 벗어나지 못하게 된다. 이 성령은 질서를 세우시는 분이지 혼란하게 하는 분은 아니다. 그는 덕을 세우시는 분이시지 무의미하게 흥분시키는 분이 아니다. 그는 결속시키는 분이지 무모한 개인주의를 독려하는 분은 아니다.

선교는 크리스천의 위대한 말씀의 선포이다. 크리스천은 세계를 복음화 하는 작업을 위임 맡았다. 기독교 역사의 최대 관심사는 내적으로는 정화요 외적으로는 선교였다. 사도행전에서 보면 알 수 있다. 그 줄거리는 성령의 능력을 통한 교회 확장 사업이었다(같은 책 273 쪽). 어린이 교회 학교가 성령의 계속적인 작용을 통하여 안정되어 가고 심화해 가며 성장할 수 있었다. 믿는 자들은 성령을 받고 하나님의 선민이 되어 성령이 가르쳐 주심을 따라 하나님의 놀라운 사역의 증인이 되었다. 성령은 그들을 몇 번이고 새롭게 하여(행 4:31), 구원 사역을 확장시켰다. 성령을 받는 것은 인간의 재창조이며 복음 선포에 나서게 되는 시발점이다(사 61:1). 이것은 성령의 역사이다. 이것은 이스라엘 뿐만 아니라 전 세계를 향한 위대한 역사이다. 성령은 성결의 상징이며 한없는 은혜의 상징이다. 성령은 넓은 세계를 향하여 좋은 소식을 전하도록 한다. 성령께서는 지금도 일하신다는 것과 우리는 그와 함께 연합되었다는 것을 깨닫는다(김 동수 역, The Ministry of Spirit, 31 쪽).

선교의 범위는 넓다. 예루살렘으로부터 시작하여 땅 끝까지이다 (행 1:8). 이 구체적인 보기를 예수님의 씨 뿌리는 비유에서 볼 수 있다. 밭은 세상이다. 씨 뿌리는 자들은 제자들이다. 씨는 말씀이다. 그렇지만 이 세상은 영을 통해서만 접근할 수 있다(Gorden, 앞의 책, 160 쪽). 성령이 올 때에 그는 세상으로 하여금 죄를 깨닫게 할 것이다. 여기 씨 뿌리는 자가 뿌린 씨는 생명을 주는 성령을 통해서만 싹이 날 것이다(갈 6:8).

씨 뿌리러 나가는 자와 성령의 관계를 성서를 통해 살펴보도록 하자. 성령은 선교사를 선택하고(행 13:2), 일터로 보내며(행 13:4), 말할 담력을 주시고(행 13:9), 박해와 핍박 가운데서 지탱하게 하신다 (행 13:52). 그는 선교의 임무를 맡기어 인치시며(행 15:8), 어려운 문제를 해결해 주신다(행 15:28).

근대 선교역사는 사도행전의 연속이다. 성령의 역사는 사도행전에서 뿐만 아니라 계속해서 펼쳐나간다(Gorden, 앞의 책, 35 쪽). 이 준비는 성령이 하신다(같은 책). 참으로 사도들의 선교 활동의 재판이다(같은 책, 36 쪽). 그렇지만 이 선교는 성령이 집행함을 알 수 있다 (같은 책, 79 쪽).

외지(外地) 선교 사역을 할 때에 교회와 사회는 항상 성령의 직접적 작용을 인식하게 된다. 그러나 모든 인간의 기구들은 인간적이며 인간 본성 가운데 지워버릴 수 없는 약점이란 발전하는 과정에 있어서 세부적인 면에 빠져 보이지 않는 원인들을 망각하는 것이다. 엔지니어는 기계에 주의를 집중시켜야 한다. 즉 기계 장치가 고장이 났나 아니 났나 보는 것은 그 엔지니어의 일이다. 마찬가지로 교회 사역에 종사하는 많은 사람들에게 있어서 중요한 것은 바로 이점이다. 만일 선교 분야에서 활동하는 것이 필요하다면 그것을 피하려 해서는 안 된다. 가장 건실한 일꾼은 그와 같은 일로 인하여 흔히 위험한 가운데 빠지기도 한다. 그와 같은 것을 측정하지 않고는 일이 결코 성사되지 않는다. 하나님의 나라를 확장하기 위하여 필요한 것은 인간이 할 수 있는 모든 노력을 다 하는 것이다. 그렇지만 영감을 주고 변형을 시키며 생기를 주는 것은 신적인 특성이다. "성령은 선교 프로그램을 지시하고 가르쳐 주며 그 직능은 세상 끝날까지 상세하게 설명해 주는 일이다"(같은 책 8쪽). 성령은 모든 크리스천으로 하여금 항상 영적인 사역을 하도록 강요하는 풍성한 능력으로서 현지의 교회에 생기를 북돋아 줄 것이고 내일의 세계를 재생시킬 것이다. 그래서 많은 순수한 확신이 생생하게 되살아나서 활동하는 것을 필요로 한다. 하나님의 살아계신 영이 아니고서는 종교적인 진리를 확신시킬 수 없으며 그것을 타는듯한 정열로 채울 수 없다. 성령이 아니고서는 교회를 에너지화 할 수 없으며 적합하게 운영할 수 없다. 그러므로 우리의 기도는 "성령이여, 성령의 모든 능력을 주사 구주의 사랑을 온 세계에 전하게 해 주시옵소서!"가 되어야 한다. 결국 인간은 자기의 마음 구석구석에서까지 역사하시는 성령이 아니고서는 크리스천의 정신과 기질을 지속시킬 능력을 가질 수 없다.

성령만이 참된 통일의 비결을 제공해 준다. 신약 성서의 교회들은 성령의 통일을 체험하였기 때문에 하나가 되었다. 주님은 성령이 하나 되게 하신 것을 지키라고 하셨다(엡 4:3). 바울은 분명히 성령의 내재(內在)로 인하여 일어나는 일치성을 의미한다. 이 성령은 모든 사람을 아버지와 아들에게 매며 또 각 지체를 하나로 맨다.

지금까지의 기독교 선교를 검토해 보면 기독교는 아직도 외국의 종교라는 인상을 받는다. 이것은 아직도 자국(自國)에 뿌리를 박고 있지 못하다는 증거이다. 또 한 가지는 선교가 언제나 의존적이라는 점이다. 즉 끝없는 인력과 금력을 요구하고 있다. 또 한 가지는 다원화 되어 가는 사회 속에서 환경이 다른 여러 나라에서 똑 같은 형태로 선교 활동이 진행되고 있다는 점이다. 우리는 이러한 점에서 불안을 느끼지 않을 수 없다(Allen, Missionary Methods, World Dominion Press, 1960, 141-142 쪽).

우리는 여기서 실패의 원인을 살펴볼 수밖에 없다. 첫째로 우리는 크리스천으로서 성령으로 말미암아 존재한다는 것을 잘 배우지 못했기 때문이다. "그는 세상을 구속하기 위하여 하늘의 영광을 버렸다"(같은 책). 또 그 성령은 인간을 권위의 자리에 앉게 했다. 그러나 인간은 도리어 그 성령의 자리를 빼앗았다.

둘째로 사람은 자기를 인도하고 깨우치는 분이 성령임을 믿는다. 그러나 그 같은 성령이 다른 사람을 인도하고 깨우친다는 사실을 믿지 않는다. 성령이 우리에게는 도덕이나 의식을 가르친다고 믿지만 다른 사람에게 그렇게 하는 것은 믿으려 하지 않는다.

셋째로 우리가 세례를 받자마자 성령의 전이된다. 그 성령은 힘이다. 그 순간부터 우리는 우리가 생각하는 대로 할 수 없다. 그럼에도 불구하고 우리는 우리 마음 대로 한다.

여기서 바울의 예를 들어 그 선교 원리를 살펴보기로 하자. 바울은 복음의 선포자였지 법의 선포자가 아니었다(같은 책 148 쪽)는 점이다. 또 한 가지는 그가 자리를 그리스도에게 양보했을 때 억지로 한 것이 아니고 기쁨으로 그리고 자발적으로 했다(같은 책). 이것은 바울의 신앙의 행동이었다. 이 신앙은 바울이 승리를 거둘 수 있는 영적인 힘이었다. 이것은 참으로 위대한 신앙이었다. 그는 성령을 믿었다. 단순히 영적 능력으로만 믿는 것이 아니고 개종자들 속에 내주(內住)하는 인격적 존재로 믿었다. 그는 그들 안에 있는 성령을 믿었다. 그는 성령이 그리스도 교회를 완전하게 할 것을 믿었다. 오늘날은 이러한 신앙이 필요하다. 형식이나 체계가 할 수 없는 것을 성령은 할 수 있다. 우리가 성령을 믿을 때에 새로운 개종자들에게 그를 믿는다고 가르칠 것이다. 우리가 성령을 믿을 때에 어려움이나 위험을 대할 수 있을 것이다. 성령은 우리의 신앙을 자기 안에서 정당화시킬 것이다. 이것은 세계를 정복하는 승리이다. "우리는 활동성 안에서만 존재한다. 활동성에 대하여 크리스천이라는 이름을 받는다"(Barth, CD, IV, 1, 693 쪽). 우리는 살아서 성령의 힘을 따라 그리스도의 복음을 땅끝까지 전파해야 할 것이다. 이것은 우리가 마땅히 실행하여야 할 본분이며 살 길이다.

삼위일체 하나님이신 성령은 위대한 실재(實在)로서 그를 통해서만 세계를 정복하고 통일할 수 있다. 우리의 시대는 행동하는 시대이다. 성령을 통해서 활동할 때만 복음으로 세계를 정복할 수 있고 각 개인은 바른 신앙을 가질 수 있다. 세계의 창은 우리를 향해 열려 있다.

## 결론

하나님께서 천지를 창조하실 때부터 그 다양성 있는 성령의 역사가 일어났으며 지금도 일어나고 있고 장차도 계속 일어날 것이다. 구약 성서를 일괄하여 볼 때 성령은 에너지라는 뜻으로 쓰였다. 지배적인 어구는 "여호와의 영"이다. 그는 신적 본질로서 육적인 요소와는 대조된다. 신약 성서는 성령의 책이라고 할만큼 그의 모든 책이 성령을 언급하고 있다. 신약 성서에 나타난 성령도 구약 성서의 개념과 같이 쓰여졌으며 교회의 창시자로서 교회가 교회 되게 하는 원동력이다. 특별히 바울에게 있어서 성령은 그리스도인의 신앙과 윤리적 삶의 원리이다. 그는 신자들에게 부어지는 능력이요 은사이며 인간의 영을 인도하시고 사람들을 위해 증거하시며 교회를 새롭게 하시는 영이시다. 초기 그리스도 교회는 성령의 인격성과 신성과 발현(procession)에 관한 교리의 주선(主線, main line)을 그어 놓았다. 이 발현의 교리는 중세의 동 서방 교회를 분리시키는 원인 중의 하나가 되었다. 종교 개혁시대와 근대에 성령에 대한 주 관심사는 속죄와 성화 가운데 나타나는 성령의 사역과 그리스도 교회의 조직에 관한 것이었다. 이에 대한 구체적인 산물이 신앙 고백들이다. 그러나 이것은 결국 일치를 보지는 못했다. 특별히 쉴라이어마허(Schleiermacher) 이후 현대에는 성도와 하나님의 교제(Verkehr)라는 특수한 전제 아래 성령을 탐구하려 하였다. 요컨대 성령은 우리가 믿는 하나님의 영이요, 그리스도의 영으로서 하나님 그 자신이다. 이것은 선배 크리스천들의 신앙 고백이며 지금 우리의 고백이다. 또한 이것은 앞으로 믿을 모든 크리스천들의 고백이 될 것이다.

과학적 실증시대에 접한 우리에게 성령의 실재가 문제이기는 하나 신 구약 성서 전체를 통해 볼 때에 성령의 개념에 있어서 거의 일관되어 있을 뿐만 아니라 그 존재에 있어서도 확실한 증명을 해 주고 있다. 그는 신성을 가졌으며 또 인격적 존재이다. 그는 삼위일체 하나님의 한 위(位)를 차지하고 계신다. 그는 성부와 성자와 조금도 다름이 없으신 하나님으로서 전에도 계셨고 지금도 계시며 영원토록 계실 것이다. 그는 셋의 하나님 중 한 하나님이 아니고 이 세 위가 합하여 한 하나님이 되신 것이며 다만 나타나는 일에 있어서 분별할 수 있을 뿐이다.

성령은 여러 가지 기능으로서 그의 존재하심과 삼위일체 안에서의 위치를 더욱 확고히 해 준다. 성서와의 관계에서 보면 그는 성서의 저자로서 그리고 해석자로서 권위를 갖는다. 성령은 하나님의 창조와 섭리에 대하여 신적인 힘으로서 나타나며 성도들의 심중에 임재 하셔서 하나님은 우리에게 더욱 접근시키신다. 또 성령은 하나님께서 사람이 되신 예수 그리스도와 직접적인 관계를 가지시며, 예수께서 이 땅에 계시면서 일하시고 고난을 받으시고 돌아가시고 부활하사 승천하신 일로 특별하신 성품을 보이시며 하나님께 영광을 돌리셨다.

성령과 교회와의 관계에서 보면 성령은 교회를 있게 하신다. 그는 깨우치는 능력으로서 생명을 소생시키시며 예수 그리스도를 계발시키는 능력이시다. 크리스천은 전체적으로 볼 때 하나님의 성전이요 그리스도의 몸이다. 모든 크리스천들은 그 몸의 지체들이다. 성령으로 통일성을 이루며 성결한 자들로서 맡은 바 책임을 완수하여야 한다. 우리 각 개체는 성령을 받고 사는 가운데 자유롭게 되고 그리스도 안에서 있게 된다. 따라서 우리 각 개 인은 하나님의 자녀로 부름을 받는다. 그는 우리를 부르사 다시 나게 하시며 우리를 돌이키시어 그리스도를 믿는 믿음의 의로 의롭다 하시며 거룩한 삶을 살게 하신다. 뿐만 아니라 그는 중보자로서 죄인이었던 우리를 하나님과 화목하게 하신다. 이 급변하는 세계 속에서 우리는 그리스도의 복음을 전파해야 할 것이다.

선교는 그리스도의 위대한 명령이며 그 몸이 지체인 우리는 그 사실을 증거/증언할 의무를 갖는다. 우리는 이 의무를 감당하기 위해서 성령을 통하여 능력을 받아야 한다. 이 능력은 삼위일체 하나님과 교통의 경험을 얻게 하시어 그리스도의 복음을 세계 만방에 전파하게 하신다. 세계를 통일하는 비결은 성령만이 제공할 수 있다. 우리가 이 성령을 믿고 선교할 때에 온 세계를 정복하고 승리할 수 있다. 우리는 성령의 힘을 따라 땅끝까지 복음을 전파해야 한다. 그리하면 삼위일체 하나님께서 우리를 도우실 것이다. 성부, 성자, 성령이신 하나님께만 영광이 있을 지어다(Soli Deo Gloria!).

# 17. Dietrich Bonhoeffer의 윤리 사상에 나타난 자유(Freedom)

목차

서론

약어 표

CS = The Communion of Saints
AB = Act and Being
CF = Creation and Fall, Temptation
CD = The Cost of Discipleship
LT = Life Together
E = Ehics
LPP = Letters and Papers from Prison
GS = Gesammelte Schriften
NRS = No Rusty Swords
WF = The Way to Freedom
CC = Christ the Center
P = Psalms, Prayer Book of the Bible
ILTP = I Loved This People
PWW = People Who Wait

# |서론|

예수 그리스도는 세상의 주이다. 그는 이 세상에서 일반 사람들과 같이 살았다. "진리를 알지니 진리가 너희를 자유하게 하리라." 예수 그리스도는 세상에 있을 때 이렇게 말했다. 우리는 진리가 누구인지 안다. 예수 그리스도만이 진리이다. 그러므로 그는 그를 따르는 사람들을 자유롭게 할 것이다. 예수 그리스도를 따르는 사람을 사람들은 그리스도인이라고 부른다. 그러면 "자유롭게"(free) 행동한다는 것은 그리스도인들에게 어떤 의미를 갖는가? 그리스도인은 자유(freedom) 안에서 어떻게 사는가?

본회퍼는 하나의 그리스도인으로서 자유 안에서 자유를 위해 죽었다. 진리가 독일에서 박해를 받을 때 그는 예수 그리스도께서 그에게 은혜로 주신 자기의 자유 안에서 진리에 반대되는 것에 항거하여 싸우기 위하여 나아갔다. 만일 우리가 그리스도인들이라면 예수 그리스도께서 우리에게 주신 자유 안에서 살게 되어 있다. 예수 그리스도는 우리가 세상에서 많은 다른 사람들과 함께 살아가도록 허락하셨다. 자유는 우리와 다른 사람들을 위해 어떤 형태가 되어야 하는가? 우리가 어떻게 그 자유를 얻는가? 우리는 본회퍼의 글들을 통해 자유가 무엇이고 기독교인이 그 자유를 어떻게 얻는지를 살펴볼 것이다.

여기에 큰 문제가 있다. 본회퍼는 너무나 젊을 때 죽었고 또 그의 사상이나 생각이 성숙하지 못할 때 죽었다. "그가 제 3 제국(Third Reich)이 몰락할 때까지 살아남았더라면 그의 글들을 체계적으로 썼을 텐데" 라고 벤저민 라이스트는 말했다 (The Promise of Bonhoeffer, 62 쪽). 본회퍼의 사상은 일종의 미완성 교향곡과 같은 것이다. 따라서 우리도 그의 미성숙한 사상을 다룰 수밖에 없다.

본 논문의 구조는 현실적으로 두 부분으로 구성되었다. 하나는 자유의 개념을 밝히고 다른 하나는 자유로 가는 길에 대해서 밝히는 것이다. 다시 말하면 우리는 자유의 개념들을 이해할 필요가 있고 그리고 자유로 가는 길을 어떻게 갈 것인가를 이해할 필요가 있다. 그래서 우리는 일 장에서 사장까지 성서에 나타난 자유의 개념들과 실천적 개념들, 자유와 그리스도인들이 매일 실제 삶에서 사용하고 있는 다른 용어들 사이의 관계를 다루고, 다음으로 자유의 한계를 다룰 것이다. 마지막 장에서 본회퍼가 자유로 가는 길을 각 정거장을 통해서 어떻게 가는지를 좀더 상세하게 다루려고 한다.

# I. 자유의 토대와 상태

자유의 토대는 하나님이다. 즉 하나님은 자유의 주제이다. 이 자유는 예수 그리스도 안에 있는 하나님의 계시에서 보인다. 이 예수 그리스도는 인간이 사는 그 세상 안에서 죽었다. 예수 그리스도의 죽음이 일어난 것은 인간이 자유롭지 못한 상태 즉 부패한 상태에 있었기 때문에 일어났다. 그러므로 자유는 화해의 십자가에서 죄를 용서받음으로 말미암아 얻게 되었다. 속죄의 십자가는 하나님 앞에서 살기 위하여 인간을 자유롭게 만들었다.

예수 그리스도, 십자가에 못박힌 화해자: 이것은 첫째로 온 세계가 예수 그리스도를 거부함으로 말미암아 하나님 없는 세상이 되었다는 것 그리고 세상 자체의 노력으로는 이 저주를 제거할 수 없다는 것을 의미한다. 이 세상의 현실은 그리스도의 십자가로 말미암아 단 번에 표시되었다. 그러나 그리스도의 십자가는 세상과 하나님을 화해시키는 화해의 십자가이다. 이 때문에 하나님 없는 세상이 동시에 하나님의 자유로운 섭리로서 화해의 표시가 되었다. 속죄의 십자가는 하나님 없는 세상 한 가운데서 하나님 앞에 사는 삶을 위해 자유롭게 만든 것이다. 그 속죄의 십자가는 순전한 세상스러움 안에서 살 삶을 위하여 자유롭게 만든 것이다. 그 속죄의 십자가의 선포는 그와 같이 자유롭게 만든 것인데 그 이유는 세상을 신성시하려는 공허한 시도를 그 속죄의 십자가 뒤로 남겨두었기 때문에 그리고 크리스천의 구성 요소와 세속적 구성 요소 사이에 있는 갈라놓음, 긴장, 갈등을 극복하였기 때문에 그리고 또 세상을 하나님과 화해시킨 화해가 성취시킨 믿음의 확신 가운데 단순한 삶과 행동을 위하여 부름 받았기 때문이다(E 297 쪽)

예수 그리스도의 십자가는 "더 나빠진 것"처럼 보였다. 그러나 더 좋은 것이었다. 예수 그리스도의 자유는 더 나빠진 것처럼 보이는 것과 "함께" 있었다. 그래서 본회퍼는 히틀러와 함께 타협하려고 노력하고 있는 사람들을 경고하였다.

세상을 향하여 정면으로 맞서기 위하여 자기의 완전한 자유를 주장하는 사람들에 대하여, 약탈당하지 않은 양심이나 명성보다 더 높게 필요한 행위를 가치 있게 여기는 사람들에 대하여, 풍성한 열매를 맺는 타협을 위한 초라한 원칙이나 풍성한 열매를 맺는 급진주의를 위한 중간 과정의 초라한 지혜를 희생시킬 준비가 된 사람들에 대하여, 자기의 자유가 좌절하지 않도록 주의하라. 그런 사람들은 더 나쁜 것을 물리치기 위하여 나쁜 것에 동의할 것이다. 그리고 그렇게 함으로써 그런 사람들은 피하기를 원하는 더 나쁜 것이 더 좋아질 수 있다는 것을 더 이상 실현할 수 없을 것이다. 여기서 우리는 비극의 부당한 자료를 가지게 된다(LPP, 3 쪽 이하).

이것은 본회퍼가 원하는 크리스천의 자유이었다. 그것은 자유의 진정한 토대로부터 나온 자유이었다.

자유의 상태는 하나님과 인간 사이에 있는 화해의 상태이다. 이 상황 안에 있는 인간은 더 이상 자기 자신의 선함에 대해 알 수 없고 다만 예수 그리스도에 대해서만 알 수 있다. 그는 예수 그리스도에 게만 있는 통일체로, 근원으로(origin), 새로운 삶으로 돌아간다(E 35 쪽). 그는 신앙의 기반 위에 서 있다. 그는 하나님의 뜻에 복종한다. "믿는 자는 다만 복종한다. 복종하는 자는 믿는다"(CD, 69 쪽). 하나 님의 뜻은 하나님의 새로운 말씀을 위해 자유 안에서 증명된다. 이 렇게 해서 현실적인 결단을 하기 위해 자유가 있을 것이다(E, 40).

본회퍼에게 있어서 자유의 조건 안에 서있는 사람은 단순하고 순전한 사람이다. 그는 하나님의 현실(reality)을 볼 수 있다. 즉 그는 하나님을 알고 하나님의 자유 안에 행동하는 사람이다.

단순하고 순전하다는 것은 모든 개념들이 혼돈되고 왜곡되고 뒤죽박죽되고 있을 때 하나님의 단순하고 순전한 진리에만 눈을 고 정시킬 수 있고 … 단순하고 순전한 사람은 하나님을 알고 하나님 의 입으로부터 매일 새롭게 오는 계명과 판단과 자비에 매달린다. 그는 매이지 않고, 하나님의 사랑에 매어 윤리적 결단의 문제와 갈 등으로부터 자유롭게 되었다(E 68 쪽).

간단히 말하면 자유의 토대는 하나님이다. 하나님은 인간에게 자유의 상태가 예수 그리스도 안에 있다는 것을 보여주신다. 자유 의 조건 안에 있는 인간은 하나님의 뜻에 복종한다. 그 인간은 예수 그리스도 안에 보여준 다른 사람을 위한 자유로움의 길을 따라 힘 차게 걷는다. 왜냐하면 그것이 자유의 상황에 있는 인간의 길이기 때문이다.

## II. 자유의 개념들

### A. 하나님의 창조

창조는 하나님의 자유의 행위이다. 그리고 또 자신의 자유로운 계시이다(CF, 15 쪽). 창조는 단순히 되풀이될 수 없다. 왜냐하면 자유가 자체를 되풀이하지 못하기 때문이다. 만일 자유가 되풀이될 수 있다면 그 자유는 자유가 조건을 지어주는 자유일 것이다. 만일 그렇다면 그 자유는 자유가 아니고 더 이상 창조가 아니다. "처음에 또는 태초에 이와 같은 전혀 되풀이 할 수 없는 고유한 그리고 어떤 면에서든지 혼돈되어서는 안 되는 자유로운 사건이… 창조이다"(같은 책, 17 쪽 이하).

창조자/창조주이신 하나님은 자기의 자유 안에서 피조물을 창조하신다. 창조자 하나님과 피조물 인간 사이의 관계는 자유의 상태에서 연결된다. 다른 말로 하면, "하나님과 인간의 연결은 자유 외에는 어떤 것으로도 조건을 지을 수 없다"(같은 책, 18 쪽). 따라서 본회퍼에게 있어서 창조자와 피조물 사이에는 무(無, nothing)만 있을 뿐이다. 즉 단순히 공허(void)만 있을 뿐이다. 왜냐하면 공허 안에 그리고 공허를 통하여 자유가 일어나기 때문이다(같은 책).

하나님의 창조는 무로부터 이뤄졌다(creatio ex nihilo). 본회퍼에게 있어서 무로부터의 창조는 사망한 예수 그리스도와 부활하신 주를 의미한다. 인간을 무로부터 창조하신 하나님의 절대적인 자유는 사망한 예수와 부활한 그리스도 사이의 연속성을 가능하게 한다. 하나님의 절대적 자유 안에서 불가능은 없다. 그러나 그 자유는 무엇으로부터 그리고 무엇을 위하여자유로운 형태(form)이다.

하나님은 그의 말씀으로 창조하였다. 하나님의 그 말씀은 자유로운 그의 계명이다. 이 의미는 "하나님이 자유 안에서 창조하시고 그의 말씀으로 창조한 가운데 그의 사역에 맞대어 완전히 자유롭게 남아있다는 것이다"(CF, 23 쪽). 여기서 자유는 "결정적인 현실을 포함하는 말씀으로 나타내는 창조의 절대적인 자유이다. 이 자유는 피조물과 구분되는 창조자의 자유이다. 그 말씀은 자유로부터 행한 사실(fact)을 표현한다"(같은 책).

하나님은 자기가 창조한 세상에 관하여 자유롭다. 하나님은 우리로 하여금 그 세상을 알도록 하였다. 하나님의 이 행동은 자비, 은혜, 용서, 안위이다(같은 쪽 20). 하나님의 자유는 항상 인간을 위하여 있다. 이것은 하나님의 자유의 구체성이다.

"하나님은 인간으로 말미암아 자유로운 것이 아니고 인간을 위하여 자유롭다. 그리스도는 그의 자유의 말씀이다. 하나님은 말해야 하는 거기에 계신다. 영원한 비객관성(non-objectivity) 안에서가 아니고 "소유할 수 있는"(haveable), 즉 교회 안에 있는 그의 말씀 안에 붙잡을 수 있는 거기에 있다. 여기에 하나의 실체가 하나님의 자유의 형식적 이해를 대체하게 된다"(AB, 90 쪽 이하).

하나님은 인간의 생명을 무(無)에서/아무것도 없는 데서 창조하셨다. 창조된 생명은 다만 공허함 가운데 서있다. 다른 말로 하면 창조된 생명은 공허함을 극복한 하나님의 말씀의 자유 안에서만 서있다. 이 생명은 항상 하나님의 자유로운 말씀으로만 보전된다(CF, 34쪽). 이것은 하나님의 섭리 안에 제시된 자유이다.

하와를 창조하는 가운데 자유는 사랑과 밀접한 관계를 가진다. 다른 말로 하면 자유는 사랑의 공식적인 선물이다. "다른 사람을 창조한 가운데 자유는 사랑 안에서 함께 맨다. 그것은 그 다른 사람은 첫째 사람에 대한 은혜의 선물이기 때문이다. 그것은 마치 선악을 알게 하는 나무의 열매를 먹지 못하도록 금지한 것이 은혜의 선물인 것처럼"(같은 책, 61 쪽).

하나님의 창조에서 인간의 자유 안에 언급된 것은 창조자와 피조물 사이의 거리를 좀더 구별되게 만들었다. 다시 말하면 "… 인간의 복종/순종과 그의 복종의 대상은 두 개의 대단히 다른 것들이었다"(같은 책 75 쪽). 창조에서 인간의 자유는 질적으로 하나님의 자유와 다르다. 왜냐하면 인간의 자유는 창조된 자유이기 때문이다. 또한 그 인간의 자유는 복종의 자유이다.

"… 인간의 창조됨과 분명하게 다른 것으로서 깰 수 없는 복종 가운데 있는 인간의 자유는 인간을 특정한 의식에 이르게 했다. 예를 들면 인간의 자유는 인간의 창조됨에 반대되게 하나의 이차적인 것으로 즉 하나의 다른 것으로 넘겨지게 되었다. 그러나 인간이 그것을 의식하는 길은 다만 그의 자유가 자기의 창조됨의 한 부분이라는 것이다. 즉 그 길은 다만 봉사에 즉 하나님께 대한 봉사에 사용되어야만 한다는 것이다"(같은 책).

그러나 인간은 하나님의 사랑의 계명에 반대하여 자유 가운데 자기 자신의 길을 걸어갔다. "인간의 자유는 크리스천의 매임에 반대되도록 전개되었다"(CF 75 쪽). 본회퍼는 그렇게 반대하는 행위를 창세기 1-3장에서 신학적으로 해석하는 가운데 사탄의 행위로 여기었다. "사탄은 인간의 자유를 박탈하고 그리고 예수 그리스도 안에서 크리스천의 매임에 반대되는 행위를 가장 영광스럽게 보이도록 인간을 세웠다"(같은 책).

간단히 말하면 하나님의 창조 가운데 나타난 자유는 하나님의 자유의 행위를 의미한다. 또 그 자유는 단 번에 그리고 고유한 자유이다. 무로부터의 창조는 하나님의 절대적 자유의 행위이다. 그것은 공허함을 극복한 자유이다. 그럼에도 불구하고 하나님은 다른 사람을 창조하는 가운데 인간에게 자기의 인격적인 사랑을 주었다. 인간의 자유는 질적으로 하나님의 자유와 다르다. 다른 말로 하면 인간의 자유는 복종의 자유이다.


B. 하나님의 형상(Imago Dei)

"하나님이 이르시되 우리의 형상을 따라 우리의 모양대로 우리가 사람을 만들고 그로 바다의 고기와 공중의 새와 육축과 온 땅과 땅에 기는 모든 것을 다스리게 하자 하시고 하나님이 자기 형상 곧 하나님의 형상대로 사람을 창조하시되 남자와 여자를 창조하시고"(창 1:26-7).

창조자이신 하나님은 인간을 자기의 형상대로 창조하셨다. 하나님은 인간을 자유 가운데 창조하셨다. 인간은 하나님의 궁극적인 사역으로서, 그의 새로운 사역으로서, 그리고 하나님의 창조 안에서 그의 형상으로서 그 하나님으로부터 발생하였다. 그러므로 인간은 하나님의 새로운, 자유로운, 결정되지 않은 사역으로 남아있어야만 했다(CF, 36 쪽). 이것은 다윈 사상의 아이디어와 같은 것이 아니다.

하나님은 인간을 땅에서 자기 자신의 형상 가운데 창조하였다. 이 선언은 무엇을 의미하는가? 본회퍼는 성서의 언어로 하나님의 형상의 의미를 명료하게 설명하려고 하였다.

"이것은 인간이 자유롭다는 점에서 자기가 창조자와 같다는 것을 의미한다. 현실적으로 인간은 하나님의 창조물이라는 점에서만, 하나님의 말씀에 의해서만 자유롭다. 인간은 창조자를 예배하기 위해서 자유롭다. 성서의 언어 안에서 자유는 인간이 자신을 위해서 가지는 어떤 것이 아니고 그가 다른 사람을 위하여 가지는 어떤 것이다. 인간은 "그 자체로서" 자유롭지 않다. 즉 진공 가운데서, 인간이 그 자체로서, 음악적이거나, 지적이거나, 맹인이라고 해서 그 자체로서 자유롭지 않다. 자유는 인간의 특질이 아니다. 또한 자유는 타고난 재주나 능력이나 인간 안에 어쩌다가 기세를 더하는 일종의 존재도 아니다"(같은 책, 37 쪽)

자유는 실존을 위한 소유나 인품이나 목적이나 형태가 아니다. 자유는 하나의 관계이다. 본회퍼에 의하면 자유는 "두 사람 사이의 관계이다"(CF 37 쪽). 본회퍼는 자유를 관계에 의해서 해석하였다. 자유롭다는 것은 다른 사람을 위하여 자유롭다는 것이다. 왜냐하면 다른 사람이 인간을 그에게 매이게 했기 때문이다. 다른 사람과의 관계에서만 내가 자유롭다(같은 책). 그러므로 자유의 어떤 개인주의적 개념도 자유를 인지할 수 없다(같은 책).

인간은 자유를 일종의 소유물로 통제할 수 없다. 왜냐하면 자유는 다른 사람을 통해서만 자기에게 일어나는 사건이기 때문이다. 이것은 자유가 다른 사람 없이는 존재할 수 없다는 것을 의미한다. 자유는 다른 사람과 병행 상태에서 존재하지 않고 다른 사람을 위해서 존재한다. 이것은 하나님께서 인간에게 하나님의 형상을 통해 보여주시는 자유이다. 그러므로 자유는 다른 사람을 위해서 존재할 때만 의미를 갖는다.

"… 복음의 메시지는 하나님의 자유가 우리를 자유 자체에 맨 것이고, 그의 자유로운 은혜가 우리에 대한 이러한 관계에서 다만 현실화 되는 것이고, 하나님이 자신을 위해 자유롭기를 원하지 아니하고 인간을 위해 자유롭기를 원하신다. 그리스도 안에 있는 하나님은 인간을 위해 자유롭다. 하나님은 자신을 위해 자기의 자유를 간직하지 않기 때문에 자유의 개념은 우리를 위해 "무엇을 위해 자유로움으로서"(being free for) 우리를 위해 존재할 뿐이다. 그리스도를 통해 중간에 사는 우리를 위해 그리고 그의 부활 안에 우리의 인간성을 아는 우리를 위해, 하나님이 자유롭다는 것이 우리가 하나님을 위하여 자유롭다는 것을 제외하고 아무런 의미가 없다. 창조자의 자유는 그가 우리로 하여금 자기를 위해 자유롭도록 허락하는 사실로 그리고 그가 지구 상에서 자기의 형상을 창조한다는 것을 제외하고 아무 의미도 없다는 사실로 증명된다. 창조된 자유의 역설은 제거될 수 없다. 참으로 그 역설은 가능한 한 분명하게 만들어져야 만한다"(CF 37 쪽 이하).

인간은 자신으로부터 자유롭지 않고 다른 사람들을 위해 자유롭다. 다른 말로 하면, "인간은 피조물이니 피조물과 관계된다는 사실로 말미암아 자유롭다. 인간은 인간을 위해 자유롭다 하나님은 인간을 남녀로 창조하셨다"(같은 책, 38 쪽). 이 자유는 하나님의 형상 안에서 주어졌다. 그러므로 이 자유의 근원은 하나님이다. 결과적으로 하나의 질문이 일어난다. 인간의 하나님에 대한 유비의 문제는 무엇인가? 본회퍼에 의하면 "우리의 닮음을 따른 형상은 하나님에 대한 인간의 유비가 존재의 유비(analogia entis)가 아니고 관계의 유비(analogia relationis)임을 제시한다. 닮음은 관계에 의하여 이해할 수 있으나 하나님과 인간 사이의 이러한 관계는 인간의 부분이 아니다. 그 관계는 주어진 관계 즉 수동의 정의(justitia passive)이다. 그러므로 관계의 유비(analogia relationis)는 하나님이 그의 형상 안에서 친히 주신 관계이다. 따라서 인간과 인간의 관계는 하나님이 주신 관계이다. 왜냐하면 그 관계는 일종의 주어진 관계와 같은 것이기 때문이다. 하나님의 형상 안에 있는 인간의 개념은 예수 그리스도 안에서 우리에게 보여주신 다른 사람들과의 관계에서 "무엇을 위한" 관계이다. 즉 인간이 인간을 개별적으로 분석함으로써 식별된 수 없다. 본회퍼에 따르면 하나님과 인간의 관계는 인간과 인간의 관계에서 이해된다.

인간의 자유는 "창조된 자유"라고 부를 수 있다. 이것으로서 우리는 하나님의 형상 안에 있는 자유로 말미암아 하나님과 인간 사이에 연속성을 볼 수 있다. 창조된 자유는 창조자 안에 있는 자유이다. 인간은 다른 피조물들과 다르다. 왜냐하면 자유로운 창조자 자신이 그 인간 안에 있기 때문이다. 다른 말로 하면 인간은 하나님의 형상이며 그 형상 안에 자유로운 창조자가 자신을 본다(CF 38 쪽). 그래서 하나님의 자유는 우리의 자유이다(같은 책, 42 쪽).

인간은 다른 피조물들과 세상으로부터 자유롭다. 그러나 이 자유는 그들과 관계가 없는 이상적 자유가 아니다. 인간의 자유는 항상 그들에 대한 하나의 주(lord)로서 매어 있다.

"창조된 것들로부터 자유롭다는 것은 자유로부터 영의 이상적 자유가 아니다. 지배(dominion)의 이 자유는 지배를 받는 피조물들과 직접 우리가 매어 있음을 포함한다… 인간은 온전한 존재 안에서, 그의 피조성 안에서 세상으로부터 자유롭다. 세상으로부터 자유로운 인간의 자유는 이 세상이 인간에게 복종한다는 사실로, 인간이 지구/세상을 지배해야 한다는 사실로 되어 있다. 인간은 세상에 대하여 자기의 종에 대한 주로서 자기의 토지에 대한 농부로서 매어 있다"(같은 책 39 쪽).

인간은 자기의 자유 안에서만 그리고 하나님에 대한 자기의 복종 안에서만 생명을 가진다. "무엇을 위한 자유" 없이는 "무엇으로부터의 자유"는 없다(같은 책, 40 쪽). 우리는 하나님의 관계에 대해서 생각할 때마다 언제든지 하나님에 대하여 생각해야 한다. 우리는 우리의 형제들과 세상에 대해 생각해야 된다. 우리는 그들에 대해 생각하지 않는다면 그들을 잃어버리게 될 것이다. 처음에 하나님은 우리가 세상을 위해 무엇을 할 것인지를 우리에게 보여주셨다. 다른 피조물들과 세상을 위한 인간의 자유로움은 하나님의 자유로 창조하신 첫 사람 아담 안에 있는 하나님의 형상이다.

"무엇을 위한 자유로움 없이는 무엇으로부터의 자유가 없다. 하나님을 섬기는 것 없이는 지배는 없다. 인간은 한 사람과 함께 함으로써 반드시 다른 사람을 잃어버린다. 인간은 하나님 없이, 자기의 형제 없이 세상을 잃어버린다. 하나님, 우리 형제, 세상은 함께 매어 있다. 하나님을 향한 길과 우리 형제를 향한 길 제외하고 세상으로 돌아갈 길은 없다. 처음부터 세상을 향한 인간의 길은 인간을 향한 하나님의 길로서 만 가능했다. 인간이 세상을 지배하는 가운데 피조물로부터 자유롭다는 것은 첫째 사람 안에 있는 하나님의 형상이다"(CF, 40 쪽).

인간은 자기의 자유 안에서만 그리고 하나님께 복종/순종하는 가운데서만 생명/삶을 가진다. "인간은 자유로부터 나오는 복종의 이유 때문에 산다"(같은 책 51 쪽). 인간은 생명을 가졌기 때문에 생명나무는 복종의 깨지지 않은 통일성 안에 있는 자유로 말미암아 즉 선과 악을 알게 하는 나무의 지식으로 말미암아 위험하게 될 수 있었다. 그 선과 악을 알게 하는 나무는 하나님께서 먹는 것을 금하셨다. 그렇게 하나님께서 먹지 못하도록 하신 것은 두 가지를 포함하고 있었다. "금지한 것은 두 가지를 포함하고 있었다. 첫째로 인간으로서 아담의 존재 즉 아담의 자유(-위하여 그리고 -부터)에 관련된 것이었다. 인간으로서 아담의 존재 가운데 언급된 인간 아담에 관한 것이었다. 아담은 이것을 이해하였다. 둘째로 자유로운 인간으로서 언급된 이 인간은 그의 한계를 보여주었다. 즉 인간의 피조물 됨/피조물성을 보여준 것이었다"(같은 책, 52 쪽).

이 금지는 하나님의 위대한 은혜이었다. 왜냐하면 그 금지는 인간의 자유의 기반이었기 때문이다. 자유의 삶은 그 금지로서만 지탱될 수 있었다.

요약하면 본회퍼에게 있어서 하나님의 형상(Imago Dei) 안에 제시된 자유는 두 인격체 사이의 관계 즉 무엇을 위한 자유의 형식이었다. 그러므로 진정한 자유는 다른 사람 없이는 존재할 수 없었다. 이것으로서 우리는 하나님과 인간 사이에서 그리고 인간과 인간 사이에서 있는 자유의 개념에서 관계의 유비(analogia relationis)를 볼 수 있다. 그러나 이 자유는 한계를 가지고 있다. 즉 그것은 금지이다.

인간의 피조성은 생명을 보전하기 위하여 하나님께 계속 복종해야 한다는 것을 의미하였다.

## C. 예수의 자유의 사상들/생각들

"예수는 매 순간 새롭게 그리고 다르게 인간을 하나님께 직접 종속시킴으로써 인간성(humanity)에 잃어버린 가장 중대하고 떨리는 은사 즉 자유를 회복시킨다"(GS III, 52 쪽. Dietrich Bonhoeffer에서 Eberhard Bethge가 인용한 글).

예수 그리스도의 자유는 하나님의 뜻에 복종하는 자유이다. 예수의 자유는 많은 가능성 가운데 인위적으로 선택하는 자유가 아니고 예수의 행동에서 보이는 완전히 단순함(the complete simplicity)의 자유이다. 이 자유는 인간에게 고유한 특질을 가진 확실함과 의문을 제기할 수 없음(unquestionableness)을 준다. 즉 그 자유는 오직 하나님의 뜻에 복종을 하는 자유이다.

"예수의 자유는 자기와 자기를 따르는 자들에게 그들의 모든 행동에 있어서 특질을 가지는 확실함, 의문을 제기할 수 없음, 광채를 주었다. 그 특질 즉 특별한 성질은 정복을 당하고 정복을 하는 성질을 가졌다. 예수의 자유는 셀 수 없는 가능성 가운데 인위적으로 선택하는 것이 아니다. 그 자유는 반대로 정확하게 말하면 완전히 단순함을 가지는 그의 행동이다. 그의 자유는 결코 다양한 가능성이나 갈등이나 선택에 직면한 것이 아니고 항상 한 가지 것과 만 직면

한다. 그 한 가지 것을 예수는 하나님의 뜻이라고 부른다. 그것 안에서 근원이 복구된다. 그 안에서 자유와 모든 행위의 단순함이 세워진다"(E, 30 쪽).

예수 그리스도는 논리적 선택들을 가진 법으로 말미암아 매이지 않은 그러한 완전한 자유에 대해 말하면서 자기의 발 아래 모든 법을 남겨두었다. 예수는 유대인들에게, 특히 바리새인들에게 그의 자유 안에서 자기의 자유 안에서 말할 때에 모든 질서, 모든 경건, 모든 신념은 이 자유로 말미암아 파괴되는 것처럼 보였다(같은 책 29).

결과적으로, 예수는 인간에게 하나님의 매이지 않은 자유를 통해 하나님께 가는 길을 보였다. 이 길은 자유 안에서 하나님께 복종하는 것이다. 다른 말로 하면, 인간은 그의 복종하는 자유 안에서 종이 되는 것이다. 이 자유는 인간의 가장 귀중한 은사이다(NRS, 43 쪽).

우리는 예수 그리스도를 따르는 자(follower)를 크리스천/기독교 교인이라고 부른다. 크리스천은 자유의 법 만을 가진다. 그러므로 그는 세상에서 자유의 은사를 갖는 책임 있는 사람으로서 살아야 한다.

"크리스천에게 자유의 법 외에 다른 법이 없다. 이것은 신약 성서가 역설적으로 그 법을 두는 것과 같다. 다른 사람들에 의해서 또는 자기 자신에 의해서까지라도 일반적으로 설명될 수 있는 타당한 법이 없다. 자유를 포기한 사람은 크리스천으로서 그의 본성을 포기한 사람이다. 크리스천은 아무런 보호도 없이 하나님 앞에 그리고 세상 앞에 자유롭게 서 있다. 그리고 크리스천은 홀로 자유의 은사를 가지고 그가 행동하는 것을 위해 온전히 책임적이다"(같은 책, 43쪽 이하).

예수 그리스도는 그의 십자가를 통해 인간에게 자유를 주셨다. "그리스도의 십자가는 세상을 심판하고 구원을 할 뿐만 아니라 세상에게 세상이 자체의 세상적 구조들 안에서 존재하고 행동할 자유를 준다"(Eberhard Bethge, "Bonhoeffer's Christology and His Religionless Christianity" Union Seminary Quarterly Review xxiii Fall 1967, 68쪽). 이 자유는 인간에게 인간이 살아가는 세상에서 존재의 형태를 보여준다. 예수 그리스도 안에서 존재하는 것은 그를 위하여 그리고 그를 통하여 존재하는 하나의 자유로운 실존이다. "그리스도 안에서 존재하는 것은 즉 "그리스도를 향하여 존재하는 것은 실존을 자유롭게 만든다. 인간은 그리스도를 위하여 그리고 그리스도를 통하여 실제로 존재한다"(AB, 175쪽). 다른 말로 하면, 예수 그리스도 안에서 존재하는 것은 자유로운 실존 안에서 다른 사람을 위하여 자유롭게 존재하는 것이다. 왜냐하면 예수 그리스도가 자유로운 실존 안에서 인간을 자신에게 매었고 또 자신을 따르도록 명령하였기 때문이다. 예수 그리스도는 하나님께 복종하는 자유 안에서 자유로운 인간 존재이다. "예수 그리스도는 자유로운 실존 안에서 자신을 나에게 실제로 맨 그 분이다. 그리고 그 분은 너를 위하여 거기에 있는 자기의 존재 안에서 자기의 우연성(contingency)을 자유롭게 보전한 분이다"(CC, 48 쪽). 이 자유는 일 종의 타이탄 거인의 자유가 아니고 오히려 겸손으로 말미암아 태어난 자유이다. 이 겸손은 하나님이 인간이 되었다는 사실(fact)이요 또한 사람을 위한 형태(form), 즉 다른 사람을 위한 존재의 형태이다.

"그(예수 그리스도)는 근본 하나님의 본체시나 하나님과 동등됨을 취할 것으로 여기지 아니하시고 오히려 자기를 비워 종의 형체를 가지사 사람들과 같이 되셨고 사람의 모양으로 나타나사 자기를 낮추시고 죽기까지 복종하셨으니 곧 십자가에 죽으심이라"(빌 2:6-8).

예수 그리스도 안에서 자유는 순수한 은혜로부터 만 온다. 이 은혜는 "값 비싼 은혜"이고 "값 싼 은혜"가 아니다(CD, 57 쪽). 이 은혜는 예수 그리스도를 따르는 자가 아니면 아무도 받을 수 없다. 값 비싼 은혜인 이 자유는 크리스천의 권리이다(LT, 118 쪽). 이 자유는 예수 그리스도 즉 하나님의 말씀 아래서 창조된다(같은 책, 37 쪽).

예수 그리스도는 세상의 주이시다. 그는 인간에게 자유를 주시기 위하여 그 인간을 부르신다. 이 부름은 모든 세상의 얽매임으로부터 부름을 받은 인간을 자유롭게 한다(CD, 68 쪽). 그 부름은 예수 그리스도께서 인간이 세상에서 그의 자유 안에서 살도록 허락하심을 의미한다. 그러므로 크리스천은 하나님의 뜻에 복종하는 상태에서 세상에 대해 통제한다.

예수 그리스도는 인간을 크리스천이 되도록 부르신다. 이 부름의 응답은 인간의 자유의 한계 안에 놓인다. 다른 말로 하면, 이 응답은 모든 사람의 자유의 능력 안에 놓인다. 이렇게 해서 예수 그리스도를 향한 첫 걸음은 자연법(justitia civilis)의 영역 안에서 행하는 하나의 행동이다. 그리고 그 영역 안에서 자유롭다. 즉 자유를 가진다. 인간이 예수 그리스도의 부름에 응답으로서 택하는 첫 걸음은 자기의 모든 실존에 철저하게 영향을 미치는 행위이고 예수 그리스도와 함께 사는 새로운 삶의 걸음이다(같은 책, 70 쪽). 이것은 예수 그리스도 안에서 자유로운 삶이다. 그러나 그 걸음이 예수 그리스도와 어떤 관계도 가지지 않을 때 그 걸음은 인간 자신의 작은 궤도의 상태에 아직도 놓여있다. 다시 말하면 그 걸음은 자유로운 삶의 상태에 놓여 있지 않다.

"어떤 술주정꾼이 서약을 표시한다면, 또는 어떤 부자가 그의 모든 돈을 주어버린다면 그들 모두 자신들을 자유롭게 하고 있다. 그들은 아직도 자신들의 적은 궤도 안에서 아직도 움직이고 있다. 아마 그들이 전에 있던 것 이상까지의 상태에 있을 지 모른다"(같은 책 71).

그러므로 인간은 예수 그리스도의 자유 안에 사는 크리스천이 되기 위하여 예수 그리스도의 부름을 따라야 한다.

크리스천은 다른 사람들과 함께 산다(lives together with). 그래서 다른 사람들의 자유는 크리스천에게 하나의 짐이다. 그리스도의 형상(하나님의 형상)인 크리스천은 하나님의 또 하나의 다른 피조물의 그 자유의 짐을 진다. 이것은 크리스천들이 그들의 자유 안에서 서로의 짐을 진다는 것을 의미한다.

"그것(자유)은 첫째로 우리가 앞에서 말한 다른 사람의 자유이다. 즉 크리스천에게 주어진 짐이다. 다른 사람의 자유는 크리스천 자신의 자율성과 부딪친다. 그러나 그 크리스천은 그것을 인지해야 한다. 크리스천은 이러한 짐을 제거할 수 있다. 즉 다른 사람에게 그의 자유를 주는 것을 거부함으로써, 그 다른 사람에게 강요함으로써, 그래서 그의 인격에 폭력을 가함으로써, 그에게 자신의 형상을 각인시킴으로써 가능할 수 있다. 그러나 만일 그가 자기 안에 하나님이 하나님의 형상을 창조하게 한다면 그는 이 상징으로서 그에게 그의 자유를 주고 친히 하나님의 다른 피조물의 그 자유의 짐을 진다. 다른 사람의 자유는 한 사람의 본성, 개체성, 재능으로 우리가 의미한 모든 것을 포함한다. 다른 사람의 자유는 또한 그의 연약함과 괴상함을 포함한다. 그것들은 우리들의 인내에 대한 그와 같은 걱정거리이며, 우리 안에서 마찰과 충돌과 대립을 일으키는 모든 것을 포함한다. 다른 사람의 짐을 진다는 것은 다른 사람에게 이뤄지는 현실에 개입하는 것을 의미한다. 그것은 그 현실을 받아들이고 확언하며 그 짐을 짐으로써 그 짐 안에서 기쁨을 얻는 점까지 돌파해 가는 것을 의미한다. 이것은 특별히 어려운 점이 밝혀질 것이다. 거기에는 신앙 안에서 여러 가지 강점과 약점이 펠로우십/친교 가운데 얽혀져 있다. 약자는 강자를 판단해서는 안 된다. 강자는 약자를 무시해서는 안 된다. 약자는 교만을 경계해야 한다. 강자는 무관심을 경계해야 한다. 아무도 자기의 권리만을 추구해서는 안 된다. 만일 강자가 추락한다면 약자는 강자의 추락에 대해 악의에 찬 기쁨을 가지지 않도록 자기 마음을 지켜야 한다. 만일 약자가 추락한다면 강자는 친절함을 다해 그가 다시 일어나도록 도와야 한다. 한 사람은 다른 사람만큼 많은 이내를 필요로 한다. '어떤 사람이 추락할 때 홀로 있는 사람에게 화가 있기를! 왜냐하면 그가 일어나도록 돕지 않았기 때문에'(전 4:10). 크리스천은 자기의 자유 안에서 다른 사람의 짐을 의심하지 않고 져야 한다. 성서가 '서로 짐을 지라'고 말할 때에(골 3:13), 그것을 의미한다. '모든 겸손과 온유로, 오래 참음으로, 사랑 가운데 서로 참음으로 걸으라'(엡 4:2)."(LT, 101 쪽 이하)

자유는 예수 그리스도께서 크리스천에게 주는 은혜이다. 예수 그리스도는 자유의 토대이다. 예수 그리스도는 크리스천에게 그의 자유 안에서 어떻게 걸어가야 하는 지를 보여주었다. 크리스천은 하나님을 위하여 그리고 그의 형제들을 위하여 자유롭다. 즉 이것은 단순히 다른 사람을 위한 자유이다. 예수 그리스도는 인간을 부름으로 말미암아 그를 자기의 자유에 맨다. 그러므로 인간의 자유는 예수 그리스도에 매인 자유이다. 그래서 죄의 종으로 산 인간은 예수 그리스도의 부름에 대한 응답을 통해 자유를 얻는다. 왜냐하면 종은 자유가 필요하기 때문이다(E, 137 쪽).

인간의 자유는 다른 사람에 매인 자유이다. 즉 하나님과 인간 사이에 그리고 인간과 인간 사이에 있는 자유이다. 그러나 인간은 하나님에게 불복종함으로 인하여 자기의 자유를 잃는다. 결국 하나님은 인간을 믿지 못하게 된다. 그래서 인간은 예수 그리스도의 부름에 응답하는 가운데 그의 자유로운 결단을 통하여 자기의 신뢰를 얻어야 한다. 왜냐하면 "신뢰는 항상 공동체 안에서 우리의 삶의 가장 위대하고, 가장 희귀하고, 가장 행복하게 받은 복들 가운데 하나일 것이기 때문이다"(LPP, 12 쪽). 이와 같이 예수 그리스도의 부름에 따르기 위한 마음을 자유롭게 결단하는 인간은 잃어버린 특질의 감각과, 사람과 사람 사이에 있는 특질에 기반한 사회질서를 필요로 한다. 그 특질 (Quality)은 좀더 친밀한 친구들을 선택하는데 눈을 뜨게 하고 공공생활에 들어가는 것과 마찬가지로 사사로운 생활에서도 기쁨과 즐거움을 가지는 것을 의미한다(같은 책, 13 쪽). 구체적으로 말하면 그 특질은 "분산에서 집중으로, 흥미본위에서 반영/숙고함으로, 속물적 언동에서 얌전함으로, 무절제에서 절제함으로 돌아감"을 의미한다(LPP, 13 쪽).

예수는 때가 올 때까지 자기의 자유로운 행위를 행할 마음을 굳히지 않았다. 예수는 자기의 의지 안에서 사람을 위해 해야 하는 모든 것들을 수용하였다. 그는 자기의 자유 안에서 고통(suffering)까지도 선택하였다. 만일 인간이 크리스천이 되기를 원한다면 그리스도가 세상에서 다른 사람을 위하여 행하는 행동에 동참해야 한다. 그러나 크리스천으로서 인간은 예수 그리스도의 부름을 따를 결단을 하는 시간을 필요로 한다.

"그리스도는 자기의 때가 올 때까지 자신을 고통으로부터 멀리하였다. 그러나 때가 왔을 때 자유로운 사람으로서 그 고통을 대면하였고 받아들였고 극복/정복하였다. 그리스도는 그 고통을 자기 자신의 고통처럼 자기 자신의 몸으로 모든 인간의 고통을 감당했다. 이것은 우리의 이해를 넘어선 행위이었다. 그는 그 고통들을 자신의 자유 의지로 받아들였다… 만일 우리가 크리스천이기를 원한다면 위험(고통)의 때가 올 때에 책임과 함께 자유 안에서 행동함으로써 그리스도의 넓은 마음 가운데 함께 참여해야만 한다. 단순히 기다리고 관망하는 것은 크리스천의 행동이 아니다"(같은 책, 14 쪽).

크리스천은 고통까지도 선택할 자유로운 결단을 할 시간이 필요하다. 즉 크리스천은 자기 마음을 결단해야 하지만 두려움에서가 아니라 자유로운 결단에서 해야 한다. 그것은 그리스도의 해방시키는 사랑과 속죄하는 사랑을 모방하는(본을 받는) 것이다. 이 자유는 예수 그리스도가 자기의 자유 안에서 모든 크리스천에게 주는 바로 그 은혜이다. 그러므로 인간은 크리스천으로서 자유를 위한 욕망에 온전히 참여하는 것에 대해 전혀 부끄러워할 필요가 없다. 왜냐하면 이 자유는 세상에서 크리스천의 가장 위대한 권리이기 때문이다.

요약하면 예수 그리스도의 자유는 하나님의 뜻에 복종하는 고유하고 단순한 자유이다. 예수 그리스도의 자유는 인간성에 매인 자유이다. 즉 다른 사람을 위한 자유이다. 왜냐하면 하나님이 인간을 위해 인간이 되셨고 종의 본성을 취하였기 때문이다. 예수 그리스도는 인간에게 자유의 길을 보여주셨다. 이것은 값으로 계산할 수 없는 은혜이다. 그는 인간을 크리스천이 되도록 부르셨다. 이 인간은 그 은혜와 자유를 받을 수 있다. 그래서 인간의 자유는 그리스도에 매인 자유이다. 다른 말로 하면, 이 자유는 일종의 매인 자유이다. 그러므로 크리스천은 예수 그리스도의 계명에 복종해야 한다. "하나님에게만 하는 복종은 우리 자유의 토대이다"(John Godsy, ed., Preface to Bonhoeffer, 54 쪽). 그러나 예수는 세상에서 무엇을 행할 것인지를 선택할 자유로운 결단을 할 시간/때가 필요했다. 예수는 세상에서 하나님과 인간을 화해하는 행위를 해야 했다. 때가 오자마자 크리스천은 온전한 자유를 위한 욕망을 전혀 부끄러워해서는 안된다. 그리고 크리스천은 그가 해야 할 것을 향해 용감하게 나아가야 하고 그의 자유를 실천하게 해야 한다.

## D. 결혼

지금까지 우리는 자유의 개념을 이론적으로만 다루어 왔다. 나는 그래서 자유를 실천적 본보기를 보일 필요가 있다고 생각했다. 첫째로 본회퍼는 인간의 결혼을 개인의 자유로운 결단으로 여겼다. 본회퍼에 의하면, "결혼은 두 인간 존재가 인간 존재로서 개인의 자유로운 결단의 기반 위에 연합하는 것이다"(E, 172 쪽). 그러므로 어떤 다른 사회적, 경제적, 종교적, 생물학적 의무가 자유로운 결단을 대체할 수 없다.

인간의 결혼은 인간 사회의 매임/약정을 넘어서 자유로운 크리스천의 의식이다. 다른 말로 하면 "결혼은 인간 사회의 다른 어떤 매임의 발전 전에 존재하였다"(같은 책, 174 쪽). 그것은 인간의 결혼이 세상의 처음에 벌써 주어졌다는 것을 의미한다. 결혼은 첫째 사람 아담을 하나님이 창조하실 때부터이다. 즉 인간의 결혼은 하나님의 자유로 주어진 선물/은사이다. 인간은 이 은사를 받고 하나님의 자유로운 창조적 능력을 위해 나아가야 했다.

> "결혼은 다가올 삶의 권리를 인지하는 것에 관여한다. 이 권리는 결혼하는 사람들이 마음대로 따르는 것이 아니다… 이 권리를 인지하는 것은 하나님의 자유로운 창조적 힘을 위해 나아가는 것을 의미한다. 그 하나님의 힘은 하나님의 뜻에 따라 새로운 삶으로 하여금 이 결혼으로부터 나아가게 할 수 있다"(E, 175 쪽).

어떤 사람이 자기의 아내를 사랑한다면, 결혼을 하나님의 은사의 제도로 받아들인다면 "그러면, 결혼에서 삶과 행위의 내적 자유와 확실성이 온다"(같은 책, 281 쪽). 인간들에게 결혼을 벌써 주신 하나님은 그 인간들에게 자유와 확실성 안에서 결혼 가운데 살도록 명령하신다. 그러나 이 계명은 자유를 명령하기 때문에 모든 인간의 법과 다르다(같은 책). 자유는 항상 하나님의 계명의 범위를 넘어서 있다. 그러므로 인간은 자기의 자유 안에서 결혼하는 것을 결단할 수 있다.

"명령을 받을 수 있는 범위를 넘어서 있는 그것, 자유는 이 계명의 참 대상이다. 즉 하나님의 계명의 고상한 값이다. 하나님의 계명은 자유보다 더 싸지 않다. 허락과 자유는 하나님이 지금 결국 인간이 하나님의 계명으로부터 자유로운 인간 자신의 선택에 따라 행동할 수 있는 영역을 인간에게 허락할 것임을 의미하지 않는다. 이 허락과 자유는 하나님의 계명으로부터 만 일어난다. 그 허락과 자유는 결코 하나님으로부터 떨어져서 있지 않는다. 그 허락은 아직도 항상 하나님의 허락이다. 그리고 허락이 각 특정한 결단과 행위에 직면하여 불안의 골칫거리로부터 자유를 준다는 것은 그 자체로서만 가능하다"(같은 책, 281 쪽 이하).

간단히 말하면, 인간의 결혼은 개인의 자유로운 결단의 제시인 동시에 하나님의 자유의 선물/은사이다. 인간은 하나님의 계명에 따라 그 자유 안에서 살 수 있다.

## Ⅲ. 다른 용어들과의 관계

### A. 책임(responsibility)

자유와 책임은 상응하는 개념이다. 그래서 둘 다 서로 밀접한 관계를 가진다. 자유는 책임 안에서만 존재하고 책임은 자유 안에서만 하나님과 인간에게 매인다. "책임과 자유는 상응하는 개념이다. 실제로 연대기적은 아니지만 책임은 자유를 전제로 하고 자유는 책임 안에서만 존재할 수 있다. 하나님과 우리의 이웃에 대한 의무 안에서 만 받게 되는 인간의 자유이다"(E, 248 쪽).

자유는 책임 없이 설 수 없고 책임은 자유 없이 설 수 없다. 이렇게 해서 자유가 책임 안에서 자아가 없어질 때에만 인간의 삶이 자유 안에서 설 수 있다. 삶은 책임 안에서 인간에 대해 그리고 하나님에 대해 매인다. 그리고 삶은 자유 안에서 자유롭게 된다. 그래서 책임과 자유 둘 다 동시에 존재한다. "삶이 사람에게 그리고 하나님에게 매인다. 그리고 사람 자신의 삶이 자유롭다. 삶이 인간에게 그리고 하나님에게 매인다는 것은 사실이다. 그 사실이 삶을 인간 자신의 삶의 자유 안에 놓는다. 이러한 매임 없이 그리고 이러한 자유 없이 책임은 없다. 이러한 의무 안에서 삶이 자아가 없게 될 때에 만 삶이 인간의 진정한 자신의 삶과 행동의 자유 안에 서게 된다. 의무는 대리(E, 224 쪽)직의 형태와 현실(같은 책, 227 쪽)과 상응하는 형태를 추정한다.  자유는 삶과 행위의 자체 검사에서 그리고 구체적 결단의 모험에서 자체를 드러낸다"(E, 224 쪽).

본회퍼는 결혼의 의미에서 자유와 책임의 결합점을 발견하였다. 다른 말로 하면, 결혼과 책임은 결혼에서 연합된다. 왜냐하면 결혼은 자유로운 행동과 책임 있는 행동의 현재의 행동이기 때문이다. 결혼은 "그들이 살 새로운 땅을 정복하는 일생 동안 자신의 자유롭고 책임 있는 행동이다"(LPP, 25 쪽).

신부와 신랑은 그들의 자유와 책임을 가지고 대양에서 출범하기를 시작한다. "그들은 삶의 여정에서 키를 가질 그처럼 방대한 자유와 힘을 받는다"(같은 책, 26 쪽). 그들은 자신들의 운명을 형성하는데 도움을 얻도록 허락을 받는다. 즉 그들의 운명은 자유와 책임의 행동으로 말미암아 형성될 것이다. 그러므로 신랑은 그와 같은 책임이 관여하는 모든 행복과 함께 자기의 모험의 성공을 위하여 놓인 책임을 감당해야 한다(같은 책).

본회퍼에게 있어서, 결혼 안에서 책임은 다른 사람들과 관계를 가진 자유로 제시된다. "결혼에서 당신은 세상과 인류를 향해 책임의 자리에 놓인다"(LPP, 27 쪽).  결혼은 하나님이 주신 복과 짐이다. 주신 복은 아이들의 약속이다. 그러나 동시에 신부와 신랑은 그들을 돌보아야 한다. 그래서 하나님으로부터 오는 책임이 남자와 여자로서 그들의 운명에 놓인다. 책임은 여기서 예수 그리스도가 다른 사람들을 위한 자유로움으로서 감당해야 하는 짐의 형태이다. 본회퍼는 인류에게 자유와 책임의 결합점을 가진 삶에서 신부와 신랑이 지켜야 하는 몇 가지 계명을 지시한다. "당신의 권리를 주장하지 말라. 서로를 비난하지 말라. 서로를 판단하거나 정죄하지 말라. 서로의 결점을 발견하지 말라. 서로를 있는 그대로 받아들이라. 마음 밑바닥에서 매일 서로를 용서하라"(같은 책, 31 쪽 이하).

본회퍼는 예수 그리스도의 부름에서 자유와 책임이 연결되는 것을 다시 한 번 발견한다. 하나님으로부터 오는 자유는 책임 안에서 사용될 수 있다. "우리가 깊은 책임감을 가지고 오직 자유를 사용할 의무를 갖게 한 것은 하나님의 같은 부르심이다… 이 자유는 하나님의 은혜로 제공되었고 영감을 받게 되었다. 이 자유가 인간에게 허락된 것은 자기가 영광을 받기 위해서가 아니고 인간의 삶을 하나님의 질서 안에 보전하기 위해서이다. 만일 크리스천이 자유를 사용하는데 우리를 가르치지 않는다면 그리고 하나님이 거부된다면 인간에게 거룩하고 매인 모든 의무와 책임은 훼손된다"(Leibholz, "Memoir" The Cost of Discipleship, 22 쪽).

요약하면, 자유와 책임은 상응하는 개념이다. 그래서 자유와 책임은 서로가 없이는 설 수 없다. 본회퍼에게 있어서 자유와 책임의 연결점을 보여주는 구체적인 보기는 결혼식과 예수 그리스도의 부름심에서 나타난다.

## B. 생명/삶

인간은 자기의 생명을 수용하거나 파괴할 수 있다. 왜냐하면 인간은 자유가 있기 때문이다. 그것은 인간이 동물과 같지 않다는 것을 의미한다. 왜냐하면 인간은 자신의 자유 의지로 자신을 죽음에 이르게 할 수 있기 때문이다. 인간의 삶은 인간의 자유로운 결단에 달려 있다. 결국 인간의 삶은 어떻게 살아가느냐에 달려있는 셈이다. "동물은 그 몸의 생명과 함께 하는 삶이다. 그러나 인간은 자기 자신을 자기 몸의 생명과 구별할 수 있다"(E, 166 쪽). 인간에게 있어서 육체적인 생명을 수용하거나 파괴하는 것은 그의 자유에 달려 있다. 그러나 그의 삶은 선물/은사로 보전되어야 하고 희생으로 제공되어야 한다. 그러므로 인간이 자기 생명을 수용하거나 파괴할 때에 자기 육체적 생명 너머에 있는 것에 주의를 기우려야 한다. "인간이 죽음을 자유롭게 선택할 수 있기 때문에 어떤 더 좋은 것을 위하여 자기 육체적인 생명을 사용할 수 있다. 죽음을 선택할 때에 자기의 생명을 희생하는 자유 없이 하나님을 향한 자유가 있을 수 없다. 인간의 생명도 있을 수 없다"(같은 책).

인간에게 있어서 생명은 상대적인 권리이다. 그 권리는 자유의 조건에 따른다. 왜냐하면 인간의 생명은 자유로 말미암아 보전되어야 하기 때문이다. 인간의 생명은 "상대 부분으로서 희생 안에서 인간의 생명을 제공하고 내어줄 자유를 갖는다"(같은 책). 그러므로 자유와 자살하는 권리는 자기 생명을 다른 사람을 위하여서 만 희생하도록 허용된다. 인간에게서 자기의 생명을 위험에 직면하게 하고 항복하는 목적은 자기의 생명을 단순히 파괴하는 것이 아니고 더 좋은 것을 얻기 위하여 파괴하는 것이다.

본회퍼에 의하면 인간에게 있어서 죽을 자유를 악용할 가능성은 많이 있다. 예를 들면 운명과의 투쟁에서 그리고 이러한 의미에서 자기의 생명을 파괴하는 데서 자기의 명예를 잃어버리는 경우가 있다.

"인간은 자기의 죽을 자유 안에서 쉽게 악용하게 할 수 있는 고유한 힘이 주어졌다. 인간은 참으로 그 자유를 수단으로 하여 자기의 지상의 운명을 지배하는 지배자가 된다. 왜냐하면 인간은 자기 자신의 결정으로 패배를 피하기 위하여 죽음을 추구하기 때문이다. 그리고 인간은 이렇게 해서 숙명을 실패하게 할 수 있다… 만일 인간은 운명과 투쟁하는 가운데 명예와 사역과 자기가 사랑하는 유일한 인간 존재를 잃었다면, 만일 이러한 의미에서 자기의 삶이 파괴되었다면 이러한 형편에서 자기의 자유와 승리를 보장할 충분할 용기를 아직도 가지고 있다면 피할 기회를 이용하지 말도록 설득하기는 어려울 것이다. 그리고 참으로 인간이 그 행동의 중요성을 오해했다 하더라도 이러한 행동을 통하여 다시 한 번 자기의 인간됨을 주장하는 것에 이의를 제기할 수 없을 것이다.

그리고 운명의 맹목적적 비인간적 강력에 대해 효과적으로 그 행동을 반대하고 있는 것에 이의를 제기할 수 없을 것이다"(E. 166 쪽 이하).

이 죽을 자유를 악용하지 않기 위하여 자유는 하나님을 믿는 신앙 안에서 사용되어야만 한다. 왜냐하면 인간의 생명은 하나님이 인간에게 주신 것이기 때문이다. 하나님은 인간이 더 큰 어떤 것을 얻기 위하여 인간에게 그 자유를 주셨다. 그래서 인간은 어떤 경우에도 자기 자신의 삶과 반대되는 방향으로 인위적으로 그 생명을 돌려서는 안 된다.

"인간은 다른 사람을 위하여 자기의 삶을 희생해야 한다 할지라도 자신에게 손을 대서는 안된다. 인간은 자기의 지상의 삶이 고통스럽더라도 생명을 손대지 않고 하나님의 손에 맡겨야 한다. 생명이 하나님의 손에서 왔기 때문이다. 그리고 인간은 자기 자신의 노력으로 자유롭게 파괴하려고 노력해서는 안 된다. 왜냐하면 죽는 과정에서 인간은 다시 하나님의 손에 떨어지기 때문이다. 인간은 자기가 사는 동안 그 삶이 너무나 힘든 것을 알았다"(같은 책, 170).

본회퍼는 인간이 자기의 생명을 악용하지 않도록 경고하기 위하여 두 가지 실례를 주었다. 하나는 자살하는 것이고 다른 하나는 다른 사람의 생명을 취하는 것이다. 자기 생명을 죽이는 것 즉 자살 (suicide)은 특별히 자유 가운데 이행되는 인간의 행위이다. "자살은 인간이 인간으로서 궁극적이고 극단적은 자기 정당화 행위이다"(E, 167 쪽). "자살은 인간적으로 무의미하게 된 생명에게 인간으로서 최종적 의미를 부여하려고 하는 시도이다"(같은 책). 그러나 하나님 편에서 보면, 자살은 죄악이다. 왜냐하면 자살은 신앙 없음에서 온 행위이고 하나님을 고려하지 않는 행위이기 때문이다. 즉 하나님이 생명을 만드신 분이시고 생명의 주인이시기 때문이다. 본회퍼에 의하면 다른 사람을 위하여 자기 자신의 생명을 희생하는 경우에 적어도 판단이 정지되어야 한다. 왜냐하면 인간은 자기 지식의 한계에 이르기 때문이다(같은 책 170 쪽). 이것이 보기들이다.

> "… 배가 침몰하고 있을 때 어떤 사람이 죽는다는 것을 확실하게 알고 생명 구조보트에서 마지막 자리를 다른 사람에게 넘겨주고 떠날 것이다. 그리고 다시 한 친구가 자기 자신의 몸으로 자기 친구의 몸을 총탄으로부터 막아 주기를 요구하는 상황에서 여기서 인간 자신의 결단은 자기의 죽음의 원인이 된다. 비록 인간이 아직도 직접 자신을 파괴하는 것과 생명을 이와 같이 하나님의 손에 생명을 위탁하는 것 사이를 구별할 수 있다 할지라도"(같은 책, 171 쪽).

순전히 개인적 문제로 유발된 자살은 분명히 다른 경우이다. 하나님이 하나님 앞에서 계속해서 살아가도록 허락하신 것은 그의 은혜로 말미암은 것이다. 그러므로 "자살하는 권리는 살아계신 하나님 만이 무효화할 수 있다"(같은 책, 172 쪽).

무흠한 생명을 죽이는 것은 원칙적으로 허용할 수 없다. 왜냐하면 생명은 본래 인위적으로 죽이는 것을 반대하여 보호해야 하기 때문이다. 이것은 무흠한 생명을 죽이는 것이 하나님이 주신 생명

안에서 자유를 악용하는 것을 의미하기 때문이다. 그러나 죽이는 것 즉 살인은 무조건적인 필요 즉 반드시 해야 할 필요가 있는 경우에 근거하여 시행되어야 한다. 이러한 경우를 제외하고는 다른 사람의 생명을 취하는 것은 허용되지 않는다.

> "다른 사람을 살아있게 허용하는 아주 작은 책임 있는 가능성이라도 있다면 그들의 생명의 파괴는 인위적 살인, 살해이다. 살인과 살려주는 것은 이러한 결단을 하는 데서 결코 똑 같은 가치가 있다고 할 수 없었다. 생명을 아끼는 것은 살인이 가질 수 있는 것보다 비교할 수 없이 더 높은 요청을 갖는다"(E, 160 쪽).

> "육체적 생명은 인위적 침해 행위에 반대하여 보전되어야 한다. 어떤 경우에서든지 원칙적으로 이 자유의 인위적 박탈은 허용될 수 없다. 힘을 사용하여 자신의 목적을 위하여 다른 사람의 몸을 이용하는 강간, 인간의 몸을 다른 사람이나 제도에 의해 착취하는 행위, 인간의 몸을 오용하거나 불명예스러운 고문 등 이 모든 행위는 인간의 몸에 주어진 자유를 침해하는 행위가 된다"(같은 책, 183 쪽 이하).

본회퍼에게 있어서 생명을 수용하거나 생명을 파괴하는 것은 예수 그리스도 안에서 인간의 자유에 속한다. 이 자유 안에서 다른 사람을 위해서만 생명을 희생하는 것이 가능하다. 그럼에도 불구하고 본회퍼는 이 자유를 악용하는 것을 경고한다. 그는 자살이나 다른 사람의 생명을 취하는 것까지라도 다른 사람을 위하여 그리고 무조건적 필요에 근거하여 가능하다고 말한다. 물론 그는 원칙적으로

이 두 가지 행동을 반대하지만. 본회퍼는 육체적 생명에 대한 인위적 침해 행위를 피해야 한다고 말한다. 살 자유는 하나님의 뜻에 일치하게만 사용되어야 하는 도구이어야만 한다고도 말한다. 그러므로 생명의 자유는 하나님 아래 존재한다.

## C. 양심

첫 사람 아담 안에서 양심의 부름은 하나님 앞에서 선과 악을 아는 지식 안에서 "하나님과 같이"(sicut Deus) 라는 요구(claim)이었다. 이 요구는 하나님 앞에서, 사람들 앞에서, 자체 앞에서 선과 악을 아는 지식 안에서 자아(ego)의 편에서 자신을 정당화하려는 시도이다. "이렇게 해서 양심의 부름은 인간 자신의 자아의 자율성(autonomy) 안에 그 기원과 그 목표를 가진다"(E, 243 쪽). 그러므로 양심에 이러한 부름에 복종하는 것은 첫 사람 아담 안에서 인간 자신의 의지와 지식을 넘어서 그 기원을 가지는 이 자율성을 새롭게 현실화하는 것이다(CF, 81 쪽 이하). 본회퍼는 하나의 예를 제시한다.

> "국가 사회주의자/나치가 말하기를 '나의 양심은 아돌프 히틀러'다 라는 말을 했을 때 그것 역시 자체를 넘어 어떤 곳에서 자기 자신의 자아의 일치성을 위해 하나의 토대를 발견하려는 시도이다. 이러한 종류의 양심은 무조건적 타율성을 위하여 한 사람의 자율성을 항복하는 것이다… "(E, 243 쪽).

그러나 예수 그리스도 안에서 위대한 변화가 일어난다. 그러한 변화는 자기의 실존이 그 자율성 안에 있기를 멈추는 바로 그 순간에 그리고 신앙의 기적을 통해 자신의 자아를 넘어서 발견되는 바로 그 순간에 그 인간에게 일어난다.

> "참 하나님과 참 사람인 그리스도가 나의 실존의 일치 점이 되었을 때 양심은 자신과 일치하도록 나의 현실적 존재의 부름이 참으로 아직 공식적으로 될 것이다. 그러나 이러한 일치성은 자율성에 돌아옴으로 말미암아 지금 실현될 수 없다. 나는 그 자율성을 법으로부터 이끌어낸다. 그것은 예수 그리스도와 친교 안에서 실현되어야 한다. 자연적 양심은 그것이 아무리 엄격하고 엄밀하다고 해도 이제 가장 경건하지 않은 자체 정당화로 보여야 한다. 그리고 예수 그리스도 안에서 자유로운 양심으로 그리고 예수 그리스도 안에서 자신과 일치하도록 나를 부르시는 양심으로 극복된다. 예수 그리스도는 나의 양심이 되었다. 이것은 내가 하나님과 인간들에게 나의 자아를 항복한 가운데서만 나 자신과 일치함을 이제 발견할 수 있다는 것을 의미한다"(E, 243 쪽 이하).

예수 그리스도는 자유의 조건 안에서 양심이다. 인간의 양심이 예수 그리스도 안에 있을 때에만 그 양심이 자유롭다. 다른 말로 하면, 예수 그리스도 안에 있지 않을 때 양심은 자유와 관계가 없다. 예수 그리스도 안에 놓인 양심은 다른 인간을 위하여 다른 사람의 죄책 속으로 들어가기를 두려워하지 않을 것이다. 그것은 다른 사람을 위하여 완전히 개방적으로 서 있다.

> "이렇게 해서 예수 그리스도는 하나님을 섬기기 위하여 그리고 우리 이

웃을 섬기기 위하여 양심을 자유롭게 해 주었다. 예수 그리스도는 인간이 인간적 죄책의 친교 속으로 인간이 들어갈 때에 라도 그리고 특별히 양심을 자유롭게 해주었다. 법으로부터 자유롭게 된 양심은 다른 사람을 위하여 다른 사람의 죄책 속으로 들어가기를 두려워하지 않을 것이다. 그리고 참으로 정확하게 이것을 하는 가운데 양심은 자체의 순결함 가운데 자체를 보일 것이다. 자유롭게 된 양심은 법으로 매인 양심과 같이 겁나지 않을 것이다. 그리고 우리 이웃을 위하여 그리고 자기의 구체적인 걱정거리를 위하여 활짝 열고 서있을 것이다"(같은 책 244 쪽).

간단히 말하면 인간의 양심은 예수 그리스도이다. 그러므로 양심이 예수 그리스도 안에 서 있을 때에만 그 양심은 자유를 얻는다. 그래서 그 양심을 자유로운 양심이라고 부른다. 즉 그 양심은 다른 사람을 위하여 있는 양심이라고 불릴 것이다.

## D. 교회

본회퍼는 "교회 개혁 없는 개신교 사상"(Protestantism without Reformation)이라는 제목 아래 교회와의 관계에서 특별히 미국 교회와의 관계에서 자유의 개념을 비판한다. 그리고 본회퍼는 또한 교회의 바른 개념을 제시한다.

미국 교회에서 자유는 하나의 가능성을 의미한다. 즉 그 가능성은 "교회를 향한 세상에 의해서 주어진 방해받지 않은 가능성이다"(NRS, 104 쪽). 본회퍼는 그 가능성 즉 미국에 있는 교회의 자유의 개념을 배격하였다. 본회퍼에게 있어서 교회의 자유는 "복음이 현실로 그리고 자체의 힘으로 세상에서 자체를 위하여 공간을 만드는 곳에서만, 그와 같은 가능성들이 세상에 제공되지 못할 때에라도 그리고 정확히 그렇게 될 때에라도 존재한다"(같은 책). 그러므로 교회의 본질적인 자유는 하나님의 말씀 자체의 자유이다. 그 자유는 방해받지 않은 활동의 가능성이 없는 곳에서만 존재한다.

> "교회의 본질적인 자유는 교회를 향한 세상의 은사/선물이 아니다. 그러나 하나님의 말씀의 자유 자체를 듣기 위하여 교회의 자유는 매이지 않은 많은 수의 가능성이 아니다. 교회의 자유는 모든 가능성에 반대하여 '당연'(a must), 필연(a necessity)이 사건에 강하게 일어나는 곳에만 존재한다. 교회를 향하여 세상이 주는 존재를 위한 가능성으로서 자유를 찬양하는 것은 정확히 이 세상과 함께 들어가는 동의로부터 나올 수 있다. 그런 세상에서 하나님의 말씀의 참된 자유는 항복하는/내주는 것이다"(같은 책).

미국 교회 안에서의 자유는 교회를 향해서 보다는 좀더 세상, 국가, 사회에 더 직접적으로 접한다. "그와 같은 자유는 세상이 참으로 하나님께 속하는 표시일 수 있다"(NRS, 105 쪽). 그러나 가능성과 같은 그런 자유는 교회의 본질적인 표시가 아니다. 하나님의 말씀이 설교되는 곳에서만 교회의 자유가 존재한다.

> "하나님의 교회들이 현실적으로 자유로운지 아닌지는 하나님의 말씀이 선포되는 곳에서만 결정될 수 있다. 이 말씀이 역사적인 현실 한 가운데

서, 심판 가운데서, 명령 가운데서, 죄인들이 용서받는 곳에서, 모든 인간의 제도들 안에서 해방되는 곳에서 구체적으로 설교 되는 곳에서만 교회의 자유가 거기에 있다"(같은 책).

교회의 자유는 소유가 아니다. 하나님의 말씀의 필요에서 나와야 한다. 그렇지 않으면 그 자유는 인위적인 자유가 되고 수많은 새로운 연결 고리에서 끝나게 된다(WF, 240 쪽).

요약하면 교회의 자유는 복음이 선포되는 곳에서만 존재한다. 그것은 하나님의 말씀의 자유 자체이다.

E. 진리

"진리를 알지니 진리가 너희를 자유하게 할 것이다"(요 8:32).

여기서 우리의 질문은 진리가 무엇이냐? 이다. 예수가 진리라고 성서는 대답한다(요 14:6). 이 진리는 자명하고 인간을 자유롭게 만든다. 이 진리는 갑자기 인간의 눈을 뜨게 하고 인간이 불안한 가운데 있는 것을 알게 한다. 그것은 결국 인간으로 하여금 다시 자유를 발견하도록 돕는다. 우리가 성경을 읽을 때 우리는 인간이 노예와 거짓의 상황에 있다는 사실을 발견할 수 있다. 그리고 하나님으로부터 오는 진리만이 인간으로 하여금 자유롭게 만든다.

성서가 말하는 자유에 관해 말하는 것은 대단히 쉽기도 하고 대단히 어렵기도 하다. 하나님 만이 진리이시다. 세상에서 하나님을 제외하고 진리는 없다. 이 진리는 살아 계신 하나님 자신이시다. 그리고 이 진리는 또한 우리에게 선포되는 하나님의 말씀이다. 이 둘은 하나이다. 인간은 진리에 이르기 전에 죽어야 한다. 왜냐하면 인간은 세상 안에서 거짓 가운데 있기 때문이다. 그러므로 인간은 그것을 보기를 원하지 않고 그것에 눈길을 주지 않으려고까지 한다. 인간은 진리 앞에서 죽기를 원하지 않는다. 인간은 자기의 거짓됨을 숨기려고 하고 있다. 적어도 그 인간은 자기가 거짓 안에 있는 것을 알지 못한다. 더욱이 그는 진리 대신 거짓을 택한다. 진리가 나타날 때 모든 것이 사실로 나타날 것이다.

진리가 올 때 거짓이 더 이상 강하지 않다. 거기에 진리 만이 있다. 이 진리는 오만하게 인간에게 다가오지 않고 십자가 위에 진리로 인간에게 다가온다. 이 진리는 예수 그리스도이다. 인간은 십자가에 진리이신 예수 그리스도를 못박았다. 그리고 인간은 자기 자신의 진리를 세상에 세운다. 인간은 자신의 진리를 진리로 여긴다. 진리는 거짓이 된다. 인간이 진리를 미워할 때 그는 자신이 자유롭다고 생각한다. 그러나 그는 벌써 거짓의 노예가 되었다. 인간은 자기의 거짓 때문에 더 이상 진리와 자유를 얻을 수 없다. 인간은 오직 자유의 길, 즉 예수 그리스도의 십자가와 죽음의 길 만을 이를 수 있다. 누가 이것을 믿는가?

하나님의 진리의 본질은 그의 사랑과 은혜이다. 그러나 인간의 진리의 본질은 미움/증오이다. 진리와 거짓을, 사랑과 미움을 분별할 수 있는 사람은 벌써 하나님의 진리를 아는 단계에 올라 서있다. 그리고 그는 진리가 너를 자유롭게 한다는 말을 듣는다. 하나님만 이 진리이다. 이 진리만이 너를 자유롭게 한다. 그러므로 인간은 하나님의 사랑 안에 산다. 이 사랑은 미움을 파괴하고 진리를 세운다. "하나님의 진리는 그의 사랑이다. 그의 사랑은 우리를 우리 자신으로부터 해방시키고 다른 사람을 위하여 우리를 자유롭게 만든다. 자유롭다는 것은 바로 사랑 안에서 산다는 것이고 사랑 안에서 산다는 것은 바로 하나님의 진리 안에 있다는 것이다"(PWW, 89 쪽).

이 진리는 인간이 멸시를 받았고 박해를 받았다는 것이다. 인간은 이 진리를 몰아냈다. 하나님의 진리를 인간은 십자가 위에 매달았다. 그러므로 이 진리 안에 있는 인간은 십자가의 길을 따라 걸어야 만한다. 그 길은 세상에서 고난과 죽음의 길이다. 인간은 진리와 자유 때문에 고통과 죽음을 참아야 만한다. 이 진리는 하나님의 진리이다. 이 진리 안에 있는 인간은 자유를 얻을 수 있다. 왜냐하면 진리가 인간을 자유롭게 만들기 때문이다.

## Ⅳ. 자유의 한계(자유의 폭)

이 장에서 인간의 자유의 한계가 논의될 것이다. 왜냐하면 하나님이 자유의 토대이며 하나님 만이 절대적 자유를 가지기 때문이다. 본회퍼에 의하면 인간의 자유는 하나님의 자유를 넘어서는 있을 수 없다. 왜냐하면 인간의 자유는 하나님께 매어 있기 때문이다.

다른 말로 하면 인간의 자유는 예수 그리스도 안에서 인간에게 주어졌다. 그러므로 인간은 하나님께서 그에게 주신 것을 받아들여야만 한다.

> "신앙이 가능한 상황으로 들어가는 것은 우리가 예수에게 할 수 있는 제공(offer)이 아니고 항상 우리에게 베푸는 하나님의 은혜로운 제공이다. 이 들어가는 걸음이 이 정신 안에서 취해질 때만 그것이 수용될 수 있다. 그러나 그 경우에 우리는 우리 편에서 선택의 자유에 대해 말할 수 없다"(CD, 94 쪽).

복종의 길이라도 인간의 자유에 속하지 않는다. "예수를 따름을 통하여 구원은 우리 인간들이 우리 자신들을 위하여 얻을 수 있는 어떤 것이 아니다. 그러나 모든 것이 하나님과 함께 가능하다"(같은 책). 인간의 자유는 예수 그리스도 안에서 하나님과 함께 만 존재한다. 이것으로 인간은 인간의 자유의 한계를 발견할 수 있다. 인간은 자유의 주제나 토대가 아니다. 인간은 예수 그리스도 안에서 하나님의 뜻에 복종하는 가운데 자유를 가진다. 이렇게 해서 본회퍼는 육체의 지체들 가운데 하나까지도 옮기기를 좋아하지 않는다. "나나 어떤 다른 사람도 하나님이 내게 주신 육체의 지체들에 대해 자유롭게 처리할 절대적 권리를 요구할 수 없다. 그래서 이것은 몸이 가진 불가침성의 한계이다"(E, 181 쪽).

본회퍼에게 있어서 자유는 완전히 하나님의 자유에 기초를 두고 있다. 그러나 본회퍼는 기계 장치로 된 신(deus ex machina)에 맹목적으로 의존하는 것을 거부한다. 그러므로 본회퍼는 인간의 자유가 복종의 자유이고 동시에 인간의 자유는 마치 하나님이 없는 것처럼(etsi non deus daretur)의 맥락에 서 있다. 어떤 크리스천은 하나님에게 너무 많이 맹목적으로 의존한다. 그런 크리스천은 하나님을 모든 것을 치유하는 페니실린처럼 여기기도 한다. 물론, 하나님은 전능하시다. 그러나 하나님은 인간이 개인주의적으로 바라는 것을 주시는 기계 장치로 된 신은 아니다. 그래서 하나님은 인간에게 예수 그리스도 안에서 자유로 어떻게 행동하는가를 보여주신다. 예수 그리스도는 하나님과 인간을 화해하기 위하여 그들 사이에 서 있다. 이것이 자유 안에 있는 크리스천의 길이다. 이렇게 해서 인간의 자유는 예수 그리스도 안에서 법까지도 넘어서 있을 수 있다. 그러므로 인간은 하나님께 "당신은 나를 왜 버리셨나이까?" 라고 물을 수 있다.

예수 그리스도는 하나님이시다. 그러나 그는 세상에서 약하고 힘이 없고 버려지기까지 한 하나님이다. 예수 그리스도를 따르는 인간은 크리스천이다. 크리스천은 자기의 길을 가야만 한다. 그러므로 그는 항상 약하고 힘이 없는 하나님 앞에 서 있다. 이렇게 해서 그는 자기의 길을 어떻게 갈 것인가를 발견한다. 즉 방법을 찾는다. 이제 우리는 결론을 내릴 수 있다. 인간의 자유의 한계와 폭은 세상에서 예수 그리스도의 자유를 넘어서 있을 수 없다는 것이다. 다음 장에서 우리는 자유로 가는 길을 구체적으로 좀더 상세하게 가는 방법을 연구할 것이다.

# V. 자유로 가는 길

자유로 가는 길에 있는 정거장들. 본회퍼가 우리에게 준 정거장들을 직접 옮기기로 한다(LPP, 194 쪽 이하, E, 15 쪽).

### 훈련(discipline)
"만일 당신이 자유를 찾기를 시작한다면 무엇보다 먼저 네 영혼과 감각을 다스리는 것을 배우라. 당신의 정열과 갈망이 당신이 따라야 하는 길에서 당신을 떠나게 할 것을 두려워하기 위하여. 너희 정신과 몸이 순결하게 하라. 정신과 몸 둘 다 복종 안에서 정신과 몸 앞에 놓인 목표를 복종하면서 꾸준히 찾기 위하여. 다만 훈련(discipline)을 통해서 인간이 자유롭게 되는 것을 배울 수 있게 하기 위하여"

### 행위(action)
"옳은 것을 감히 하면서. 화려함이 타인에게 말하려는 것이 아니고 용맹스럽게 기회를 포착하면서. 비겁하게 의심하면서 가 아니라… 자유는 행동을 통해서 만 온다. 날개를 가진 생각을 통해서 가 아니라. 무기력하지도 말아라. 두려워하지도 말아라. 폭풍우로 나아가라. 그리고 하나님을 믿고 행동하라. 당신은 하나님의 계명을 성실하게 따르라. 기뻐하라, 자유는 당신의 영을 기쁨으로 환영할 것이다."

278

고통/고난(suffering)

"화가 참으로 왔다. 그렇게 강하고 행동적인 당신의 손은 도움 없음에 매어 있으며 이제 당신은 당신의 행동이 끝난 것을 안다. 당신은 안심하는 가운데 한숨을 쉰다. 당신의 정당한 이유는 더 강한 손에 의탁한다. 그래서 당신은 이제 만족하고 쉴 수 있다. 다만 한 사람을 위해서만, 기쁨에 찬 순간이 당신을 자유에 근접하도록 이끌 수 있게 한다. 그래서 영광 가운데 완전하게 되기 위하여. 당신은 그 자유를 하나님께 드렸다."

죽음(Death)

"오라 지금, 영원한 자유를 향한 여정 상 당신의 가장 위대한 잔치에로. 죽음, 모든 짐 되는 사슬들을 던져 버리라 그리고 우리의 일시적인 몸의 벽들을, 우리의 눈을 어둡게 만든 우리의 영혼의 벽들을 헐어버리라. 그래서 적어도 우리가 여기에 감추어져 있는 것을 볼 수 있게 하기 위하여. 자유, 우리는 얼마나 오랫동안 훈련과 행위와 고난 가운데서 그리고 죽어가면서 찾아왔는가! 우리가 이제 주 안에서 당신을 분명하게 나타난 것을 볼 수 있게 되었다."

예수가 길이요 진리요 생명이다. 같은 예수가 우리에게 말한다. 진리가 너희를 자유 하게 만들 것이다. 즉 예수 자신이 우리를 자유 하게 만들 것이다. 이 두 명제가 우리에게 자유로 가는 바른 길을 보여준다. 그러므로 예수 그리스도는 그 길의 표준이다. 그리고 그 길의 시작이요 끝이다. 따라서 예수 그리스도 안에서 자유를 얻는 사람은 그가 가신 길을 따라 가야 한다. 상세하게, 그는 자유를 위해 자기 훈련을 통해 행위, 고난, 죽음의 길을 따라 가야 한다.

> "그 길은 말로 표현할 수 없이 어렵고 힘든다. 그리고 모든 순간에 우리
> 는 그 길로부터 이탈할 위험에 직면한다. 만일 우리가 이 길을 어떤 외
> 부적 명령에 복종하는 가운데 따르는 길로 여긴다면, 만일 우리가 항상
> 우리 자신을 두려워한다면 그 길은 참으로 불가능한 길이다. 그러나 우
> 리가 한 걸음 한 걸음 우리 앞에서 예수 그리스도가 가는 것을 본다면
> 우리는 길을 잃지 않을 것이다. 그러나 만일 우리가 우리 앞에 놓인 위
> 험들에 관해 염려한다면, 만일 우리가 앞에 가는 그분 대신 다른 길을
> 간다면 우리는 그 길로부터 벌써 잃고 있다. 왜냐하면 그분 자신이 길,
> 좁은 길, 좁은 문이기 때문이다"(CD, 211 쪽 이하).

자유는 하나의 새로운 삶이다. 예수 그리스도 안에서 옛 질서는
지나갔다. 그리고 모든 것은 새롭게 되었다. 고난과 죽음은 더 이상
거기에서 두려움이 아니었다. 본회퍼는 히틀러 앞에서 까지도 예수
그리스도의 길을 계속해서 갔다. 그는 거기서 새로운 삶을 얻었다.
그 삶은 예수 그리스도 안에 있는 자유이었다.

크리스천은 오늘 예수 그리스도의 길을 가야 한다. 더 이상 낭비
할 시간이 없다. 지금 여기서 돌아서는 것은 비겁함이고 연약함이
다. 크리스천은 "겨울이 오기" 전에(딤후 4:21) 그 길을 가기 위하여
최선을 다 해야 한다. 그렇지 않으면 가는 것이 너무 늦을 수도 있
다. 크리스천으로서 아무도 예수 그리스도의 길을 피하지 않는다.
크리스천은 그의 삶이 거기에 있기 때문에 그 길을 가야만 한다. 크

리스천이 그의 삶을 지나쳐 버린다면 그는 그 길을 파괴한다.

## A. 훈련

본회퍼에게 있어서 훈련은 크리스천의 삶의 기본 과정이다. 그
것은 점유해온 문제이다. 그는 히틀러의 청소년들의 훈련에 매력을
느낀 당시 사람들을 보면서 크리스천의 훈련이 필요하다는 것을 느
낀다. 적어도 그는 훈련을 통해 자유로 가는 비밀 통로를 발견한다.
"감각과 영혼에 대한 통제는 자유를 향한 행진을 위한 그의 프로그
램에 속하였다"(WF, 13 쪽). "통제로서 만 제외하고 아무도 자유의
비결을 배우지 않는다"(E, 15 쪽). 그래서 그는 훈련의 필요성을 강조
한다. 그는 훈련을 비밀 훈련(Arkandisziplin)이라고 부른다. 그는 크
리스천의 신앙에 관하여 생각하면서 이 훈련을 항상 언급한다. "크
리스천의 신앙의 신비함이 오용되는 것을 막도록 보호하는 비밀 훈
련은 회복되어야 한다"(LPP, 144 쪽). 본회퍼의 가까운 친구인 레만
(Paul Lehmann)은 "본회퍼의 신앙과 세상성"에서 본회퍼가 그의 사
역을 통해 훈련의 필요성을 강조하였다는 것을 짚어준다.

> "벌써 『성도의 교제』(Sanctorum Communio)에서 세상의 공동체들
> 과의 관계에서 하나의 신앙 공동체로서 교회의 사회학적 현실의 표
> 시(marks)로서 보이는 교회에 대해서, 세상과 성례전에 대해서, 성
> 서 연구와 기도에 대해서 크게 강조한다. 제자직에서(The Cost of
> Discipleship)에서 그는 크리스천과 세상과의 분리 그리고 헌신적 삶
> 의 숨겨짐에 대해 더욱 강하게 강조한 것처럼 보인다. 그리고 『윤리학』

(Ethics)에서 까지도 교회의 직무(mandate)가 모든 다른 직무에 침투해 들어갔고 더욱이 그것은 인류 전 분야에 침투해 들어갔다"(Paul Lehmann, "Faith and Worldliness in Bonhoeffer's Thought" Union Quarterly Review XXIII, Fall 1967, 144 쪽).

본회퍼는 예수 그리스도를 믿는 교회에서 또는 신앙 공동체에서 말씀을 설교하는 데서 그 훈련의 기원(origin)을 발견한다. 그래서 목회자는 훈련의 책임을 져야 한다. "모든 훈련을 측정하는 기원은 두 개의 열쇠와 일치하게 말씀을 설교하는 것이다. 하나님의 집에서 걷는 목회자는(딤전 3:15) 그 책임에서 풀려날 수 없다"(WF, 154 쪽). 교회 훈련은 교회 공동체 안에서 가지고 있는 직능의 바른 실천의 필연적이고, 가시적인 결과이다. 바울은 이렇게 말한다. "너는 말씀을 전파하라 때를 얻든지 못 얻든지 항상 힘쓰라 범사에 오래 참음과 가르침으로 경책하며 경계하며 권하라"(딤후 4:2). 말씀의 훈련을 실천하는 목회자는 그의 공동체와 매일 접촉하는 가운데 영혼의 보호자로서 훈련을 실천해야 한다. 이것이 교회 훈련의 첫 단계이다. 그러나 교회 훈련은 디모데 전서 5장 24절을 근거로 하여 밝히 드러난 죄를 벌할 수 있다. 사람이 일 단계에서 빈틈을 발견할 때 본회퍼는 교회 훈련의 두 번째 단계에서 질문을 한다. "만일 목회자가 그 직능을 등한시한다면 공동체 구성원들의 상호 형제됨의 권면이 어떻게 살아있는 강력한 힘이 될 수 있는가?" 그는 "서로 가르치고 권면하라는(골 3:16, 살전 5:11, 14) 성서를 인용하면서 그것에 대답한다"(같은 책). 만일 공동체 안에서 살아 있는 강력한 힘이 연결이 안 된다면/단절된다면 그는 세 번째 단계에서 다음과 같이 제안한다.

교회는 말과 행동에서 개방된/드러난 죄에 떨어진 형제에 대하여 적합한 훈련의 측정/정도를 집행한다(같은 책, 155쪽). 교회는 그 사람에 대해 공식적 훈련의 행위를 집행할 충분한 권위를 가져야 한다. 분명한 죄인의 취소/면죄는 그를 한 형제로서 경고하는 것이다.

"죄인의 그와 같은 면죄는 확실히 또는 공동체의 사건들로부터 일시적인 격리를 포함한다. 그러나 동시에 분명히 드러난 면죄는 벌써 모든 교제를 폐지하게 되어서는 안 된다. 자체를 죄인과 구분하는 공동체는 또한 경고하는 말로 그를 만나야 한다. '그를 적으로 보지 말고 그를 형제로 경고하라'"(살후 3:15, WF, 155쪽).

본회퍼에게서 말씀 선포의 훈련과 가르침의 훈련과 구분된다. "교육 훈련은 공동체 훈련과 다르다. 후자는 바른 교리로부터 따르고, 반면에 전자는 교리를 잘못 사용/오용에 대해 지도하기 때문이다"(같은 책, 158쪽). "교육 훈련은 교회에서 교육 목회를 실천하는 사람들에게 연장되고 목회자는 교육할 수 있다(didaktikos)"(같은 책). 그래서 교육 훈련은 교육 목회에로 부름과 함께 끝나는 것이 아니다. 그것은 단지 시작일 뿐이다. 어떤 사람이 교육 직능으로 부름을 받는다면 참되고 구원하는 교리로 끊임없이 지속하도록 권고를 받아야 한다. "그래서 교회가 훈련을 실천하기 전에 모든 직능자들은 자신들이 훈련에 따라야 한다"(같은 책, 159쪽). 그들은 교회 안에서 바른 교리를 전달해야 하고 그 교리를 전도시키려는 모든 노력들과 싸워야 한다. 명백히 드러난 잘못된 교리가 나타나는 곳에서 교사는 그 잘못된 교리를 가르치는 것을 허락해서는 안 된다(딤전 1:3). 거짓

교사가 나타날 때에 그 거짓 교사는 단번에 경고를 받아야 한다(딛 3:10).

본회퍼에 의하면 교육 훈련과 공동체 훈련 사이의 관계는 다음과 같다. "교육 훈련 없이 공동체 훈련은 없다. 그러나 동시에 불가피 하게 공동체 훈련으로 가지 않는 교육 훈련은 없다"(WF, 159 쪽 이하). 그러므로 "공동체 훈련은 건전한 교육 목회를 전제로 할 뿐만 아니라 공동체 안에서 여러 직능을 맡은 자들의 바른 질서를 전제로 한다"(같은 책, 160 쪽). 공동체는 성령의 인도함을 받는 예수 그리스도의 몸이다. "여기에 자유가 있다. 그래서 모든 것들 것은 덕을 세우기 위하여 행해져야 한다"(고전 14:26)(같은 책).

이 훈련을 적용하는 방법은 매우 다양하다. 그것은 각 경우에 달려있으나 두 가지 목적을 가진다. 하나는 죄인을 회개하고 화해에로 인도하는 것이고(같은 책 327 쪽), 다른 하나는 전체적으로 일종의 "교육학적"(pedagogic) 과정이다(같은 책, 329 쪽). 만일 목회자가 한 죄인을 회개하도록 말하고 그 죄인이 목회자의 말을 듣는다면 그 목회자는 그의 형제를 얻는다. 그렇지 않으면 그 목회자는 나가서 그의 죄를 공중 앞에 드러내지 않아야 하고 한 두 증인을 선택해야 한다(마 18:15 이하). 만일 그 죄인이 아직도 목회자의 말을 듣기를 거부한다면 전체 공동체가 그 죄인을 회개하도록 불러야 하고 그를 권고해야 한다(마 18:17). 여기서 첫째로 죄의 사실을 확증하는 것이 필요하고, 둘째로 그 범죄자가 회개를 거부하는 것을 입증해야 한다. 교회의 판정이 하나님의 말씀에 합당하게 걸음으로써 공동체

회복을 위한 마지막 제공 안에서 타당성을 갖는다.

"죄인이 회개하는 것을 거절하는 곳에서 교회의 판정이 영원한 타당성을 가지는 것이 완전히 확실하다. 그리고 (구원의 불가피한 상실을 의미하는) 공동체와 구원의 회복을 위한 최종 제공이 더 이상 없다는 것이 동일하게 확실하다. 이렇게 해서 교회는 복음에 합당하게 걸음으로써 교회의 성화를 지탱, 지속한다. 그와 같은 삶은 성령의 열매를 생산한다. 그리고 그와 같은 삶은 말씀의 훈련으로 말미암아 질서를 세운다. 그러나 항상 교회는 아직도 그리스도만이 거룩하다는 사람들의 공동체이다(고전 1:30). 즉 주님이 돌아오실 날을 향하여 나아가고 있는 공동체이다"(CD, 329 쪽 이하).

레만(Paul Lehmann)에 의하면 17 세기에 교회는 예배와 교리 문답(catechesis)을 특별히 강조하였다. 이것은 교회 안에서 자신의 삶의 질서를 지키기 위해서 이었다. 그 때에 신학자들은 예배와 교리 문답을 이렇게 특별히 실천한 것을 "비밀 훈련"(arcane discipline) 이라고 불렀다(Paul Lehmann, 앞의 책, 42 쪽 이하). 예배와 교리 문답은 차례로 설교 훈련과 교육 훈련을 의미하였다.

본회퍼는 훈련 실천을 어떻게 시작해야 하는지를 예를 들어 보여준다. 그의 훈련 방법은 적은 모임으로부터 전 공동체로 확대하는 것이었다. 그래서 전체 공동체 안에서 교제의 기능을 회복하는 것이었다.

"공동체 안에서 훈련의 실천은 가장 적은 모임들에서 시작한다. 교리나 삶에서 하나님의 말씀으로부터 부족함이 가족 친교를 어렵게 만들고 그것으로써 전체 공동체가 어렵게 되는 곳에서 권면과 비난의 말이 과감하게 진행되어야 한다. 어떤 것도 다른 사람을 그의 죄에 넘기는 부드러움보다 더 사악한 것은 있을 수 없다. 아무것도 형제를 죄의 길에서 돌이키도록 부르는 심각한 비난보다 더 공감할 수 있는 것은 없다"(LT, 107 쪽).

본회퍼는 천주교 수도원 제도를 만들려고 노력하지 않았다. 다른 말로 하면 자기 훈련과 상호 훈련은 한 수도자가 상급자에게 복종하는 것이 되어서는 안 되고 그들은 크리스천의 자유 안에서 실천하는 복종이어야 한다. 본회퍼에게서 강요 가운데 그리고 관습적 의무로서 훈련이 진행되는 것은 영적인 죽음이며 의미 없는 것이다. 공동체의 형제들은 이 훈련을 통하여 함께 매는 것이다. "공동체의 형제들은 그들이 맞는 날에 엄격한 의식적 질서와 함께 더불어 산다. 그들은 형제의 권면과 훈련으로 그리고 개방적 고백으로 함께 매어있다"(WF, 11 쪽).

본회퍼는 크리스천에게+비밀 훈련이 필요하다고 말한다. 크리스천은 매일 성경에서 하나님의 말씀을 아는 것으로 더욱 깊이 빠져들어 갈 필요가 있다. 크리스천은 설교를 들음으로써 그리고 하나님께 기도함으로써 만 성경을 알기를 배운다. 기도는 하나님이 매일 요구하시는 크리스천들의 확고한 훈련이다. "기도는 하나님께 드리는 자유로운 헌물이 아니고 하나님이 요구하시는 매인 의무이다. 우리는 우리가 원하는 것으로서 이행하는데 자유롭지 않다. 기도는 하나님께 드리는 그날의 첫 제사이다. 하나님은 이 제사를 위한 우리의 시간을 요구하신다"(WF, 11 쪽). 이것은 크리스천으로서 그의 훈련이다. 또한 크리스천은 매일 자기에게 성경이 말하는 것을 들어야 한다.

금식은 훈련의 한 부분이다. 금식은 주님을 섬기는데 방종하고 게으른 의지를 훈련하는데 도움을 준다. 또한 금식은 예수 그리스도의 계명을 우리가 실천하는 것을 방해하는 육체를 부끄럽게 만드는데 도움을 준다. 그러므로 크리스천은 가장 엄격한 매일 그리고 외적 훈련을 지킬 필요가 있다. 다른 말로 하면 크리스천은 매일 기도, 하나님의 말씀에 대한 명상, 예배, 함께 오는 것, 금식을 할 필요가 있다. 이것들이 크리스천의 훈련에서 본질적인 것들이다(CD, 188 쪽 이하).

베트게(Bethge)에 의하면, 훈련은 삶의 중심 사건들 같은 일종의 "비밀"(arcane) 사건이다(Eberhard Bethge, Dietrich Bonhoeffer, 785 쪽). 본회퍼는 예수 그리스도의 교회 안에서 하나님의 말씀이 선포되기 위하여 비밀 훈련을 다시 세우려고 한다. 본회퍼는 비밀 훈련을 퇴수회의 장소로 이해하지 않는다. 왜냐하면 크리스천은 세상으로부터 물러날 장소가 없기 때문이다. 그 장소는 예수 그리스도의 임재로서 세속성이어야 하고 이 세상 안에 있는 교회이어야 한다. 그러므로 비밀(arcanum)은 크리스천이 세상 안에서 예수 그리스도에게 매었다는 의미이다. 따라서 비밀 훈련(arcane discipline)은

이 세상과 매우 밀접한 관계를 가진다. "세속성 없는 훈련은 게토(a ghetto)와 같은 것이다. 그리고 비밀 훈련 없는 세속성은 거리들 이상의 것이 아니다. 격리된 곳에서 비밀 훈련은 의식적 수도원이 된다"(Eberhard Bethge, 앞의 책, 788 쪽).

이 비밀 훈련의 중심은 예수 그리스도이다. 그는 이 세상의 주님이시다. 이 세상에서 그의 형태는 "다른 사람을 위한 존재"이다. 그래서 비밀 훈련에서 믿음과 찬양과 교제의 삶의 사건들이 일어난다. 훈련이 없이 하나님의 말씀이 바르게 선포될 수 없고 그 하나님의 말씀을 바르게 믿을 수 없다(NRS, 302 쪽).

결론으로, 훈련은 크리스천의 삶의 기본 과정이다. 교회에서 훈련의 형태는 하나님의 말씀의 설교/선포이고 교리의 가르침이다. 훈련에서 크리스천의 형태는 매일의 기도, 하나님의 말씀에 대한 명상, 금식, 예배, 함께 오는 것이다. 이 훈련을 적용하는 방법은 다양하다. 그리고 그 목표는 회개에 이르게 하고 교육적 목적이 있다. 이러한 목표를 위해 훈련은 교회에서 꼭 필요하다. 이 훈련은 크리스천이 현재 살고 있는 세상을 떠나서 실천될 수 없다. 그러므로 본회퍼에게 있어서 훈련은 "퇴수회의 장소"가 아니다. 이 훈련의 중심은 예수 그리스도이다. 그 분은 이 세상의 주님이시다. 그는 다른 사람을 위한 존재이시다. 레만 교수가 말한 것처럼, 비밀 훈련은 이 세상에서 그리스도의 왕국(regnum Christi)에 대한 철저하게 도구적이다. 그리고 둘째로 실용적, 기능적 면에서 전통적 형태 아래 서 있다(Lehmann, 앞의 책, 43 쪽). 이 훈련은 예수 그리스도와 함께 자유로 가는 길의 첫걸음이다. 그것은 크리스천의 자유가 이 세상의 주님이신 예수 그리스도 안에서 이 훈련의 결과물이라는 것을 의미한다.

## B. 행위/행동

본회퍼에게 있어서 "감각과 영혼에 대한 통제"는 예수 그리스도 안에 자유로 가는 길을 가기에는 충분하지 않았다. 다른 말로 하면, 설교, 교육, 쓰기는 자유를 위해 충분하지 않았다. 하나님의 말씀을 설교하고 교리 문답을 가르치는데 크리스천의 행동을 위해 예수 그리스도의 부름을 본회퍼는 듣는다. 본회퍼가 "옳은 것을 하고 도전하라"는 그 부름을 들었을 때 그는 지체하지 않고 대단히 진지하였다. 이것은 자유로 가는 두 번째 정거장이다. 자유는 아이디어들의 날아다님에 있지 않고 다만 행동에 있다.

자기 훈련은 이 세상의 주이신 예수 그리스도 안에서 이루어진다. 그러므로 행동은 같은 예수 그리스도에게 복종하는 것이다. 다른 말로 하면 크리스천의 행동은 그리스도가 세상과 만남에 참여하는 것이다. 예수 그리스도는 성공이나 실패에 관심을 갖지 않고 세상에서 하나님의 심판을 즐겁게 받아들이는 것에 관심을 갖는다. 여기서 예수 그리스도에 대한 복종은 일종의 복종하는 신앙이다. 크리스천의 행동은 성공이나 실패에 관계없이 신앙 안에서 하나님의 뜻에 복종하는 것이다. 신앙 안에서 복종은 그 자체가 행동이다. 인간 자신의 자아 안에 갇히는 것으로 왜곡되는 것은 예수 그리스도로 말미암아 자유롭게 되는 것으로 옮겨진다(E, 121 쪽).

크리스천의 행위는 예수 그리스도에 대한 복종이다. 그러나 그것은 그 자체로서 목적이 아니다. 크리스천의 행위는 크리스천으로 세상 안에서 살 위치 안에 인간을 놓아준다. 크리스천은 결코 슈퍼맨도 돼지 않고 전능한 인간도 돼지 않는다. 크리스천은 예수 그리스도에게 복종하는 가운데 다른 사람을 위한 인간으로서 실존한다. 왜냐하면 예수 그리스도는 하나님의 그 성품을 가졌으나 모든 것을 포기하며 세상에서 인간과 같이 되었기 때문이다(빌 2:1-11). 그리스도는 일상 생활의 현실을 넘어서가 아니라 일상 생활의 현실 속으로 인도하신다(Bethge, 앞의 책, 624 쪽). 크리스천의 행동은 세상에서 이상적인 것이 아니고 구체적인 것이다. "그리스도와 일치하는 행동은 현실과 일치하는 행동이다. 이 명제는 이상적인 요구가 아니고 현실 그 자체로부터 일어나는 주장이다(E, 229 쪽).

이것은 세상 안에서 예수 그리스도의 현실 안에서 나타난다. 그는 홀로 자기 자신의 몸 안에서 현실의 본질을 감당하였고 경험하였다. 그는 참으로 현실적인 분이었고 자신 안에서 역사의 본질을 감당하였고 성취하였다.

"그는(예수 그리스도는) 현실적인 분이며, 현실적인 모든 것의 근원이요 본질이요 목표이다. 그러한 이유 때문에 그는 자신이 주요 현실적인 분이다. 그 결과 예수 그리스도의 말은 그의 실존의 해석이다. 그러므로 예수 그리스도의 말은 역사가 성취되는 그 현실의 해석이다. 예수의 말들은 역사가 그리스도 안에서 실현되는 것처럼 이 역사가 역사의 현실인 한 역사 안에서 책임 있는 행동을 위한 하나님의 명령이며, 역사가 그리스도 안에서만 성취되는 것처럼 인간을 위한 책임이다"(같은 책, 230).

그리스도와 일치하는 행동은 예수 그리스도 안에서 사랑을 받고 화해되는 세상과 일치한다. 그러므로 크리스천의 행동은 이 세상의 현실을 파괴해서는 안된다.

"그리스도와 일치하는 행동은 현실과 일치한다. 왜냐하면 그 행동이 세상이 세상 되도록 허용하기 때문이다. 그 행동은 세상을 세상으로 간주한다. 그러나 그 행동은 예수 그리스도 안에서 세상이 하나님에 의해서 사랑을 받고 정죄당하고 화해되는 것을 결코 잊지 않는다. 이것은 세속적 원칙과 크리스천의 원칙이 서로 반대되는 가운데 세워진다는 것을 의미하지 않는다. 반대로 적어도 일반 원칙의 형태 안에서 그리스도와 세상 사이에 어떤 종류의 공평성(commensurability)을 얻으려고 하는 그와 같은 어떤 시도, 세상 안에서 크리스천의 행동을 위한 이론적 기반을 마련하려고 하는 그런 어떤 시도는 세속주의의 형태에서 또는 삶의 다양한 영역의 자율성 이론의 형태에서, 또는 그 밖에 그리스도 안에서 하나님과 화해하는 세상을 멸망하고 파괴하려는 열망의 형태 안에서 인도한다. 그러한 시도는 모든 비극의 근원적인 자료를 이루는 그 영원한 갈등으로 그리고 정확하게 이 안에서 크리스천의 삶과 행동의 완전히 비극적이 아닌 일치성을 정확히 파괴하는 그 영원한 갈등으로 인도한다. 세속적인 원칙과 크리스천의 원칙이 반대가 될 때 궁극적 현실은 법으로 생각되거나 좀더 정확하게 다양한 화해할 수 없는 모순된 법들이라고 생각된다"(E, 230쪽 이하).

크리스천에게 있어서 하나님 앞에 자유의 법만이 있다. 시간을 존중하는 도덕들은 크리스천의 행동의 표준이 될 수 없다. 크리스천의 행동의 표준은 하나님의 뜻임에 틀림없다. 그러므로 하나님의 뜻에 대한 신실함뿐이다. 이와 비슷하게 규칙들을 포함한 법의 의미에서의 법은 없다. 크리스천은 행동한다. 왜냐하면 하나님의 뜻은 크리스천으로 하여금 행동하도록 명령하기 때문이다(NRS, 44쪽).

하나님의 뜻에 따라 행동하는 사람은 복종적인/복종하는 사람이다. 그는 자기의 삶을 하나님의 은혜 위에 세우는 사람이다. 그래서 거기에는 겸손하고 복종하는 섬김만 있을 수 있다. "행동이 어떻게 은혜의 증표가 되는가?"(CD, 215쪽).

"… 하나님의 뜻을 행하는 사람은 은혜롭다고 불리고 은혜로 행동하게 된다. 그는 복종하고 따른다. 그는 하나님의 부르심을 자기의 권리로 이해하지 않고 하나님의 판단과 평가로 이해한다. 하나님의 뜻으로 이해한다. 행동하는 사람은 그것을 오직 복종해야만 한다. 예수의 은혜는 행동하는 사람에게 일종의 요구(demand)이다. 그래서 그의 행동은 참 겸손이 되고 바른 믿음이 되고 부르시는 하나님의 은혜에 대한 바른 고백이 된다"(CD, 215쪽 이하).

하나님의 뜻에 복종하는 가운데 행동하는 사람은 자기 행동으로 말미암아 사람들 가운데서 예수 그리스도의 이름을 위대하고 크게 만든다. 그는 항상 예수 그리스도 안에서 사랑으로 행동한다. 그렇지 않으면 그 행동은 크리스천의 행동이 아니다.

예수 그리스도 안에서 사랑으로 하는 크리스천의 행동은 자유로부터 나오는 행동이다. 자유에 기초를 둔 행동은 창의적이다. 크리스천은 강제적 힘으로 인하여 어떤 원칙들에 맞게 행동하지 않는다. 왜냐하면 그것은 창의적이 아니며 생산적이 아니기 때문이다. 크리스천은 예수 그리스도 안에서 자기 자유를 통해 자기의 윤리적 행동의 형태를 택한다. 그래서 크리스천의 행동은 이런 윤리적 행동에서 창의적이 된다. "크리스천은 자신이 자신을 위해 선과 악의 자신의 표준을 만든다. 그 자신 홀로 자기 자신의 행동을 정당화할 수 있다. 마치 자기만이 책임을 감당할 수 있는 것처럼"(NRS, 44 쪽). "크리스천의 윤리적 행동은 자유로부터 오는 행동이다. 즉 자신의 아무것도 가지지 않고, 그의 하나님의 모든 것을 가지는 사람의 자유로부터 오는 행동이다. 그 하나님은 항상 새롭게 그 사람의 행동을 영원에 의해 확인하고 지지를 받게 하신다"(같은 책, 43 쪽).

본회퍼는 항상 법의 문자의 종이 되는 것을 반대하는 경고를 한다. 성령만이 행동을 완전하게 하실 수 있다고 한다. 성령은 현재 윤리적 행동에서 우리 안에서 역사하신다. 현재 성령이 없이는 행동을 완전하게 할 수 없다. "성령은 현재에만 윤리적 행위 안에 있으며 고정된 도덕적 규칙 안에, 윤리적 원칙들 안에 있지 않다"(같은 책, 45 쪽).

예수 그리스도만이 세상에서 우리 행동의 기반이다. 왜냐하면 예수 그리스도가 세상을 하나님과 화해시키는 유일한 하나님-인간/신인(神人)이기 때문이다. 예수 그리스도의 행동은 현실과 일치하며 또 분별력 있고 단순하다. 크리스천의 구체적인 행동들은 예수 그리스도 안에서 이룩된 화해로부터 일어난다. 그러면 무엇이 예수 그리스도 안에서 책임 있는 행동일까? 책임 있는 행동(responsible action)은 하나님이 사람이 된 기반 위에서 행한 행동이다. 그래서 책임 있는 행동은 그 행동 자체의 궁극적 의로움의 지식을 요구하지 않는다. 그러나 모든 이데올로기적 행동은 그 자체의 지도 원리에서 자체의 정당화를 전한다. 그러므로 책임 있는 행동은 자체의 결정이 가지는 인간적 특성을 의식하는 가운데 그 행동이 그것의 기원과 본질과 목표와 일치하는지에 대해 그 판단을 자체로 기대할 수 없다. 그러나 그 판단은 온전히 하나님께 넘겨져야 만한다 (E, 234 쪽). 예수 그리스도는 그의 책임 있는 행동 안에서 인류에게 '예'(yes) 이다. 본회퍼에 의하면 책임 있는 행동의 본질적 특성은 인간 자신의 선과 악을 궁극적으로 무시하고, 하나님의 은혜에 완전히 의존하는 것이다. 이것으로써 책임 있는 행동과 이데올로기적 행동은 구별된다. "이데올로기를 따라 행동하는 사람은 자신이 그 이데올로기 안에서 정당화되는 것을 본다. 책임 있는 사람은 자기의 행동을 하나님의 손에 맡기고 하나님의 은혜로 살고 하나님이 기뻐하시는 대로 산다(E, 234 쪽).

　　크리스천은 사람이 되신 하나님의 임재 가운데 서 있다. 동시에 세계 안에서 다른 사람들과 직면해 있다. 책임 있는 행동과 이데올로기적 행동의 분별은 행동의 순간에 분명하게 된다. 책임 있는 행동은 인간성에 준 하나님의 은혜를 인식하는 데서 일어난다. 이 책임 있는 행동은 하나님의 은혜를 기대한다. 크리스천은 이것 아니면 저것(either-or)의 상황에 직면한다. 왜냐하면 모든 행동은 두 행동으로 구성되기 때문이다. 즉 책임 있는 행동과 이데올로기적 행동으로 구성되기 때문이다.

"모든 행동은 의식적인 요소와 무의식적인 요소, 자연적인 요소와 초자연적인 요소, 기호와 의무, 이기주의와 이타주의, 의지적 요소와 강제적 요소, 능동과 수동으로 합성되어 있다. 그래서 모든 능동적 행동은 동시에 수동적 경험을 하고 그 반대의 경우도 있다"(같은 책, 283 쪽).

책임 있는 행동의 구조는 다른 사람을 위한 존재이다. 그래서 그 구조는 죄책을 수용할 준비와 자유 둘 다 포함한다. 예수는 죄로부터 자기의 자유 안에서 인간들의 죄책 속으로 들어간다. 그는 죄 없이 자기의 형제들의 죄책을 택한다. 책임 있는 행동은 다른 사람들을 위하여 죄책의 교제 속으로 들어가는 것이다. 책임 있는 행동의 구조는 복종과 책임을 포함한다. 따라서 책임 있는 사람의 행동은 홀로 자유를 주는 의무와 온전한 자유를 주는 의무 안에서, 하나님에 대한 의무와 우리 이웃이 예수 그리스도 안에서 우리를 직면할 때에 그들에 대한 의무 안에서 이행된다(같은 책, 249). 의무(obligation)는 근거가 확실한 자기 정당화와 선과 악의 궁극적이고 확실한 지식에 대한 어떠한 주장도 없이 이행된다. 그러므로 자신의 가장 인격적인 책임의 자유 안에서 행동하는 인간은 정확하게 자기 행동을 결국 하나님의 인도하심에 의탁하는 것을 아는 인간이다(E, 249 쪽). 자유로운 행동은 자체를 결국 하나님의 행동으로 안다. 책임 있는 행동은 의무에 복종하는 것이지만 창의적이다.

본회퍼에 의하면 양심은 이 책임 있는 행동에 두 종류의 한계를 부과한다. (1) 예수 그리스도 안에 자유롭게 놓인 양심은 아직도 본질적으로 나 자신과 함께 일치함에로 소환 또는 호출이다(같은 책, 246 쪽). (2) 그 양심이 예수 그리스도 안에 자유롭게 놓여있다 할지라도 그 양심은 아직도 책임 있는 행동을 인간이 예수 그리스도 안에 토대를 가지는 일치성 안에서 자신과 함께 보전되는 복종을 통해 율법과 맞대결시키고 있다(같은 책, 247). 전자에서 일치성은 파괴되어서는 안 되고 후자에서 자유로운 결정이 양심과 책임 있는 행동 사이에서 예수 그리스도를 위하여 주어져야 한다. 왜냐하면 책임 있는 행동의 토대, 본질, 목표가 양심의 주님이신 같은 예수 그리스도이기 때문이다. 이렇게 해서 책임 있는 행동은 양심으로 인하여 매어지나 양심은 책임 있는 행동으로 인하여 자유롭게 놓인다(같은 책).

행동의 한계는 인간의 창조됨이다. 크리스천은 그의 행동의 조건들을 만든 자가 아니다. 크리스천은 항상 하나님을 세상과 화해시킨 예수 그리스도 안에 서 있다. 자기 안에 잘못된 마음(cor curvum in se)은 예수 그리스도 안에 새로운 창조물/피조물로 전가되었다. 그래서 크리스천은 그리스도의 형상(imago Christi)이다. 크리스천에게 있어서 책임 있는 행동은 세상 안에서 다른 사람들과 함께 그리고 다른 사람들을 위하여 존재한다. 그리고 사람이 되신 하나님과 함께 그리고 그 하나님 앞에 존재한다. 그 둘 다 책임 있는 행동의 기원이다. 결국 그것들은 크리스천의 행동의 한계이다. 그러므로 책임이 없는 행동은 이 한계를 무시할 수 있다.

본회퍼에게 있어서 문자적으로 사람이 앉아서 이러 저러 한 것이 이웃이냐 아니냐 질문할 시간이 없다. 인간은 행동으로 들어가야 한다(CD, 86 쪽). 아무도 아직 결정하지 않은 환경에 붙잡혀 있는 동안 자유로울 수 없다. 왜냐하면 행동 안에만 자유가 있기 때문이다(WF, 14 쪽). 크리스천은 사실이 일단 알려지면 행동해야 한다. 왜냐하면 이 행동이 해방시키는 것이기 때문이다.

결론으로 크리스천의 행동은 세상 안에서 예수 그리스도의 부르심에 대한 복종이다. 그 행동은 신앙 안에서 하나님의 뜻에 복종을 의미한다. 왜냐하면 신앙 안에서의 복종은 그 자체가 행동이기 때문이다. 크리스천은 예수 그리스도에 대한 이 복종 안에서 다른 사람을 위하여 실존한다. 크리스천의 행동의 표준은 항상 하나님의 뜻이다. 이렇게 해서 크리스천의 행동은 문자의 노예/종이 될 수 없고 자유 안에서 창의적이고 생산적이어야 만한다. 우리는 이러한 행동을 예수 그리스도 안에서 하나님 앞에 책임 있는 행동이라고 부른다. 책임 있는 행동의 구조는 다른 사람을 위한 존재이다. 즉 하나님을 위한 존재 그리고 이웃을 위한 존재이다. 그러나 예수 그리스도 안에서 새로운 창조물/피조물로 전가된 크리스천은 다른 사람을 위한 존재로 실존한다. 새로운 피조물인 크리스천은 예수 그리스도 안에서 행동한다. 이 행동이 자유로 가는 길의 두 번째 단계이다.

## C. 고난/고통

우리는 자유로 가는 길 도상에 있다. 그리고 우리의 인도자는 우리 주 예수 그리스도이다. 예수 그리스도는 우리를 불러 자기의 길로 가게 지시하신다/가도록 가리킨다. 자유로 가는 길 세 번째 정거장에서 예수 그리스도께서 고난이 무엇인지를 우리에게 보여주신다. 예수 그리스도의 십자가는 그의 고난을 요약해 준다. 그의 고난은 하나님의 필연으로서 그에게 놓인다. 그러므로 베드로의 항거는 악마의 사역이었다. 예수는 십자가 위에 있는 고난의 힘으로 그리스도가 되었다. 그래서 크리스천은 그의 주님의 고난에 참여하는 한 크리스천이 된다(CD, 96 쪽). 이것은 예수 그리스도 안에서 그의 고난을 피할 수 없다는 것을 의미한다. 예수 그리스도의 십자가는 하나님의 심판의 상징이다. 이 십자가 위에서 예수는 자기에게 부과된 모든 고난을 감당했다. "고난 안에서 주인은 우리의 정신과 마음 위에 자기 자신의 완전 정확한 상을 명기시켰다"(E, 82 쪽, 본회퍼가 인용한 Hartmann의 시)

예수 그리스도는 기쁘게 우리의 죄책을 맡으셨다. 그는 이 죄책이 우리에게 올 고난을 자신에게 지우셨다. 그의 고난은 우리의 죄책의 값이다. "하나님 자신은 인간처럼 인간의 삶 속으로 들어가셨다. 그래서 그는 육신 안에 인간의 고난을 지니시고 모든 인간의 운명을 위해 끝까지 고난을 당하셨다"(같은 책, 72 쪽). "예수는 하나의 인간이 아니다. 그는 인간이다. 그에게 일어난 것은 무엇이든지 인간에게 일어난다. 그 고난은 모든 사람에게 일어난다. 그러므로 그것은 우리에게도 일어난다. 예수 라는 이름은 그 자체 안에 인간성의 모든 것과 하나님의 모든 것을 포함하고 있다"(같은 책).

크리스천의 고난은 우리의 우연한 인격적 고난에 기초를 두고 있지 않고 모든 인간의 죄책과 죄 때문에 십자가에 못박힌 그리스도의 고난에 기초를 두고 있다(P, 37, 51). "하나님 자신이 이 세상 안에서 그리고 그리스도로부터 멀리 그리스도를 통해 고난을 받는다는 아이디어가 계속해서 본회퍼의 정신을 점령하였다. 본회퍼는 자주 강하게 하나님 자신이 그의 고난을 공유했다는 것을 느꼈다"(G. Leibholz, "Memoir" CD, 24 쪽).

1944년 10월에 본회퍼를 풀려나게 하려고 그의 친구들이 시도했음에도 불구하고 그가 다른 사람을 위하여 감옥에 남아있기로 결정하였다. 이것은 본회퍼가 예수 그리스도의 고난에 기초하여 서 있다는 것을 의미한다. 그러므로 크리스천은 세상 안에서 고난의 종이 된 그의 주님의 지상의 운명에 공유한다. "왜냐하면 인자까지도 섬김을 받으려 온 것이 아니고 섬기려 왔고 자기 생명을 많은 사람들의 대속물로 주기 위하여 왔기 때문이다"(막 10:45). 예수 그리스도가 한 것처럼 크리스천도 개방적으로 고난을 받아야 한다.

모든 크리스천의 고난은 예수 그리스도 안에서 현실적이 되어야 하고 실제적이 되어야 한다. 왜냐하면 세상 안에서 인간 예수 그리스도가 우리의 질병과 고통과 부끄러움의 고통을 담당하셨기 때문이다. 예수 그리스도의 고난 가운데 모든 육신은 고난을 받았다. 고난의 극치인 그리스도의 십자가 위에 우리에게 일어난 것은 이 세상 안에서 우리에게 실제로 일어나고 또 일어나야 하는 것이다. 본회퍼는 이렇게 말한다. "그리스도 안에서 취한 인간 만이 현실적 인간이다. 그리스도의 십자가의 고난을 받은 사람 만이 처형 아래 있는 인간이다"(E, 110 쪽).

예수 그리스도를 따르는 자로서 개인은 십자가의 고난을 공유해야 한다. 왜냐하면 그것을 통해서만이 그가 그리스도의 자유 안에서 함께 하는 사람이 되기 때문이다. 이것은 이 십자가의 고난에 공유하는 사람 만이 예수 그리스도의 자유 안에서 부활하여서 살아계신 그 분의 교제를 가지기 때문이다. 본회퍼는 인간 실존을 파티 (pati)로 정의하였다(AB, 131 쪽). 이것은 루터의 용어인데 그리스도의 공동체 안에서 인간 존재의 특징을 나타내는 말이다. 파티는 출생, 고난, 참음 등을 의미한다. 나는 출생했다(pati), 그러므로 존재한다(esse). 이것은 인간이 예수 그리스도와의 관계에서 고난을 받는 자임을 의미한다(같은 책, 126 쪽). 인간에게 고통에 대해 빠르고 쉬운 체념은 없다. 항상 투쟁과 불안과 의심이 있다. 그러나 크리스천은 그것을 두려워할 필요가 없다. 왜냐하면 예수 그리스도께서 고통에서 우리의 도움이 되실 뿐만 아니라 세상의 모든 고난 가운데 우리의 구원이시기 때문이다. 예수 그리스도 안에서 하나님은 우리와 함께 계신다. 그러므로 우리는 정확한 길에서 이 세상이 우리에게 가져온 자주 당하는 고난을 참으면서 하나님 앞에 올 수 있다(P, 46쪽).

본회퍼에 의하면, 무흠한 인간까지라도 세상에서 고난을 당할 수 있다. 그 내용은 철저하게 성서적이다. "만일 우리가 하나님의 원인 때문에 박해를 받는다면, 우리는 무흠하게 고난을 당하고 하나님 자신과 함께 고난을 당하고 우리가 진정으로 하나님과 함께 있고 그래서 무흠하다는 것은 그 자체로 그 안에서 우리가 우리의 죄를 용서해 주기를 위해 기도하는 것을 보여줄 것이다"(같은 책, 54쪽 이하). 십자가의 삶은 일종의 비극이 아니다. 그 고난은 예수 그리스도에 대한 완전한 복종의 열매이다. 고난과 비극은 질적인 차이가 있다. 크리스천에게 있어서 십자가의 삶은 우연한 것이 아니고 필연이다. 이렇게 해서 고난은 특별히 크리스천의 삶에 본질적인 부분에 속한다.

"예수는 이렇게 말한다. 모든 크리스천은 그를 기다리는 그의 자신의 십자가를 가진다. 그 십자가는 하나님이 정하고 임명한다. 각자는 고난과 거부의 맡겨진 부분을 참아내야 한다. 그러나 각자는 다른 몫을 가진다. 하나님은 어떤 사람에게는 고난의 가장 높은 형태에 적합하다고 생각한다. 그래서 그들에게는 순교의 은혜를 주신다. 반면에 어떤 사람들에게는 감당할 수 있는 것을 넘어서 시험받는 것을 하나님은 허락하시지 않는다. 그러나 모든 경우에 하나이면서 같은 십자가이다"(CD, 98쪽 이하).

예수 그리스도는 그의 부르심을 통하여 죄와 악마를 대항하여 매일의 싸움 터 한 가운데 크리스천을 둔다. 그래서 크리스천은 매일 예수 그리스도를 위하여 새롭게 고난을 받아야 한다. 크리스천이 매일 죄와 악마를 대항하여 싸우는 가운데 받은 상처들은 주님의 고난에 이렇게 참여하는 살아 있는 증거들이다. "기쁘게 견뎌내는 고난은 악마보다 더 강하다"(같은 책 159 쪽). 크리스천은 예수 그리스도와 육체적 교제 안에서 살고 고난을 받는다. 왜냐하면 그가 대신 고난을 받았기 때문이다. 그래서 그는 십자가의 짐을 참아야 한다. 크리스천은 예수 그리스도를 위한 고난보다 더 크고 더 높은 특전을 즐길 수 없다. 그의 고난은 세상에서 죄를 위해 속죄의 유일한 길이다. 우리 죄에 대한 벌로 인하여 고난을 받는 예수 그리스도는 인간을 그를 위한 고난의 몫을 택하도록 자유롭게 만든다.

> "비록 그리스도가 우리의 속죄를 위하여 대신하여 받은 모든 고난을 성취했다 하더라도 땅에서 그의 고난이 끝난 것이 아니다. 그리스도는 그의 은혜 안에 그의 재림 전 기간에 그의 교회가 성취할 고난의 나머지를 남겨두었다(골 1:24). 이 고난은 그리스도의 몸인 교회의 유익을 위하여 남겨두었다"(CD, 159 쪽).

고난의 형태는 크리스천에게 다른 사람의 짐과 고난을 지는 것이다(CS, 127). 이것은 예수의 고난의 계명이다. "서로 짐을 운반하는 것을 도우라. 이렇게 해서 당신들은 그리스도의 법을 복종할 것이다"(갈 6:2). 예수 그리스도께서 친히 우리 대신 고난을 받으셨다(LT, 114 쪽). 그는 희생양처럼 도시의 문으로 끌려갔다. 그래서 그는 우리의 고난의 짐을 졌다. 그러므로 크리스천은 동료 인간들의 짐을 져야 하고 그들의 죄를 용서하는 사역을 공유해야 한다. 용서는 크리스천이 져야 할 고난이다. 더욱이 크리스천은 세상에 있는 배고픈 사람들에게 빵을 마련해야 한다. 크리스천은 자유를 위한 투쟁에 나서야 한다. 크리스천은 모두 다른 사람의 짐을 져야 한다. 크리스천이 서로를 위해 져야 하는 고난은 함께 그들의 아름다운 덕이다. 그러므로 크리스천은 다른 사람을 위한 고난을 부끄러워해서는 안 된다. 그러나 성령의 도움 없이 세상에서 고난의 짐을 극복한다는 것은 불가능 하다.

크리스천은 그의 고난을 지는 방법을 예수 그리스도로부터 배울 수 있다. 크리스천에게 있어서 고난에서 성공이나 실패의 문제는 그렇게 중요하지 않다. 예수 그리스도가 하셨든 것처럼 크리스천은 그의 고난을 기쁘게 받아들여야 만한다. 이것은 필요하고 옳은 것이다. 실천하는 것은 얼마나 어려운지! 그러나 크리스천은 그것에 대해 염려할 필요가 없다. "주님이 그의 종들에게 고난을 가져올 때에는 그들에게 큰 명예를 제공한다"(Bethge, 앞의 책, 488 쪽). 고난이 아무리 크더라도 크리스천은 그 고난을 통해 자유로 가는 길 도중에 섰다고 확신했을 때에는 큰 위로와 힘을 받는다. 또한 그는 결국 자유의 길로 인도될 것이라는 주님의 약속을 갖는다. 그러나 예수 그리스도는 세상에 힘 없는 고난의 하나님이시다. 그는 기계 장치의 신(deus ex machina)처럼, 문제 해결자가 아니다. 그는 "엘리 엘리 라마 사박다니"(나의 하나님, 나의 하나님, 어찌하여 나를 버리셨나이까?)(마 27:46) 라고 기도하였던 우리의 주님이시다. 그는 하나님의 고난

의 종으로서 크리스천들을/우리를 인도할 것이다. 본회퍼는 크리스
천의 주님의 길을 따라 걸었다. 본회퍼는 이렇게 말했다. "나는 독일
의 크리스천들과 함께 우리나라의 역사의 어려운 시기에 살아내야
한다. 내가 만일 이 때의 시련에 나의 국민들과 함께 공유하지 않는
다면 전 후에 독일에서 크리스천의 삶을 재건하는데 참여할 권리를
가지지 못할 것이다"(WF, 246 쪽).

결론으로 우리는 바이쓰바흐(Jürgen Weissbach)의 말을 인용한
다. "인간은 세상과 인간을 위한 하나님과 그리스도의 사랑 안에서
다른 사람의 죄책을 자신에게 지움으로써 그의 대신하는 행동 안
에서 그의 고난에 참여한다"(Moltmann and Weissbach, Two Studies
in the Theology of Bonhoeffer, 126 쪽). 예수 그리스도 안에서 그의 고
난에 인간이 참여하는 것은 자유로 가는 길에서 인간이 인간 되는
길이다.

## D. 죽음

죽음은 자유로 가는 길에서 마지막 정거장이다. 자유로 가는 길
에 서 있는 인간에게 자유는 훈련이 되어야 한다. 그가 훈련을 받은
후 예수 그리스도 안에서 하나님의 뜻과 일치하게 행동하고 고난을
받아야 한다. 결국 그는 죽어야 한다.

본회퍼에게 죽음은 가장 큰 문제들 가운데 하나이었다. 그의 큰
관심은 지금 여기서 죽음을 향한 태도이었다. 그는 죽음을 삶의 해

방시키는 한 부분으로 받아들였다. 그래서 그는 자유로 가는 길의 마지막 부분으로 설정하였다. 그러나 죽음에 대한 그의 생각은 죽을 때 몸의 새장에서 날라가는 새에 대한 헬라적 아이디어와 대단히 달랐다. 본회퍼에 의하면 우리는 죽어가고 있고 죽어야 한다는 것을 알아야 한다. 왜냐하면 자유는 죽음을 받아들이는 것을 요구하기 때문이다.

본회퍼에 의하면 죽음은 은혜의 선물이다. 인간은 홀로 그것을 결코 성취할 수 없다. 인간은 예수 그리스도 안에서, 통하여, 함께 죽을 수 있을 뿐이다. 왜냐하면 예수 그리스도가 그의 죽음이기 때문이다. 그래서 예수 그리스도와의 교제가 허락된 인간/사람은 죽어야 한다(CD, 257 쪽 이하). 예수 그리스도는 인간을 불러 인간이 죽도록 명령한다. 그러나 인간은 죽음 안에서 홀로가 아니다. 왜냐하면 인간은 예수 그리스도와 함께 있기 때문이다.

세례는 인간을 죽음으로 부르신 예수 그리스도와의 교제의 상징이다. "세례 안에서 인간은 자기의 옛 세상과 함께 죽는다. 이 죽음은 세례 못지 않게 하나의 수동적 사건이다"(CD, 257 쪽 이하). 이 교제는 죽음의 선물이다. 세례 안에서 우리는 예수 그리스도의 죽음을 공유한다. 세례 안에서 우리의 옛 사람은 죽고 새 사람이 된다. 이 새 사람은 그의 자유 안에 있다. 그는 그의 자유 안에서 자기의 죽음을 선택할 수 있다. 예수의 땅 위에서의 몸은 죽음을 경험하였다. 그 죽음 안에서 인간성은 자유 안에서 죽음을 경험하였다. 그러므로 죽기를 원하지 않는 사람은 자유를 얻을 수 없다.

크리스천에게 있어서 예수 그리스도와 함께한 죽음은 그리고 은혜를 통해 그 죽음으로부터 나온 삶은 매일매일의 현실이 된다. 그래서 그는 그리스도의 죽음과 연합한 가운데 자신을 그리스도에게 항복한다. 그래서 그는 자기의 생명을 죽음에로 넘긴다. 그 죽음은 예수 그리스도와 교제가 시작될 때에 그를 만난다.

하나님은 인간 예수가 되었다. 그래서 하나님은 세상을 만났다. 그는 세상에서 죽었다. 그는 인간을 그 길로 불렀다. 그래서 그를 따르는 자는 그의 부름/소명에 따라 살아야 한다. 그것은 세상을 향해 죽는 길이다. 왜냐하면 죽음은 자유 안에서 예수 그리스도 안에 사는 길이기 때문이다. 이렇게 해서 그리스도를 따르는 자인 크리스천은 예수 그리스도의 자유에 참여자가 된다. 본회퍼는 죽음을 종합적으로 두 가지 길로 해석한다.

"죽음은 다시 우리 가운데 왔다. 그리고 우리는 그것을 원하는지 원하지 않는지 그것에 관하여 생각해야 한다. 두 가지가 최근에 나에게 중요하게 되었다. 죽음이 우리 밖에 있다. 그리고 죽음이 우리 안에 있다. 밖으로부터 오는 죽음은 그것이 올 때에 우리에게 오는 무서운 적이다. 죽음은 큰 낫을 가진 인간이다. 그가 내리 칠 때에 꽃들이 떨어진다. 그 죽음은 집으로 가는 총탄을 유도한다. 우리는 그 죽음에 대항하여 아무것도 할 수 없다. 죽음은 최고의 하나님으로부터 힘을 갖는다. 그 죽음은 온 인류의 죽음이며 하나님의 진노이며 모든 삶의 끝이다. 그러나 다른 하나는 우리 안에 있는 죽음이다. 그것은 우리 자신의 죽음이다. 그것은 또한 아담의 타락 이후 우리 안에 있어왔다. 그러나 그 죽음은 우리에게 속한다. 우리는 예수 그리스도 안에서 매일 죽음을 향해 죽는다. 그렇지 않으면 그것을 거부한다. 우리 안에서 그 죽음은 그리스도를 향하여 그리고 사람들을 향하여 사랑을 다룰 어떤 것을 가진다. 우리는 우리의 마음의 밑바닥에서부터 우리가 그리스도를 사랑하고 형제들을 사랑할 때에 그것을 향해 죽는다. 왜냐하면 사랑은 인간이 사랑하는 것에 완전히 항복하는 것이기 때문이다. 이 죽음은 은혜이며 사랑의 완성이다. 이런 죽음을 죽는 것이, 이러한 죽음이 우리에게 보내주는 것이, 우리가 우리 자신의 죽음으로 준비될 때에 죽음이 밖으로 우리에게 죽음만이 오는 것이 우리의 기도가 되어야 한다. 왜냐하면 우리의 죽음은 하나님의 온전한 사랑으로 향하는 길이 실제로 되기 때문이다"(WF, 254 쪽 이후).

죽음은 죄의 값이다. 순간마다 죄는 우리에게 죽음을 가져온다. 죽음은 더 이상 극복될 실체가 아니다. "죽음은 최고의 하나님으로부터 능력을 갖는다. 인간은 죽음의 저주를 인지하는 순간 자기가 죽음 안에 이미 있음을 안다. 인간은 그가 죽기 전에 죽었다. 그리고 그는 매 순간 새롭게 죽어가고 있다(AB, 167 쪽).

죽음은 죄의 현실적인 끝이다. 죽음은 죄인을 위해 필요하다. 그러나 죽음의 다른 쪽에 자유 안에 생명이 있다. 생명은 죽음으로부터 자란다. 생명은 하나님의 자유로운 선물이다. 그래서 하나님은 인간이 그의 죄의 지식으로 인하여 죽도록 허락하신다. "그러므로 죽음이 아니고 생명이 하나님의 능력 가운데 승리할 것이다"(P, 62 쪽).

죽음을 통해 인간은 자신이 하나님의 피조물로 안다. 그는 예수 그리스도를 전적으로 명상하는 가운데 산다(AB, 167 쪽). "그는 자신을 죽음을 통해 지나간 옛 사람과 동일시하여 그리스도 안에 사는 자로 안다"(같은 책). 그리스도 안에 사는 인간은 예수가 그렇게 했던 것처럼 사람들로 말미암아 경멸당하고 거절당하며 자유 안에서 죽는다. 그 인간은 죽음을 통해 그를 본다. 본회퍼는 예수 그리스도의 삶이 죽음을 통해 크리스천 안에 분명하게 보일 것을 희망한다.

"… 예수의 삶 또한 우리 몸에서 분명하게 나타나게 하기 위하여 예수의 죽어감을 몸에서 항상 지니고, 예수의 삶 또는 우리의 죽을 육체에서 분명하게 나타나게 하기 위하여 사는 우리가 예수를 위하여 항상 죽음으로 넘겨지기 때문이다 (고후 4:10-12, 빌 2:17, CD, 274 쪽).

본회퍼에 의하면 죽음은 속이지 않고 측정하는 막대기이다. 크리스천은 죽기 전에 필요한 것을 한다. 왜냐하면 그가 거기서 자유를 얻을 수 있기 때문이다. "큰 것이나 작은 것을 위하여, 쓸모 있거나 쓸모 없거나를 위하여, 진실된 것이나 거짓된 것이나를 위하여, 중후한/무게 있는 말이나 가벼운 재잘거리는 말이나를 위하여 속임수 없는 측정 막대기가 있다. 그것이 죽음이다. 자기가 죽음 가까이에 있다는 것을 아는 사람은 당당하다. 그러나 그는 또한 침묵한다. 말없이 죽음이 필요하다면, 오해가 됐든지 외롭든지 "예"(yes)라고 한다. 그는 필요한 것을 하고 옳은 것을 한다. 그의 희생을 가져온다…"(ILTP, 50 쪽).

죽음은 삶의 해방하는 부분이다. 그러므로 인간은 자유를 위해 죽음을 받아들여야 한다. 이런 죽음은 은혜의 선물이다. 어떤 사람도 혼자 힘으로 죽음을 완성할 수는 없다. 죽음은 죄의 값이다. 그러므로 죽음은 죄인을 위하여 필요하다. 크리스천은 의인인 동시에 죄인이다(simul Justus et peccator). 따라서 죽음을 통하여 인간은 자유 안에서 예수 그리스도와 함께 산다. "죽음은 자유로 가는 길에서 최고의 잔치이다"(LPP, 199 쪽). 죽음은 자유로 가는 길에서 마지막 정거장이다.


## 결론(길어서 요약하였음)

본회퍼는 철저하게 그리스도 중심 주의에 서 있다. 그에게 예수 그리스도는"다른 사람을 위한 존재이다"(being-for-others). 그는 인간을 위하여 그의 절대적인 자유 안에서 인간이 되었다. 이 예수 그리스도는 본회퍼의 윤리 사상의 토대이다. 예수 그리스도는 본회퍼를 자유롭게 만들었다. 이렇게 해서 본회퍼는 그의 자유 안에서 하나님의 뜻에 복종한다.

본회퍼는 하나님의 창조 안에서 하나님의 자유의 행동을 본다. 이 자유는 하나님의 형상(Imago Dei) 안에서 두 인격체 사이의 관계 안에 있는 자유이며 예수 그리스도의 자유 사상 안에서 하나님의 뜻에 복종하는 고유하고 단순한 자유이며 결혼 안에서 개인들의 자유로운 결정의 제시이다.

본회퍼에게서 자유와 책임은 서로가 없이는 설 수 없는 상응하는 개념이다. 삶을 받아들이거나 파괴하기 위하여 자유는 다른 사람을 위하여서 만 가능하고 무조건적 필연의 기초 위에서 만 각각 가능하다. 자유로운 양심은 예수 그리스도에 의해서 만 인간에게 주어졌다. 교회의 자유는 하나님의 말씀을 선포하는 자유이다. 크리스천은 항상 예수 그리스도 안에서 만 자유롭다. 왜냐하면 그가 사람을 자유롭게 만드는 진리이기 때문이다. 따라서 크리스천의 자유는 세상 안에 있었고 현재 있는 예수 그리스도의 자유를 넘어서 있을 수 없다.

크리스천은 예수 그리스도 안에서 만 자유를 얻을 수 있다. 크리스천은 세상 안에서 예수 그리스도께서 그에게 보여준 길을 따라 걸어야 한다. 크리스천은 크리스천의 삶 안에서 그의 엄격한 훈련을 통하여 하나님의 뜻에 따라 행동해야 한다. 세상 안에서 크리스천으로서 하나님의 뜻을 따라 행동하는 사람은 고난을 받고 죽기까지 해야 한다. 본회퍼는 이러한 자기 훈련, 행동, 고난, 죽음을 자유로 가는 길에 있는 정거장들이라고 부른다. 이러한 의미에서 크리스천은 세상에서 자유를 얻기 위하여 예수 그리스도 안에서 삶을 살아내야 한다. 본회퍼는 스스로 훈련을 받고, 행동하고, 고난을 당하고, 죽었다. 다른 말로 하면 본회퍼는 이 세상의 주님이신 예수 그리스도 안에서 자유로 가는 길을 따라 걸었다. 이 길은 힘 없고 약한 예수 그리스도인 하나님이 걸으신 길이다. 이 길은 이 세상 안에서 본회퍼가 걸은 길이다. 이 길은 다만 자유 안에서 다른 사람들을 위한 길이었다. 세상 안에서 크리스천으로서 본회퍼의 삶의 위대한 전제는 "비록 하나님이 안 계신다 하더라도"(etsi non deus daretur) 이다.

그러나 본회퍼의 사상에서 몇 가지 질문 사항이 있다. 첫째 질문
은 "마치 하나님이 없는 것처럼"이라는 경계가 무엇인가? 이다. 만
일 본회퍼가 이것을 분명하게 밝히지 않고 계속 주장한다면 실제로
하나님 없이 세상에서 살아갈 수밖에 없다. 물론 본회퍼가 기계 장
치로서의 신 개념을 없이 하려는 의도를 읽을 수 있으나 세속화의
개념으로 돌아갈 때 결국 인간의 성숙함으로 돌아가지 않을까 하
는 염려가 있다. 그렇게 되면 인간의 죄의 개념이 분명하게 먼저 해
결되어야 하지 않을까 생각된다. 확실히 진정한 개념의 인간, 하나님
의 뜻에 복종하는 자유로운 인간의 형태를 찾으려고 하는 데는 확
실하게 동의한다

둘째 질문은 유비의 문제이다. 즉 본회퍼는 하나님의 형상에서
존재 유비(analogia entis)를 거부하면서 관계 유비(analogia relationis)
를 주장한다. 만일 무한에 속하는 하나님을 이해하려고 할 때 결
국 불가지론(agnosticism)에 빠질 위험을 피해야 하고 유한에 속하
는 인간을 이해하려고 할 때 신인 동형론(anthropomorphism)에 빠
질 위험을 피해야 하지 않을까 하는 생각을 해보았다. 특히 후자는
기독교윤리학에서 "세상의 그리스도"를 주장하는 결과를 가져오게
된다. 그리고 전자는 기독교윤리학에서 세상과는 무관한 그리스도
를 주장하는 결과를 가져오게 된다.

본회퍼는 신학적으로 하나님의 교회에 큰 공헌을 하였다. 첫째

로 본회퍼는 자유의 개념에서 "다른 사람을 위한 존재"의 개념을 제시한다. 오늘의 교회는 다른 사람을 위한 존재로서의 자리를 지키기를 요구하는 본회퍼의 삶은 확실한 귀감이 된다. 오늘날 교회가 개인 구원만 강조하여 세상과 무관한 신앙을 갖는 것을 본회퍼가 경고하는 것은 다시 우리가 크리스천으로서 귀기우려 들어야 할 것 같다.

둘째로 기계 장치로서의 신을 믿으며 즉각적인 기도의 응답을 요구하는 신도들에게 우주를 창조하신 하나님을 바로 믿고 자유 안에서 아버지로서 우리의 삶의 본이 되신 절대 자유의 하나님을 믿도록 본회퍼가 경고한 것은 현실에서 큰 도움을 주고 있다. 기복사상에 물들어 있다고 비판하는 것들을 다시 잘 들을 수 있도록 경고한 본회퍼는 자기의 삶으로서 본을 보이고 있다. 특히 자유로 가는 길을 통해 교회의 훈련과 행동을 우리가 본받을 내용이라고 생각한다.

셋째로 문자의 노예/종이 되어가는 신도들에게 대한 본회퍼의 경고는 오늘날에도 신선하게 들린다. 성경 말씀을 읽으면서 묵상하는 가운데 문자적인 면을 많이 고려할 수 있으나 문자에 얽매여 하나님이 본래 오늘날에도 알리려고 하는 뜻을 잃지 않게 되어야 할 것 같다. 특히 기독교 윤리학에서 그리스도를 변형의 윤리 형태로 제창하는데 나는 개인적으로 변형을 강조하는 경우 전통적인 문화와 갈등을 일으킬 가능성이 있다고 생각한다. 나는 변형이 필요하지만 먼저 본회퍼가 주장한 형성의 윤리를 따르고 싶다. 변형

(transformation)의 윤리에서 책임적 자아(responsible self)는 수직적이라기 보다는 수평적인 측면을 너무 많이 강조하는 책임적 자아를 통해 책임의 의미는 하나님의 뜻에 복종하는 본회퍼의 자유를 위한 형성(Gestaltung)에서 보이는 책임(Verantwortung)을 따라 형성-변형-형성(formation-transformation-formation)의 형태로 행동을 했으면 좋겠다고 생각한다.

넷째로 본회퍼는 자유로 가는 길을 제시하는데 녹 쓸지 않은 성서적 말씀을 제시하여 크리스천이라고 주장하는 사람들에게 다시 크게 공헌을 하고 있다. 오늘 날 설교는 많은 것 같은데 교육은 많이 모자라는 것 같이 보인다. 본회퍼가 제시한 두 가지는 오늘도 성서의 말씀을 많이 연구하고 묵상하고 하나님의 뜻에 복종하는 자유 안에서 말씀이 선포되고 가르치는 사역이 진행되었으면 한다. 본회퍼의 설교와 가르침은 지금 읽어도 새롭게 들린다. 그것은 예수 그리스도의 삶을 따라 가는 값 비싼 은혜를 몸으로 실천하기 때문이라고 생각한다. 그의 자유는 예수 그리스도의 "십자가의 자유"이다. 이 자유는 하나님의 절대적 자유이며, 바로 이 자유 앞에서 살아가는 크리스천의 자유는 작지만 "큰" 죽음의 자유이다. 세상 없는 자유는 예수 그리스도 없는 자유이다. 여기서 자유는 책임과 함께 하나님 앞에서 살아가는 행동으로서 주님이 다시 오실 때 "주여 내가 이렇게 남겼습니다" 라는 말씀을 드릴 수 있는 "현실적" 내용이 될 것이다.

God the Father Almighty(providence, Q 27 Heidelberg Cathechism)

Organic     - nature(natural)    - command

Balanced    - renewal         - obedience
           (born from above, γεννηθῇ ἄνωθεν)

Through Jesus Christ our Lord

3 steps    1. Heal

         2. restore

         3. follow(gestalten – formation → transformation – formation)
           Way to freedom(D. Bonhoeffer: discipline, action, suffering, death)

Holy Spirit leads/guides(recognition of 7 ás: ἁμαρτωλός, ἀπολύτρωσις, ἀνάστασίς, ἀποκάλυψις, ἁγιάζω, ἀπαγγέλλω, ἀγαθοποιέω)

Toward    1. Resurrection

         2. give thanks

         3. PTL (praise to the Lord) –·할렐루야

         4. worship